朝日新書
Asahi Shinsho 974

戦国時代を変えた合戦と城

桶狭間合戦から大坂の陣まで

千田嘉博
平山　優
鮎川哲也（構成）

朝日新聞出版

はじめに

本書は戦国時代の城と合戦の関係に焦点をあてたものである。戦国の城は、戦国大名が領土拡大を目指して最前線に構築したもの（最前線は、戦局の推移や外交によってつねに移動する）、戦場となった地域の領主たちの城、砦《とりで》、屋敷を改修したもの、領国となった地域を統治する拠点として整備したもの、各地の領主（国衆《くにしゅう》、土豪《どごう》）が支配地の維持、管理や安全保障のために築き整備したもの、村町の人たちが生命や財産を守るために協同で整備、管理したもの（いわゆる「村の城」）など様々である。だが、いずれにせよ、戦国争乱という時代状況のもとでは、どの階層にせよ、自らの存立を維持し、敵の攻撃から身を守るためには必要不可欠であったがゆえに、日本全国に二万五千とも三万ともいわれる城が築かれてきたわけだ。

そのため、城跡のある場所の周辺には古戦場の伝承地があることが多い。それは、誰もが知っている合戦よりも、その地域の人たちにしか知られていない戦闘の痕跡のほうが、むしろ多数派だ。城と合戦は、密接不可分の関係にあるわけだ。

もちろん、激しい戦闘を経験することなく廃棄された城も少なくない。しかし、城をつくった人びとは、何らかの理由で危機感を感じたがゆえにそこに城を築いたことは間違いない。それらの謎解きこそ、戦国史研究の使命であり課題なのだ。

本書は、城郭研究、考古学、文献史学の三つの視点から、城と合戦の関係を紐解《ひもと》いてみようという試みである。取り上げるテーマは、無数にあったのだが、戦国から近世初期までの長い時間軸で考えたときに、それらに関与し、天下一統の趨勢《すうせい》の中心にいた人物と、それに関わる城と合戦を主題にしたほうが、わかりやすいのではないかと私たちは考えた。

そこで、織田信長《おだのぶなが》、豊臣秀吉《とよとみひでよし》といった戦国時代の趨勢を決定づけた人物とも関係が深く、戦国史の花形ともいえる重要な合戦に関係した人物である徳川家康《とくがわいえやす》に着目することとした。彼が関与した城と合戦は数多く、かつ、まさに戦国時代を変えた重要な城や合戦ばかりである。しかも、近年、家康については、城や合戦はもちろん、あらゆる分野で研究が進んできており、注目を集める新知見が多いのも魅力だ。

こうした理由から、本書では、家康に関わる城と合戦について、一二のテーマを設定し、まずは概要を示すことで、読者に基本的な情報を共有してもらうこととした。それを踏まえて、千田嘉博さんと私との対談では、通説の問題点、最近の新知見、新たに判明した事柄を踏まえると何が新たに見えてくるのか、そしてなおも残された課題は何か、などをできるだけコンパクトにわかりやすく読者に紹介していこうと心がけた。

もとより、紙幅の都合もあり、意を尽くせぬことばかりであるが、私たちが伝えたいと思う事柄や、視点などは提示できたのではないかと思う。そして、本書を読んで、自分で調べ、検証してみようと考える方々が現れれば、望外の喜びである。

本書を作成するにあたり、千田嘉博さんとは、一テーマにつき、最低でも二時間、話が弾めばいつしか三時間を経過するほど、熱を帯びた対談をさせていただいた。まさに、時間を忘れるほど濃密な時間であり、私にとっても得がたい経験となった。とりわけ、それぞれのテーマに関わる城郭に関する新知見は、私も含め、多くが知り得ぬことばかりである。それらは、発掘調査の成果、城郭の整備事業に伴う知見などであるため、こうした事業に携わる機会が多い千田さんの独壇場でもある。だからこそ、私は、対談においては、城郭に関する情報を千田さんから引き出すための聞き役に徹することにした。千田さんが開陳する情報の数々は、実に興味深く、城を理解するためのヒントを多く含んでいる。読者には、城郭研究の新知見を堪能していただければと思う。それにしても、対談は実に楽しかった。同じ年齢で、二十代のころからのお付き合いという気安さから、いろいろとご迷惑をおかけした千田嘉博さんに、この場を借りて衷心よりお礼申し上げる。
それにしても、千田さんとの二時間以上に及ぶ濃密な対談の内容のすべてを本書に盛り込むことは到底、不可能であった。あくまで、エッセンスに留まらざるをえないのは、やむをえないが、それにしても、果てしなく拡散していく二人の対談を、ここまでコンパクトにまとめてくれた鮎川哲也さん（編集協力）に感謝申し上げる。そして、なかなか動かぬ二人を叱咤激励してくれた担当の奈良ゆみ子さんにお詫びと感謝を捧げたい。

平山　優

二〇二四年八月二一日

目次

1章　桶狭間合戦と大高城

桶狭間合戦とは

諸説、史料から決め手に欠く

戦国時代の数多くの合戦の中でも、桶狭間合戦はよく知られ、数々の小説や舞台、映画やテレビドラマが描いてきた。守護大名としての権威と圧倒的な軍事力をもつ今川義元《いまがわよしもと》を、少数の兵を率いた若き織田信長《おだのぶなが》が電撃的に出陣して勝利したという物語は、人びとにたいへん親しまれてきた。ところが、この合戦は一次史料が少なく、その実像は多くの謎に包まれている。編纂物である太田牛一《おおたぎゅういち》《うしかず》の『信長公記《しんちょうこうき》』の記述が最もまとまっているため、これをもとに桶狭間合戦の検討が行われてきたが、『信長公記』にもどの本によるかで記述に差があり、いずれを正しいとするかの判断は、恣意的になりがちである。

また『三河物語』や『信長記』をはじめとした、ほかの編纂物には『信長公記』の記述とは根本的に異なる記述がある。だから異なる編纂物の都合のよいところだけを取り出しつなげて「真実がわかった」と主張する新説は一見華々しく見えても、学術的な有意性は果たしてどれほどあるだろうか。

それぞれ異なり矛盾する編纂物の記述を適宜勘案し、解釈を加えてひとつのストーリーを組み立てて桶狭間合戦を解明してきた研究方法は、解釈でいかようにも理解が変化してしまう。その結果、ひとつの合戦なのに「奇襲説」「正面攻撃説」「迂回説」「別働隊説」「乱取り時急襲説」をはじめとして百花繚乱、桶狭間合戦の実像は混沌としている。

どの編纂物を軸に考え、ほかの編纂物の記述とどう組み合わせて解釈するか、様々な編纂物の記述の何を真実とし、何を錯誤や改変、創作と断じるかは、論者によって異なる。このため私たちの時代に、いくつもの「真説・桶狭間合戦」が生じている。

さらには桶狭間合戦から成立時期が大きく下った編纂物の記述をもって、桶狭間合戦の新たな真実を見つけたと主張することにも限界がある。江戸時代や近代以降のある時期に、そう記した人がいたことは確実だが、そのように記した編纂物があるからといって、それが史実であるとは確定できない。

たとえば、今、私は「平山優さんは、とても知的で、歌唱力も抜群である」と記した。この記述は真実かもしれないし、何かの錯誤かもしれない。あるいは忖度《そんたく》によって、事実と異なることを記しているのかもしれない。このように史料批判はいつも必要である。このように戦いの推移を詳細に理解するのが難しい桶狭間合戦であるが、現状では、およそ次のような戦いだったと考えられている。

合戦の推移

天文二一年（一五五二）三月三日に織田信秀《のぶひで》が病死すると、今川氏は尾張への影響力を強め、鳴海《なるみ》城（名古屋市緑区）の山口教継《やまぐちのりつぐ》・九郎二郎親子は今川方に通じた。山口氏は鳴海から北西二キロに進んだ笠寺砦《かさでらとりで》（名古屋市南区）に今川氏の軍勢を引き入れた。信長は四月一七日に八〇〇の兵を率いて山口氏と戦った。織田信秀と今川義元は、信秀の晩年に和議を結んでいたと推測されているが、信長が山口氏と戦ったことで織田－今川の和睦は破綻した。翌天文二二年に今川軍は八事《やごと》（名古屋市昭和区）までいったん、進攻した（『定光寺《じょうこうじ》年代記《ねんだいき》』）。

その後、山口氏は大高《おおだか》城（名古屋市緑区）、沓掛《くつかけ》城（豊明市）を奪取して勢力を広げたが、何らかの理由で今川義元に成敗され、鳴海城には義元の家臣の岡部元信《おかべもとのぶ》が、大高城には朝比奈泰能《あさひなやすよし》が入城した（桶狭間合戦のときは、鵜殿長持《うどのながもち》が城主を務めた）。

永禄二年（一五五九）に今川義元は家督を氏真《うじざね》に譲り、義元は西三河の支配と尾張への進攻を統督する体制をつくった。永禄二年八月に義元は、朝比奈泰能に大高在城のための所領を与えたのが確認できる。これに対して信長は、鳴海城の付城《つけじろ》として丹下《たんげ》砦、善照寺《ぜんしょうじ》砦、中島《なかじま》砦など（いずれも名古屋市緑区）を築き、大高城の付城として鷲津《わしづ》砦、丸根《まるね》砦（いずれも名古屋市緑区）を築いて、交通封鎖をした。

信長による交通封鎖は効果を上げたようで、永禄二年九月一九日に三河勢の奥平定勝《おくだいらさだかつ》、菅沼久助《すがぬまきゅうすけ》が織田軍の抵抗を振り切って大高城に兵糧を入れた（「伝松平奥平家古文書写」ほか）。ところで大高城の兵糧入れといえば、永禄三年（一五六〇）の桶狭間合戦のときに、松平元康（徳川家康）が行ったと伝えられ、広く信じられてきた。

家康の大高城兵糧入れをどう読み解くか

しかし、原史彦氏のご教示によれば、元康の大高城への兵糧入れは、『三河物語』では永禄元年に、『寛政重修諸家譜』『徳川実紀』は永禄二年としていて、永禄三年の桶狭間合戦の際に元康が大高城に兵糧を入れたとは記していない。つまり桶狭間合戦の前年、あるいは前々年、もしくは両年に、すでに元康は大高城へ兵糧を入れていたことになる。元康は桶狭間合戦で丸根砦を攻め落として大高城へ入城したときにも兵糧を入れたと『信長公記』は記すが、それは決して一度ではなかったと考えるべきだろう。

さて、ここで不思議なのは、大高城の兵糧入れは一次史料を含めて確認できるのに、鳴海城への兵糧入れについては、編纂物を含めてひとつも確認できないことである。文字史料をそのまま理解すれば、兵糧は大高城だけで不足して、鳴海城は潤沢だったことになる。しかし、両城にそれほど兵糧の差があったというのは奇妙ではないか。

三つの付城で包囲した鳴海城に対して、大高城の付城は鷲津、丸根の二つの砦で北と東側から封鎖を行っていた。近年の新説には、大高城の南側にも砦があったとする意見がある。天理本『信長公記』は、信長が大高城の南に大野・小河《おがわ》衆を置いたと記すが、付城を築いていたとは記していない。

そして一八世紀末に成立した『張州雑志《ちょうしゅうざつし》』をもとに、大野衆などは、正光寺《しょうこうじ》砦と氷上《ひかみ》砦（名古屋市緑区）に籠もったとする推理がある。しかし砦とするものの位置や規模、平面プラン、築城時期のいずれも不明であり、そもそも『張州雑志』も大高城の付城と記述してはいない。つまり信長が大高城包囲のために、城の南側にも二つの砦を築いたとする歴史的な根拠は皆無なのである。史料からも遺跡からも根拠をもたない推理が、史実のように流布しているのは望ましくない。

このように鳴海城、大高城に対する信長の付城の状況を再整理すると、相対的に大高城の包囲が手薄であったとわかる。しかも当時の大高城は城の西側に海が迫っていて、港を押さえていた。そこで義元は、厳重な監視を突破して鳴海城に直接兵糧を入れるのではなく、成功する可能性がより高い大高城に兵糧を入れ、年魚市潟《あゆちがた》を使って兵糧を大高城から鳴海城へ船で運び込んだ可能性もあったのではないか。

海路制圧が義元優位を決めた

この後の対談でも触れているように、義元は今川水軍を動員し、この今川水軍に呼応して長島周辺の一向宗寺院（三重県桑名市）と、鯏浦《うぐいうら》（愛知県弥富《やとみ》町）の人びとの「武者船千艘」が鳴海城・大高城周辺の海岸に迫って、信長に圧力をかけた（『信長公記』）。つまり鳴海城・大高城周辺の制海権は義元が優勢に握っていた。大高城を経由して鳴海城に海路で兵糧を運び込むのは、鳴海城の付城を陸路で突破して搬入するより合理的だったと思う。

こうした信長による鳴海城・大高城の包囲と、永禄元年もしくは永禄二年の兵糧入れを経て、桶狭間合戦は起きた。永禄三年五月一〇日ごろに義元は四万五千という大軍を率いて、駿府《すんぷ》の館（静岡市葵区）から出陣した。五月一八日に義元は沓掛城に入り、翌一九日の夜明け前に松平元康が丸根砦を、駿河衆が鷲津砦を攻め落とした。その後、元康たちは大高城に入り、兵を休めた。

二〇二三年度から名古屋市が国史跡大高城跡 附 丸根砦跡、鷲津砦跡の保存活用計画の策定を進めていて、大高城の本丸まわりの発掘を実施した。この結果、桶狭間合戦の時期に、大高城の本丸は幅約八メートル、深さ約六メートルのV字形の堀で守っていたと判明した。きわめて厳重な防衛であり、大高城が本格的な城郭になっていた。義元は城から見ても優れた武将であったといえる。

また名古屋市の調査によって、丸根砦の姿も明らかになった。丸根砦は直径七〇メートルほどの楕円形をしており、尾根先端の頂部に占地した。尾根続きの北側には堀切《ほりき》りを備え、直径四〇メートルの楕円形の主郭の西・南・東の三方に帯郭《おびぐるわ》を一～二段めぐらしていた。全体として館城《やかたじろ》を基本とした単純なつくりだった。

名古屋市教育委員会は、桶狭間合戦に際して信長が入城して戦況を見定めた善照寺砦を、埋蔵文化財包蔵地として周知化することを、長年に渡って怠っている。現在、善照寺砦跡は名古屋市の都市公園「砦公園」になっていて、砦の範囲は、公園の敷地として残っている。ただし名古屋市教育委員会は埋蔵文化財として認める行政手続きをしていないので、基礎的な調査も保護も史跡としての整備もしていない。名古屋市教育委員会は地域の文化財を守り活かす意識をもってほしい。公園になっている尾根上の平地は、善照寺砦の本丸を継承している。善照寺砦は一辺五〇メートルほどの館城の形態だった（千田 二〇一三）。臨時の砦であったことに留意しないといけないが、織田方の砦が館城を基本にしていたのに対して、先に記したように、今川方の大高城は本格的な城郭としてのプランを備えていた。義元が築城技術では信長を圧倒して、明らかに一歩進んでいた。

信長、砦で好機を察知

鷲津砦、丸根砦に今川軍が攻めかかったという報告に接した信長は「敦盛《あつもり》」を舞い、湯漬けを食べて、わずかな供回りだけで清須城から出陣したという。一二時ごろに二つの砦が落ちたのを砦から上がる煙を見て察知した信長は、善照寺砦に入って戦況の把握に努めた。信長の兵力は二〇〇〇人ほどだった。一方の義元は「おけはざま山」に本陣を据えて酒宴を開いて戦勝を祝った。

信長は善照寺砦から低地の中島砦に進軍するに際して「あの武者、宵に兵糧つかひて夜もすがら来り、大高へ兵糧入れ、鷲津・丸根に手を砕き、辛労してつかれたる武者なり。こなたは新手なり。其上小軍ニシテ大敵ヲ怖ルルコト莫レ、運ハ天ニ在リ」と訓令した。

そして信長が山際まで進むとにわかに大雨になり、空が晴れると信長は槍をとって大音声に「すはかかれ、かかれ」と命じた（『信長公記』）。

本陣を襲われた今川軍は、義元の輿を捨てて退却をはじめた。最初は三〇〇騎が義元を囲んで丸くなって退きつつ戦ったが、次第に無人になって、後には五〇騎ほどになった。信長家臣の服部小平太《はっとりこへいた》が義元と戦って、義元が小平太の膝の口を切って小平太は倒れ伏した。ついで毛利新介《もうりしんすけ》が義元を倒して首を取った。

信長はこのとき義元が差していた太刀《たち》を終生大切にし、茎《なかご》に「織田尾張守信長」「永禄三年五月十九日義元討捕刻彼所持刀」と金象嵌《ぞうがん》銘を入れて所持した。この太刀は「義元左文字《よしもとさもじ》」と呼ばれ、信長の死後、豊臣秀吉・秀頼、徳川家康が所持し、徳川将軍家に伝えられた。明治になって「義元左文字」は京都の建勲《たけいさお》神社に寄進されて今日に至る。

（千田嘉博）

対談・1章　桶狭間合戦と大高城

対談でめざしたこと――

桶狭間合戦は織田信長が今川義元に奇襲をかけたかのようにいわれている。また、松平元康（のちの徳川家康）は、当時、今川義元の人質であったために無理難題を押しつけられて大高城《おおだか》に兵糧を入れさせられたといわれてきたが、しかしながら、桶狭間合戦に関してはいわゆる一次史料が少なく、その実態は不明な部分が多い。

松平元康は先陣として大高城に兵糧入れをして、義元を迎える準備を進めていた。過去の状態をよく調べると、かつての大高城は現在とは異なり、潟《かた》に突き出た城で義元がここに来れば、熱田《あつた》、清須《きよす》も海から窺え、兵糧入れも海からできた。

西へ進む義元は、多くの軍勢を大高城へ向かわせ、自身の本隊は少数で桶狭間山方面へと進んでいた。というのも、この道筋は一騎しか通れないほどの道の狭さで、それゆえ敵は攻めてこないだろうと義元は考えた。

信長は今川の軍勢の動きに関して善照寺砦にいたときから当たりをつけて進んでいた。そこへ少ない軍勢の義元を見て雹《ひょう》交じりの雨の中、戦いを仕掛けた。不幸にも今川軍には向かい風となり、信長軍の発見が遅れたため、義元軍は総崩れとなった。援軍も近くにはいない。結果は歴史が示すとおりだ。

海の近くの大高城は熱田、清須への拠点

平山　桶狭間合戦の場は非常に狭い地域ですが、実は近辺の付城《つけじろ》、砦の配置が非常に重要でした。まずは城の周辺の地形について考えていきたいと思います。大高《おおだか》城での発掘調査が進み、いろいろなことがわかってきているようですね。

千田　現在の地名で名古屋市緑区大高町、住宅街になっている小高い場所に大高城跡が残っています。小山にあり、現在はどこからでも近づけ、織田信長の攻撃に耐え続けた要害であったとは、現地を訪ねても実感しにくいです。しかし、古地図によれば、当時、大高城の西側の城の麓あたりまで潟《かた》となっていました。内湾であるものの海に突き出したような地で、陸路だけでは行かれない要害であり、攻撃されにくい地形であったとわかります。鳴海《なるみ》城が北側にあり、信長はなんとしても大高城とともに落としたかったでしょうね。

平山　『信長公記』に鳴海城のあたりも潮の干満で人や船の出入りが規制されていたとありますね。

千田　『万葉集』に「年魚市潟《あゆちがた》」と記されています。

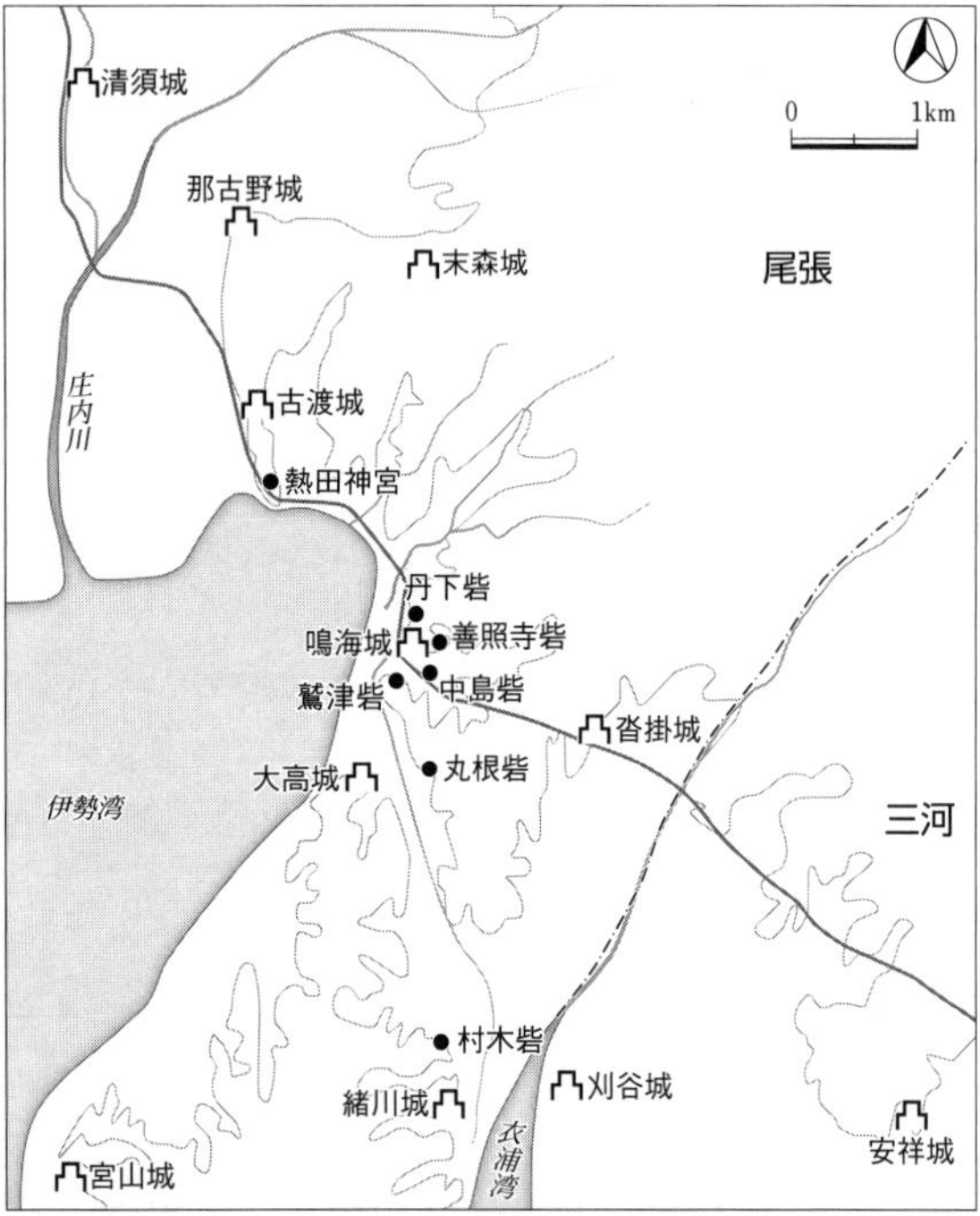

桶狭間合戦直前の状況。当時の海岸線は大高城近くに迫っていた。

平山　今とは地形が全然、違います。地元の方に聞くと、今のＪＲ大高駅一帯は江戸時代には港であったと伝えられているそうです。二〇二三年のＮＨＫ大河ドラマ「どうする家康」の時代考証を務めた際に、大高城のすぐ近くに海があるとの設定に同意しました。織田軍の道を塞ぐため、今川方は大高城の東側にある信長方の二つの付城、鷲津《わしづ》砦と丸根《まるね》砦を攻略します。この二つの砦で織田氏の反攻は完全に封鎖されてしまうのです。

千田　今川は水軍も動かしているのですよね。

平山　今川は尾張の服部《はっとり》水軍（荷之上《にのうえ》〈愛知県弥富《やとみ》市〉の鯏浦《うぐいうら》が本拠）に調略を仕掛けて、船を多数投入させ、伊勢湾に展開させていた可能性が高いのです。大高城へは松平元康（のちの徳川家康、以下、家康とする）が兵糧を入れたと伝わっていますが、詳細は史料には書かれていません。陸路からと考えられがちですが、本当に陸路だけかと私は疑問視しています。

千田　地形から見ると、織田方が付城を押さえ、そこを家康が突破したと伝えられますが、海から大高城を目指したほうがいいですよね。

平山　家康は鷲津砦、丸根砦を大高道から牽制しつつ、海からの兵糧入れが行われたのではないかと私は考えています。

大高城があの地にあるからこそ、今川方が陸路からも海からも熱田《あつた》、福島《ふくしま》、そして清須《きよす》も窺うことができる。織田氏にとって、大高城と鳴海城が清須に向かう最大の障害で、この二つを今川方に取られたのは相当に痛い。

千田 今川方が大高城、鳴海城を確保すれば、すぐ熱田、さらに進めば清須へと、すべて海と川でつながって行けます。信長方からすれば最大のピンチで、何としても取られるわけにはいかない、手前で今川方を押さえなくては、という強い決意はあったと思います。

平山 『信長公記』に、鯏浦の水軍が桶狭間合戦が終わった直後に熱田を攻めるのですが、熱田の人に撃退されたと記されています。織田軍が今川軍と戦いに行こうとするその裏をかいて、水軍が熱田を制圧する目算があったのではないかと思いますが、やはりうまくいかなかった、ということですかね。

千田 このときは、うまく連動しなかったということですね。今川義元はダメな武将の代表のようにいわれてきましたけど、非常に的確な作戦で織田方に攻勢をかけていたのが、その点からも浮かびあがってくるように思います。

桶狭間合戦関連諸城位置関係図

素朴な信長の初期の城、技巧的な今川の城

平山　服部英雄《はっとりひでお》（九州大学名誉教授）さんは、知多半島を含めた伊勢湾の制海権を今川氏が握ろうとしていたと解釈しています（服部英雄　二〇一二）。史料には出てきませんが、明らかに水陸両方で織田方を攻めようとする今川方の意図が見えます。この解釈はありうる話です。

というのは、信長の出身の勝幡《しょばた》の織田氏は濃尾平野木曽川左岸にある津島《つしま》で経済活動をしています。その津島は津島五カ村という村の構成で、そのうち三つは「米之座《こめのざ》」「筏場《いかだば》」「今市場《いまいちば》」と象徴的な名前がついています。物資の集散地という意味ですね。そこを押さえられてしまうと信長の強みである水運による経済活動が機能しなくなってしまう。織田氏にとって、尾張の国境に出てきた今川勢は相当、脅威だったと考えられます。

千田　桶狭間合戦には、義元がやってきての正面攻撃だったのか、信長の奇襲だったのか、ピンポイントでなく、もっと大きな枠組でとらえたら、わかってくることがあるでしょうね。

平山　織田氏と今川氏の睨《にら》み合いのカギとなる大高城と鳴海城の痕跡などは残っていますか。

千田　残念ながら、あまり残っていないですね。鳴海城は信長の息子・信雄《のぶかつ》のころまで改

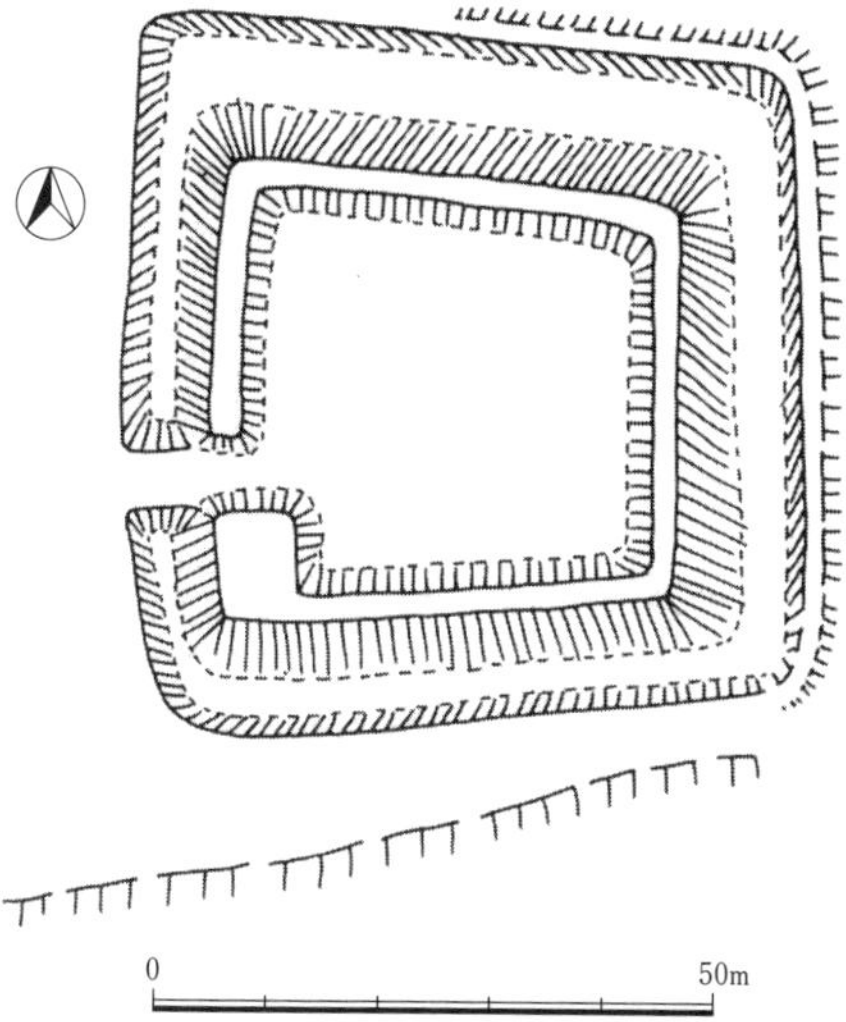

上：善照寺砦（千田嘉博作図）
下：砦公園になっている善照寺砦（千田嘉博撮影）

修が続けられます。名古屋市教育委員会が一部発掘して大きな堀などが見つかっていますが、桶狭間合戦のときはどうだったかは不明です。立地は動いてないと思います。大高城は鎌倉街道（のちの東海道）を真下に見下ろし、年魚市潟へ続く尾根の先端にあった城であったことは間違いないでしょうね。

平山　桶狭間合戦の後にほぼ再利用されず、保存状態がよいのは大高城ですかね。

千田　大高城は江戸時代前期、尾張藩の家老・志水忠宗《しみずただむね》が別宅として使っていた記録はあるのですが、江戸時代に入ってからは、改修するより、その土地に屋敷を建てて使っていたようなので、地中に古い様相を残しています。

　織田方がつくった砦として実像がわかるのは丸根砦と善照寺《ぜんしょうじ》砦です。善照寺砦は鳴海城に対峙していたといわれていますが、わざわざ鳴海城と反対側の尾根の東端につくっていて、鳴海城を直接監視できません。つまり単純な付城としてきた通説は誤りです。そのかわり東・南方向への眺望には優れていて、今川軍の進攻に備える意図をもったと読み取れます。そして善照寺砦は技巧的な付城というよりは、中世の館を基本としたつくりです。縄張りは四角形、あるいは楕円形で、本丸に相当する部分の周囲に堀をめぐらせています。非常に単純・素朴で、軍事的な砦として特化したつくりではなかったのです。信長の城のつくり方は、まだ技巧的ではありません。

平山　善照寺砦はもとあった在地の土豪の屋敷をそのまま取り立てて改装したのでしょう。当時の信長がつくれた砦はこんな感じだったのかなと思います。

　現地を訪れたことがあるのですが、丸根砦は真ん中がポコっと高くて、まわりをめぐる堀がよく残っていますよね。現在の丸根砦の縄張りは、おそらく織田方がつくった当時のままだと思いますが、どんなところが特徴でしょうか。

千田　近年、名古屋市教育委員会が改めて詳細な測量調査をしたところによると、見えている堀の一段上に帯曲輪《おびぐるわ》段状にめぐり、臨時のものではあるが当時としては、かなりよく整えられたものであることがわかってきました。

平山　丸根砦は斜面の上、丘陵の上に立っていますね。

千田　たしかに信長はいい場所を選んでいます。ただし、鳴海城側は背後の丘陵に遮られて見えません。この立地の特徴は鷲津砦にも共通していて、丸根砦も鷲津砦も大高城への街道を押さえることに特化していました。大高城は、志水忠宗の屋敷をつくるために中心部の堀などを埋めたので、広々とした空間になっていますが、名古屋

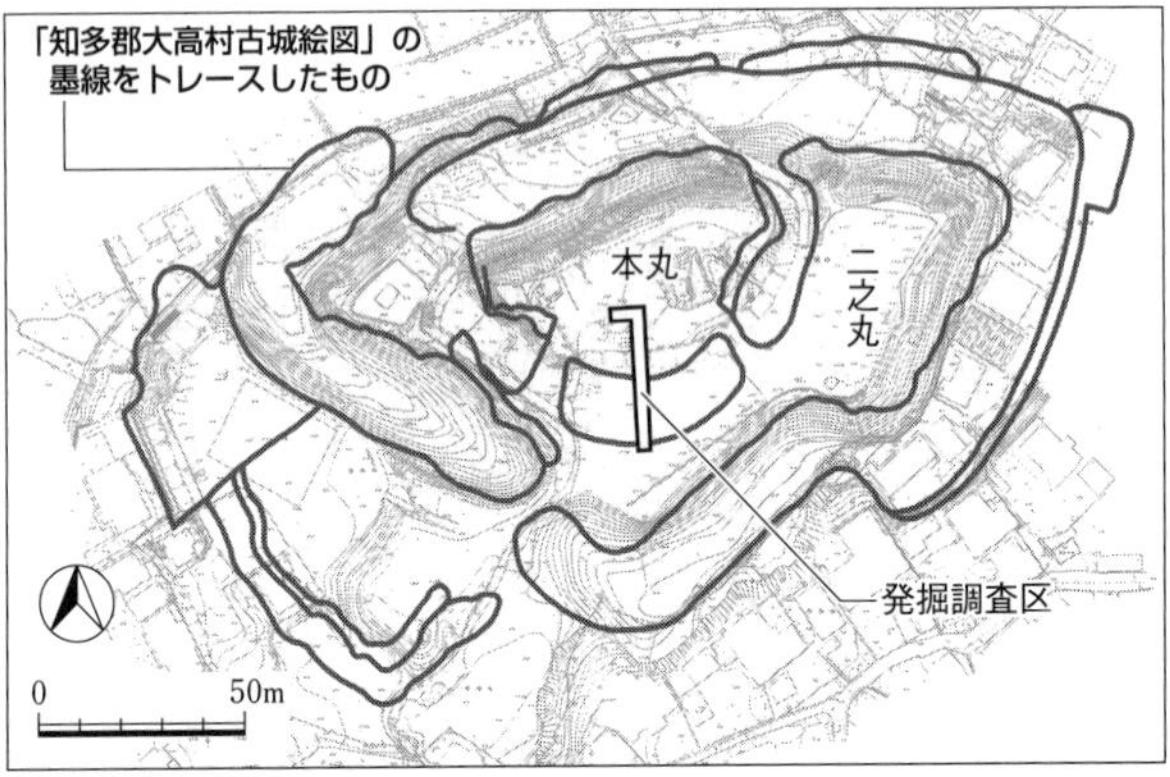

大高城遺構配置図・「知多郡大高村古城絵図」（名古屋市蓬左文庫蔵）重ね合わせ図（名古屋市教育委員会「令和４年度史跡大高城跡発掘調査現地説明会資料」より。一部改変）

市蓬左《ほうさ》文庫に残る江戸時代初めの絵図によれば、本丸の周囲をさらに堀で囲んでいたとわかります。二〇二二年からの発掘調査で、この絵図に見える堀が実在したと判明しました。当時としては非常に堅固な堀で、本丸のまわりをしっかりとこの堀で囲んで、外側の「二之丸」とされる部分の外側は、帯曲輪状の崖と堀に挟まれた狭い空間であったことがわかりました。大高城は桶狭間合戦のときに本格的に要塞化していった実態がわかり、これにはほんと、驚きましたね。

平山　堀の中からどんなものが出土したのでしょうか。

千田　二〇二三年段階では、トレンチ調査を実施しただけで、出土したのは桶狭間の時期にあってもおかしくないという遺物ですが、本丸の場所の表土は土を選んで版築《はんちく》状に整地した痕跡がありました。今後の調査結果が待たれます。上屋がどんな建物であったかはまだ不明です。

平山　大高城のようなケースはまれで、今川氏の城づくりの痕跡を探すのは難しいですよね。すべてその後の武田氏、あるいは徳川氏の手が入っていたりしているわけですから。大高城は、最初は織田方なのでしょうが、今川方が最前線の砦とするため相当に手を加えたとすれば、きわめて数が少ない今川方の城を分析できるよい事例として評価できると考えます。

千田　まさに重要な痕跡と評価できる可能性が発掘調査によって高まってきました。これは重大な成果です。今川方が大高城に手を入れたのは桶狭間合戦のときだと考えられますが、まだ石垣を使っていないものの、城のつくりとしては、先進的できわめてよくできています。どうやら本丸への入り口に横矢《よこや》をかける工夫をしていたのも間違いないだろうと考えられます。非常に出来がいいですね。

平山　基本的に防御力の高かった城に、義元がさらに手を入れているのですね。

千田　はい。その姿が見えてきました。

平山　鳴海城も、大高城も山口教継《やまぐちのりつぐ》が管轄していましたが、動きが怪しいと義元が呼び出して誅殺してしまいますね。

千田　そうそう。「ちょっと、こっちこっち」と呼び出して殺しちゃう……。そして最終的に今川義元の妹婿の鵜殿《うどの》氏が大高城にそのまま入るんですよね。そのときもおそらく改修を進めて、今川色の城に変わったのだと思います。大高城の城づくりからも今川氏の先進性が見えてくると思います。

平山　発掘調査でさらに研究が進展するといいですね。

千田　国史跡として中心部は公有地化が進み、保護されていますので、今後の史跡整備が期待できます。大高周辺のまちづくりの要になるでしょう。

義元の誤算と信長の幸運

平山　義元は本来は桶狭間山から大高城に入ろうとしていたといわれています。先鋒は鳴海方面から周辺の織田方の付城を落としながら進んでいく。家康が、織田方の丸根砦と鷲津砦の二つの付城のうち、丸根砦を攻め落としているので、義元は安全に大

千田　高城へ入るという作戦だったかと思います（鷲津砦は、朝比奈泰朝《あさひなやすとも》が攻略）。今川方の作戦としては悪くないですよね。私は大高城を解放した今川軍が義元本陣に戻って、鳴海城に進んだ可能性も考えています。一方、伊勢湾において今川方は年魚市潟の制海権も奪取している。盤石ですね。

平山　桶狭間合戦で今川方が負ける要素がないんですよね。

千田　そもそも兵の数も織田方をしのいでいます。『信長公記』では、桶狭間山方向に行く道筋は「深田《ふけ》」、田んぼが深く、一騎しか通れないほどの狭さで、しかも信長が陣を取った中島《なかじま》砦からは見下ろされる場所で、兵が少ないことが見破られてしまうと家臣が止めようとしたが、それを信長が聞かなかった、と。つまり、兵数は圧倒的に織田方が少なかった。

平山　今川方は鳴海城と大高城を救援し、それを支えながらまわりの付城を落として、熱田、清須城へ進んでいくことを見込んでいたようですが、意外と合戦場となった「桶狭間山」のまわりには有効な軍勢がいないんですよね。

千田　主力軍は大高城方面へ行っていたというタイミングですね。

平山　義元は地形から考えて、深田があるからそうそうは攻められない、近づいてくればわかるから大丈夫、防御態勢も取れると見ていたのかなと思います。

千田 善照寺砦の立地から見て、信長方は桶狭間まで、途中いくつかの付城を経由したようですが、まずは鳴海城の東側の善照寺砦に入りました。善照寺砦は鳴海城の付城のひとつとされていますが、先に述べたように鳴海城を見下ろす側ではなく、反対側の丘陵の東の端にあり、直接の付城としては非常に不適切な立地です。善照寺砦からは鳴海城はほとんど見えないわけですから。一方で東側、桶狭間の方向はよく見えます。

信長もある程度、義元が出てきたらどうするかを考えていたのではないかと思います。義元の動向を知るために善照寺砦を置いたと考えてもよいかもしれません。信長は善照寺砦に入って戦況を分析したために勝ったというのは、信長が入った善照寺砦が全体の状況を確認できる特別な立地にあったからでした。善照寺砦の意味がこの立地から感じられます。中島砦からは、谷の底にあるので、眺望は利かない。

平山 実は桶狭間山がどの山か、判明していないのです。『愛知県史』では漆山《うるしやま》と比定しています。義元の本陣がどの辺にあったかを考えると、信長は善照寺砦から視認していて、当たりをつけて進んだとしか考えられないですね。

千田　『信長公記』の記述をどこまで史実ととらえるかの問題はありますが、信長は眼前の軍勢は朝から戦って疲れている兵だと訓示をしたといわれます。実は「眼前の」敵は戦っていない義元の本陣にいた兵で、信長は義元の動きを知っていたわけではなかったと思います。たまたま義元方が信長接近の発見が遅れたという見方もありますね。

平山　『信長公記』を見ると、進む信長軍は雹《ひょう》交じりの雨を背中から受け、一方、今川軍は向かい風であったという。気象条件が重なった偶然があったのかもしれません。

千田　そのような意味では、信長が勝ったのにも偶然の要素があったでしょうね。

平山さんにお聞きしたかったのですが、――ホンモノかどうか怪しいといわれる――に、永禄元年（一五五八）、瀬戸の品野《しなの》城や桑下《くわした》城を守る松平方・今川方と信長方との攻防戦があり、信長は嵐の日に夜討ちをかけたと記されています。こういう日にこそ信長は攻めてくるだろうと備えていたので撃退できた、品野城や桑下城を今川方が守りきった、そして義元からそれらを守った武将、松平某に太刀と褒美が下された、その後の地誌類にもその戦いがあったと見えます。

現在の瀬戸市になりますが、瀬戸から尾張に攻め込むルートは、家康の祖父である松平清康《きよやす》が攻め込んだときのルートと同じで、庄内《しょうない》川沿いにまっすぐ進む、清須に到達する最短ルートです。義元方の三河領と織田領とは横に長い地帯で接し合っています。信長にとっては、義元がどこから来るか限定できない。瀬戸から来るのでは、というのが脳裏をよぎり、そこを潰そうとしたけれどもダメだった。今度は、旧鎌倉街道のルートにある鳴海城をと考えた。それは山口氏が今川方についたからということもあったのでしょうが、結果として桶狭間のほうに出てこざるをえなかった。史料に残ってはいませんが、前段の駆け引きがあったのではないかという気がしますが、いかがでしょうか。

義元に重用された家康の働き

平山　文書自体は偽文書の可能性も考えられますが、まだ断定できません。信長が荒天をものともせずに動くというのには前例があって、天文二三年（一五五四）の村木《むらき》城攻めがあります。『信長公記』に、信長は荒れた天気の中、熱田から船に乗って、二〇里の航路を一時間で着いたとあります。だから信長はそういう意表を衝《つ》く作戦をやるクセはありますね。

千田　小谷《おだに》城攻めのときも、信長はわざわざ嵐の夜に朝倉《あさくら》軍が籠もっている大嶽《おおずく》砦を攻め落としに行ったりしていますね。だから桶狭間合戦で嵐のような天候で義元が不利になったというのは、たまたまというよりは、信長が今こそ攻めようとしたというのはあったのかもしれないですね。

平山　限られた史料で考えなければならないので難しいですが、城と地形の組み合わせでは、大高城と海との関係を重視すべきです。実際に兵糧入れは海からで、家康は付城の牽制のために織田勢を拘束していたという話であったが、いつの間にか敵中突破にすり替わっている可能性も考えられますね。

千田　義元自身も大高城へ入る計画だったとすれば、陸路ではUターンする必要があるので、船で熱田に乗り入れることを考えていたと読み直せるかもしれません。

平山　三河方面から大高城に入ろうとするなら、陸を行くより海路で入っていったほうがはるかに楽です。さらに、海路で熱田に上がって清須城を窺う。その前提として、家康が大高城の周囲にある二つの付城を落としておく。鳴海城の付城は今川氏の先陣たちが攻めて、援護しながら本陣は進んでいく、と。

千田　いい作戦ですね。家康は今川方にいじめられ、大高城を解放するようにと命じられた。三河の侍なんて消耗品だから犠牲の多いところを担えといわれたとの話が伝えられてきましたが、現在の戦国時代研究の理解ではどう解釈されているのですか？

平山　先陣を命じられるのは武士の誉れです。織田氏の抵抗が一番激しいところはどこか。大高城よりも鳴海城だと私は考えています。家康が鳴海城ではなく大高城に派遣されているのは、義元の移動の露払いであり、家康は今川一門の扱いで、危険な最前線ではなくて、むしろ大高城の兵糧入れを支援しながら付城を無力化する作戦に関与した。そのうえで、今川本隊と合流すると考えられていたと思いますので、家康が最も危険な最前線を命じられたというのは当たらないと私は考えています。

千田　それは従来の評価と大きく異なりますね。しかし、そう考えたほうが納得がいきます。義元には鳴海城から解放しに行くのか、大高城からか、と二つの選択肢がありましたが、戦略的には鳴海城のほうが明らかに高度さを要求されますよね。

平山　大高城のほうが危険が高かったというのはつくられた家康伝説ですよね。

千田　信長の手厚い鳴海城への包囲網からしても、鳴海城攻めのほうが重要だったのに、家康が無理難題をいわれ、大高城兵糧入れを三河の家臣団とともにみごと達成した、という話には違和感あるなと思っていたんですよ。

平山　いかに家康が苦労したかということを際立たせるための、江戸幕府のつくり話だと思います。

千田　鳴海城や大高城との位置関係や、それぞれの役割から、家康の行動は非常に納得できます。義元自身は海路で入り、さらに尾張へと次の手を打つための準備として家康が大高城に入ると考えれば、全体の説明が非常にうまくつきます。

平山　かつての定説だった迂回奇襲説ではなく、藤本正行《ふじもとまさゆき》さんが『信長の戦国軍事学』（一九九七）、『桶狭間の戦い』（二〇一〇）で提唱した、正面攻撃説が今のところ妥当性が高いと思います。正面攻撃もたまたま風雨に見舞われ、それにうまく乗じたんでしょうね。

千田　今川軍では大高城を解放するというので、かなりの軍勢が動いていると思えます。今川軍の主力部隊が大高城方面へ展開していると、主力軍と義元の本陣との間にはかなりの距離が生じていて、小さな山と谷が入り組む地形でお互いを見通すというのは非常に難しい状況にあった。その後、義元が大高城に行く、あるいは主力部隊の一部が合流して戻ってくるのであれば、信長の攻撃を受けても撃退することは容易だったはずです。主力部隊が離れている瞬間に信長軍が攻めてきて、義元本陣が襲われているのに救援に戻って駆けつけたといった記録はないですよね。

平山　救援に駆けつけられないような状況であったとしか考えられません。今川軍の総勢は大きかったけれど、各地に散っていて、義元本陣の動きが比較的遅く、前にいる部隊との距離が少し開きすぎた結果なんでしょうね。

千田　そこまで信長はわかっていたとすれば、善照寺砦の索敵が奏功したことになります。義元はなぜこんなことになるのかと驚いたでしょうね。やはり信長が勝てたのは本当に奇跡ですね。

あらゆる条件が有利に働いた信長方

平山　『信長公記』では、時系列としてまず織田方佐々《さっさ》政次《まさつぐ》の軍が攻めてくるが壊滅してしまう。そこで義元が喜ぶとなっています。その直後に信長が出てくるわけです。『信長公記』をどう読むかにかかっていますが、中島砦の兵が敗れた。信長はその間に善照寺砦から扇川《おうぎがわ》を渡って中島砦にやってくる。佐々氏らの攻撃は信長が移動する際に、あっちは道が狭くてダメだと時間を稼ぐためにやったような気がするんですよね。

千田　記述を見ただけでは、佐々氏らの突出した動きが無駄死みたいにしか読めませんが、つながっているとすれば、信長主力軍の移動を実現した攻撃として非常に意味のあることになりますね。

平山　信長が移動する時間を稼いだ、その直後に大雨が降る、ということではないかと思います。

　信長が善照寺砦から中島砦へ移っていく。中島砦あたりは今川方からよく見えますからね。ところが、雨が降ってきた。信長が中島砦に入って動き出しているのが今川方には見えていなかったのではないかと思います。

千田　これまでドラマでは、義元の旗本たちが「勝った、勝った！」とお酒を飲んでみんなだらけていたから気がつかなかったなどと描かれてきましたが、気象状況のために物見をしている人たちは雨で見えない。戦況を把握できていれば、そこまでの負けはなかったでしょうね。信長方は二千人の軍勢ですから、まったく気がつかないというのも考えにくいです。

平山　いろんな条件が重なって、信長の軍勢の動きが周辺の部隊から見えにくい状況のうえに、曇りになってきてさらに見えなくなってきた。そのうえ大雨が降ってきたのでまったく視界がきかなくなった。その状況をものともせずに信長たちは突撃してきた、ということかなと。

千田 これから新しい史料が出てくればまた別ですけれども、なかなかそれ以上は難しいですね。

平山 今のところね。それ以上わかりません。

千田 将来的には丸根砦の調査の計画があると聞きます。国の史跡になっていますので、本格的な史跡整備をするということになれば、発掘調査を実施するはずです。大高城以上に再利用がないところですから、具体的な様相がわかると、もう少し考える手がかりが出てくるのではと期待しています。

平山 大高城や丸根砦の発掘調査が進むと、桶狭間合戦の姿がよりはっきりと見えてくるでしょうね。

2章　今川攻めと徳川方の諸城

今川攻めと徳川・武田の関係悪化

家康と武田信玄の密約

桶狭間合戦後に、今川氏からの自立を果たした松平家康は、永禄八年（一五六五）以来、今川氏真《うじざね》との同盟に陰りが見えていた甲斐武田信玄に接近する（家康は永禄九年に徳川と改姓）。永禄一一年、織田信長は同盟相手の信玄に徳川家康との同盟を持ちかけた。当時、信長は足利義昭を越前から迎えて庇護し、「天下再興」（室町幕府の再興）を目指し、近隣の諸大名に協力を求めていた。越後上杉謙信もこれを歓迎し、信玄もまた賛意を示していた。信長の懸念は、義昭を奉じて畿内に出陣した際、尾張・美濃を今川氏に狙われないかということであった。そこで義昭・信長は、信玄と三河の家康に同盟を結ばせ、今川攻めを容認することとした。ここに義昭は、足利一門である今川氏を切り捨てたのである。

義昭・信長の仲介により、家康と信玄の同盟（甲三同盟）が成立した（永禄一一年七月から九月ごろ）。その内容は、①徳川・武田氏双方は、緊密に連絡を取り合い、同時に今川領国に侵攻する、②家康は、人質を武田に送る（信玄は送らない）、③双方は、勝手に今川方とあらゆる交渉をしない、④双方は、大井川を境界の目安とするが、領国拡大は自力次第（実力次第）とする、などであったと推定されている。

今川攻めの開始

永禄一一年一二月、信玄と家康は、軍勢を率いて東西から今川氏を挟撃する形で侵攻を開始した。武田軍は、六日に甲府を出陣し、ほぼ無傷で一三日、駿府《すんぷ》を占領した。今川方の諸将には、すでに武田方から調略の手が伸びており、今川方は戦わずして崩壊したのである。氏真は、正室早川殿らとともに、命からがら遠江懸川《かけがわ》城（城将朝比奈泰朝《あさひなやすとも》）まで落ち延びた。破竹の勢いであった武田軍は、駿府占領の直後、背後を北条氏政《うじまさ》に封じられ、身動きが取れなくなった。信玄の今川攻めに怒った北条氏康《うじやす》が、武田氏との同盟を破棄して、氏真救援のため動き出したのである。

一方の家康は、信玄にやや遅れて遠江に侵入した。遠江の国衆《くにしゅう》にも、武田方の調略の手が伸びており、日比沢後藤氏や佐久浜名氏らは家康に従おうとしなかった。そのため、姫《ひめ》街道を利用できなかった家康は、井伊谷《いいのや》を経由し、一二月一七日、引馬《ひくま》（引間）に入った。引馬城は江馬《えま》氏（もと飯尾連龍《いのおつらたつ》家臣）らが保持していたが、一八日に開城した。ほぼ同時に、

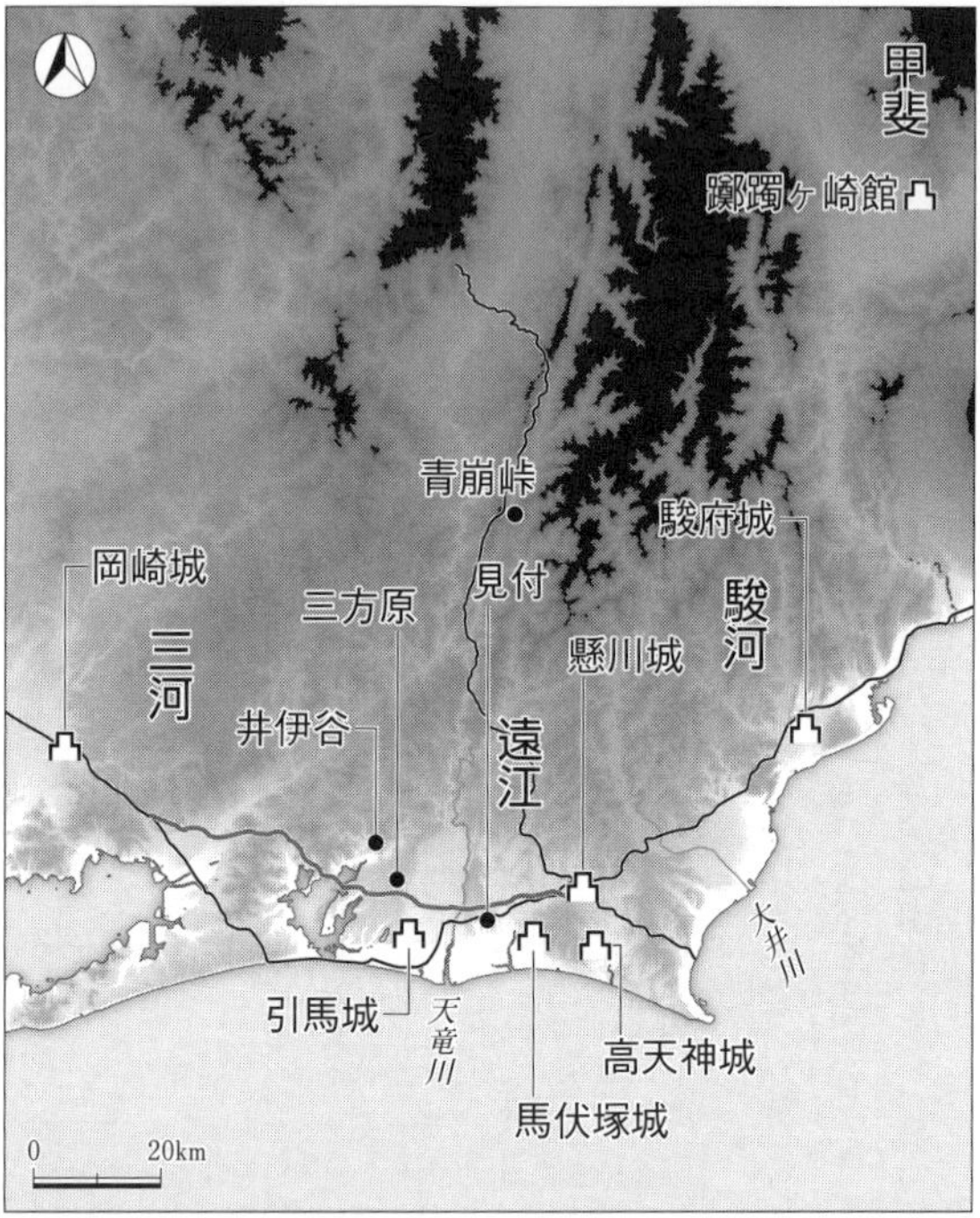

今川攻め関連諸城位置関係図

徳川方は二俣《ふたまた》城なども確保し、天竜川を渡って、見付《みつけ》に進んだ。

家康が引馬を接収し、天竜川を越えると、遠江の国衆や土豪らは、続々と徳川氏に帰属し始めた。最も大きかったのは、馬伏塚《まむしづか》城主小笠原氏興《うじおき》、高天神《たかてんじん》城主小笠原氏助の父子が、一二月二二日に家康への帰属を決めたことである。小笠原氏が従属したことで、遠江の人びとは続々と徳川氏の麾下《きか》（直属）となった。

懸川城攻防戦

信濃から青崩《あおくずれ》峠（もしくは兵越《ひょうごし》峠）を越え、遠江に南下してきた武田軍別働隊（秋山虎繁《とらしげ》ら）は、一二月一五日ごろ、見付で徳川軍先陣と衝突した。怒った家康は、信玄に抗議し、その不実を詰《なじ》ったのである。明けて永禄一二年一月早々、信玄は家康に謝罪し、秋山勢を駿河に撤収させた。

家康は、懸川城の周辺に多数の付城《つけじろ》を築き、その補給を断つことで屈服させようと図った。家康は、金丸山砦《かなまるやまとりで》に久野宗能《くのむねよし》・同佐渡守（宗隆）・本間五郎兵衛らの遠江衆、青田山《あおたやま》砦に形原《かたのはら》松平家忠・東条松平家忠ら、笠町《かさまち》砦に山家三方衆《やまがさんぽうしゅう》、相谷砦に家康旗本、天王山《てんのうざん》砦に家康本陣、曽我山砦に酒井正親《まさちか》・竹谷《たけのや》松平清宗《きよむね》ら、長谷砦に酒井忠次《ただつぐ》・石川家成《いえなり》らを配

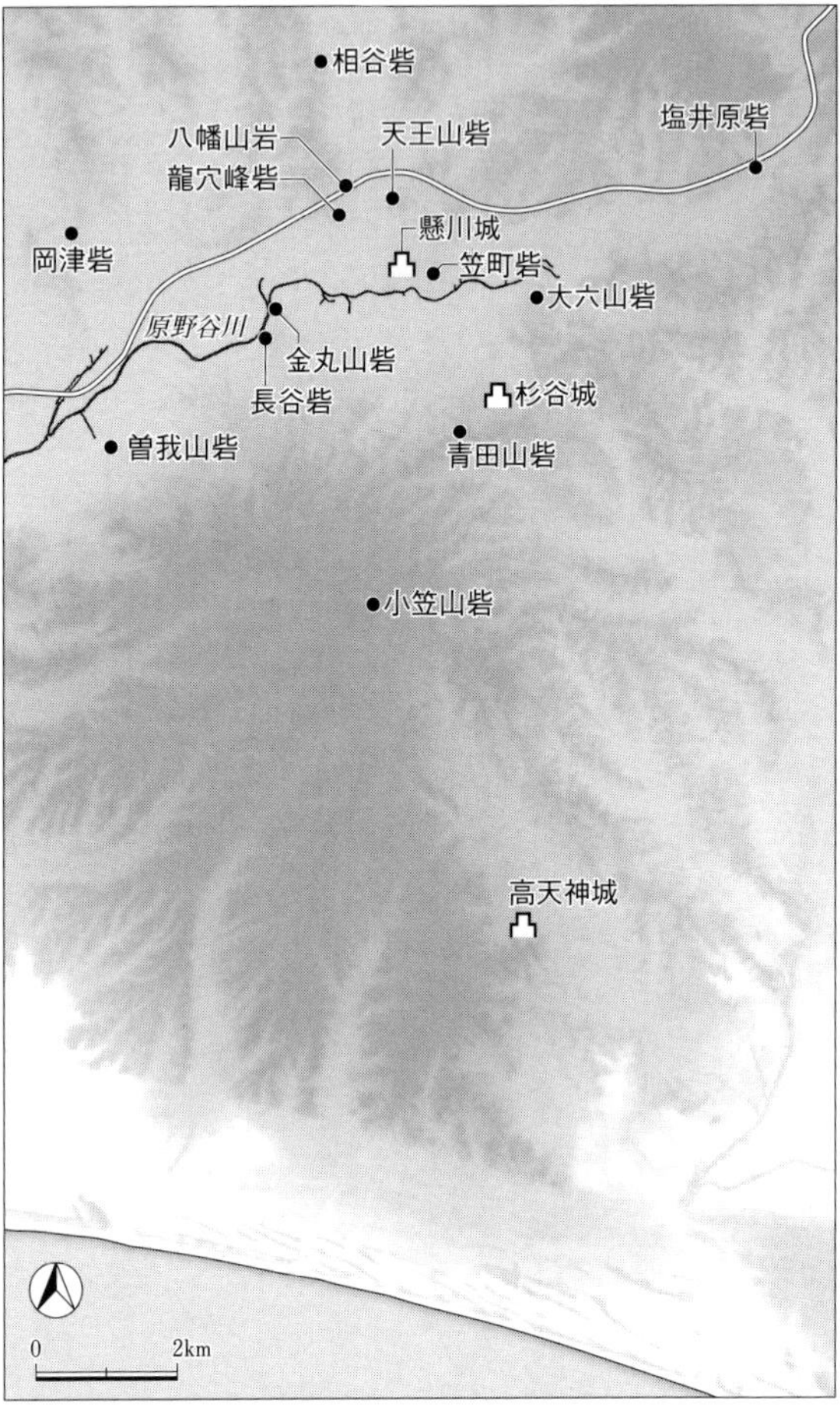

懸川城周辺の付城・砦の位置

置したという。このほか、守将が誰であったかは判然としないが、八幡山砦《はちまんやま》、龍穴峰砦《りゅうけつほう》、大六山砦《だいろくやま》、塩井原砦《しおいはら》、杉谷城《すぎや》、小笠山砦《おがさやま》などが、徳川方の懸川攻めの付城であったと想定されている。これらの付城は、懸川城に通じる東西の動脈たる東海道ばかりでなく、遠州灘《えんしゅうなだ》からの「塩の道」や、北遠江の山岳地帯につながる南北の道など、すべての補給路を封じるために築かれたことがわかる。

徳川方に完全に包囲された懸川城であったが、氏真と今川方の士気は高く、懸川城外でしばしば徳川軍を撃退している。懸川城は、まさに難攻不落ぶりを世間に示すこととなった。

一方の徳川方は、兵糧などの補給が不安定で、懸川攻めに専念できなかった。それは、浜名湖畔の宇津山城（城代大原資良《すけよし》）、堀江城（大澤基胤《もとたね》）、堀川城（堀川一揆と大澤氏の援軍）、日比沢城（後藤氏）、佐久城（浜名頼広）らが、反徳川として活動し、三河と遠江の交通路を遮断していたからである。そこで家康は、二月から四月にかけて、これらの諸城の攻略に集中し、ついに平定を達成した。このため、三河寄りの補給路が安定化し、家康は懸川攻めに専念できることとなった。

信玄との不和

信玄の不誠実さを警戒するようになった家康は、武田氏と同盟の確認をしあったものの、協力関係の継続には消極的となった。さらに、北条氏に補給を封じられ、安倍・井川の一揆勢の攻勢に悩まされた信玄が、四月二四日に駿河から撤退すると、情勢は大きく変動する。武田氏を追い払った北条軍が、駿府に進み、山西地域の今川方と連携し始めた。このままでは、北条軍の攻撃を受ける恐れが出てきた家康は、懸川城の氏真と、北条氏政に和睦を申し入れたのである。

すでに兵糧が尽き始めていた氏真は、五月六日和睦に応じ、同一五日には懸川城を徳川方に明け渡した。家康は、ほぼ同時に北条氏とも和睦を結び、氏真夫妻を北条方に送り届けたのである。かくて家康は、遠江を平定した。

しかし、この事態に激怒したのが信玄であった。氏真と和睦しただけでなく、その身柄を氏政に引き渡したこと（信玄は氏真を殺害するか、織田に引き渡すつもりであったらしい）や、北条氏と和睦したことなどを、明確な同盟違反と捉え、その善処を織田信長に訴えた。だが、当時の信長と家康は、対等な同盟関係であったから、信長が家康に命令することなどできなかった。信玄自身は、家康は信長に従属する存在であり、「彼は信長のいうことならなんでも聞く人物だ」との認識だった。それは、信長と家康の関係を、完全に見誤っていたことに他ならなかった。

信長も困惑したであろうが、結局、家康に対応を命じることはなかった。そのため、信玄の怒りは、家康ばかりかやがて信長にも向けられていくこととなる。

（平山　優）

対談・2章　今川攻めと徳川方の諸城

対談でめざしたこと――

永禄一一年（一五六八）、武田軍に侵攻された今川氏真《うじざね》は応戦するものの、懸川《かけがわ》城に逃げ籠城を図る。その氏真を攻めたのが、遠江で勢力を拡大したい徳川家康であった。家康は天王山砦《てんのうざんとりで》に本陣を置き、懸川城の周囲にいくつも付城《つけじろ》を築き、懸川城を包囲した。

それより以前、家康は今川氏の支城であった高天神《たかてんじん》城を傘下に入れていた。この城も遠江の支配を考えると重要な地であると考え、高天神城主小笠原氏助の説得に力を注いだ。なぜそこまで家康は高天神城にこだわるのか。

家康が今川攻めに際し高天神城や馬伏塚《まむしづか》城の確保を急いだのは、単に城を落とすことが目的ではなかった。高天神城は山の中にあるが、遠州灘《えんしゅうなだ》から掛川に入る塩の道の上にあり、懸川城への海からの重要な補給路であった。家康は先も見据えてこの地を重視していたのであった。

そして懸川城攻めは、この作戦を基礎に展開した。懸川城は東海道など陸路の要衝ではあるが、同時に海からのルートを押さえる要衝でもあった。家康は、これをも考慮に入れて、付城を置いた。

北条方による援軍や支援物資もあり、懸川城はなかなか落ちない。家康は目の前の今川氏真だけでなく、さらに東の北条氏も視野に入れて戦わざるをえなかった。家康方の補給も簡単ではなかった。約半年後、家康は武田氏と信長の関係悪化の気配を感じ、氏真と和睦を結び、懸川城を開城させたのであった。

付城や砦を築き、海とのつながり、陸の街道などをどう押さえるかを考えた家康の戦法と今に残る懸川城の強さとは何かを見る。

海路、水運を視野に入れた付城づくり

平山 掛川市内に徳川方が懸川《かけがわ》城攻めのためにつくった陣城《じんしろ》が悪くない状態で残っています。たとえば、天王山砦《てんのうざんとりで》、青田山《あおたやま》砦、小笠山《おがさやま》砦など、いくつもあります。今は神社になったところもありますが、掛川には天正九年（一五八一）に家康が高天神《たかてんじん》城を攻めたときの付城《つけじろ》も残っています。

　秀吉が城攻めのためにつくった陣城はあちこちに残っていますが、家康の陣城が残っているのは珍しいですね。

千田 家康の戦い方を具体的に考える上では重要な手掛かりです。

平山 高天神城を包囲した六砦（小笠山《おがさやま》砦・三井山《みついざん》砦・中村《なかむら》砦・火ヶ峰《ひがみね》砦・能ヶ坂《のがさか》砦・獅子ヶ《ししが》鼻《はな》砦）のひとつ、小笠山砦はこのときにつくられたのではないかといわれています。

千田 ポツンと山の上にありますよね。

平山 『三河物語』に、なぜ小笠山砦が高天神城を攻めるための砦と出てくるのか謎でした。現地に行ってみてわかったのですが、遠州灘《えんしゅうなだ》から掛川に入る「塩の道」の上にある。それを塞《ふさ》ぐためにある。懸川城の立地は東海道という陸の道の文脈で読むことが多いのですが、海路も補給の生命線で、海からの道を断たれると、懸川城は格

段に存続が厳しくなるとわかりました。

千田　高天神城まで行くと海が見えますし、近くには川もあり、それが掛川までつながっています。

平山　家康が小笠山の中にぽつんと付城をつくるのは、まず海からの補給を断ち、その後、東海道を封鎖するという作戦ではないかと思います。

千田　当時の戦いは街道など陸の要衝をめぐる戦いで、城やその周辺の前線で戦いが展開していたというイメージがありますが、前線はあるにせよ、敵の背後や補給路、流通ルートをいかに押さえることが大事であったか、付城の配置からわかりますよね。

平山　北条方の援軍も今川氏真の籠もる懸川城に赴いてともに籠城したため、北条方が彼らに出した文書がたくさん残っています。しかも、その文書によると、人員や物資は船で運ばれていたことがわかります。途中で難破した場合でも、戦死と同じに扱い、しっかり後のことを保証する内容が記された文書もあります。

北条方が徳川方の警戒網をかいくぐってどのように懸川城に近づいたのか、おそらく相良《さがら》港や滝堺《たきさかい》城周辺の港から陸路で行ったのではないか。相良を起点に、掛川、秋葉神社方面に至り信濃に入る「塩の道」は「信州街道」とも呼ばれます。北条方

家康の付城の位置関係図

の援軍は海から入り、東からそのルートを取って家康が東海道を封鎖する前に懸川城に入ったのだと思います。陸の城という視点だけで懸川城を読み解くと、いろいろと見落としが出てきますね。

千田 今の懸川城からは、海とつながった城というイメージがなかなか湧きません。

平山 懸川城を包囲した家康の付城の中に大六山《だいろくやま》砦があるのですが、この砦はまさに相良から来る塩の道を押さえています。信州街道と東海道が交差するその手前に築かれていて、北条方からの援軍も押さえようという徳川方の意図があると推測されます。島田に通じる東海道にも塩井原《しおいはら》砦があります。

千田 家康にしてみると、今川氏と戦っているだけではなくて、北条氏からの援軍がつぎつぎと来てプレッシャーがかかると、懸川城そのものの包囲も非常に難しくなるし、長期戦にもちこまれるのも困る。そういう手を打ちながら、懸川城の攻防戦をしていたことが砦の配置から改めて見えてきますね。

平山 徳川方は当時、まだ兵の数は多くないのですが、それにしては付城の数が多い。そうすると、懸川城攻めの軍勢が比較的手薄になる。懸川城外で今川方と徳川方との戦闘が各地で起こっていても今川方が大敗しないのは、徳川方が付城をつくって要衝を押さえているものの、それが故に兵力が少ないからではないかと感じます。諸《もろ》刃《は》の剣ですよね。

浜名湖の水運をめぐる攻防戦

平山 実はこの戦いでは家康のほうが補給には問題を抱えていました。井伊谷《いいのや》三人衆（鈴木重時《しげとき》、近藤康用《やすもち》、菅沼忠久《すがぬまただひさ》）の案内で井伊谷を経由して引馬《ひくま》（浜松）に入って、引馬を開城させて掛川に出てくるのですが、このルートを通ったのは浜名湖の水運がまだ堀江城の大澤基胤《もとたね》と対岸の宇津山城の大原資良《すけよし》に押さえられていたからなのです。

千田 一番いいルートを堂々、通ることができないのですね。

平山 そうです。本坂峠《ほんざかとうげ》を経由して浜松に抜ける姫街道も安全に通れないので、永禄一二年（一五六九）、家康は懸川城を包囲した後、いったん堀川城を攻めています。

千田 堀川城攻めは、家康が残酷な戦をしたといわれます。

平山 堀江城と堀川城は湖でつながっていて、大澤基胤は家臣を援軍に送って徳川方の補給を押さえようとしているんです。

千田 現地に足を運んでみても、堀江城や堀川城のあたりがキャスティングボートを握っ

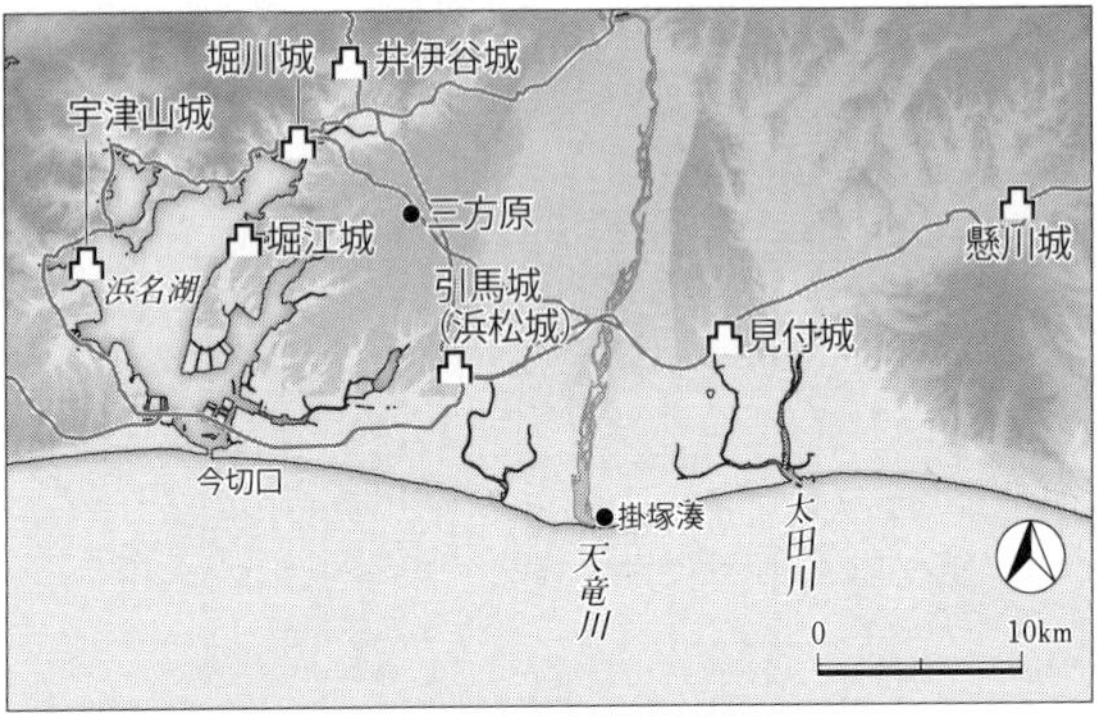

引馬城の位置と堀川城攻め関連諸城位置関係図

ていたとは、今ではなかなか想像できません。

平山　現在では地形も大きく変わり、さらに湖を利用する水運が完全に廃れてしまい、その痕跡や面影を見つけるのは難しいですね。

千田　琵琶湖が物流の要といわれても、ピンときません。かつては首都京都を支える大動脈のひとつでした。浜名湖水運をどう押さえるかが、大きな課題だったのですね。

平山　私は宇津山城や堀江城と、その城主を湖の城、湖の領主の城と捉えています。家康は補給路を確保するために堀江城を攻めるのですが、なかなか落ちないので、まず対岸の宇津山城を攻めます。すると、自動的に堀江城が干上がるので、堀江城を屈服させて、補給を安定させて懸川城を開城に追いこむという戦略です。

千田　複雑な戦いです。兵の数が多ければいいというわけではないですね。多角的に考えて、理解しようとしないと複雑さを解けません。相手方を寝返らせる戦術もありますし、乱破《らっぱ》を放って情報戦を展開することもあります。それ以前に、交通路、流通、そして物資補給を確保、あるいは敵の援軍のルートを断っておく、あるいは来させないという前哨戦《ぜんしょうせん》があってこその正面攻撃なのですね。戦国大名ってけっこう大変だったんですね。

平山　家康が海からの道を押さえて、懸川城包囲網の付城や陣城をつくったことが功を奏して、その後は北条方はなおも海路から援軍を派遣するのですが、海岸に近づけない。その軍勢は掛塚湊《かけつか》から上陸するのですが、徳川方の包囲が厳しいので堀江城に合流するんです。

千田　そこへ行くしか、なかったのですね。

平山　家康は城を包囲する付城をつくるのと同時に、海からの補給路を分断する。後詰めの軍勢の対処も行っていたことがよく表れています。

千田　堀江城ではなかなか直接の助けにはならないですからね。

平山　堀江城の大澤基胤は非常に優秀で、自分の城が浜名湖を押さえると同時に、三河から掛川に通じる陸の補給路、つまり秋葉街道と姫街道が交差している三方原《みかたがはら》の陸路を押さえる最適な場所であることを理解していました。懸川城の今川氏真に書状を出して、自分にこのあたりの領地を与えると記す判物をくださいそれを百姓たちに提示して、何百人も集めて陸の道を封鎖します、そうすると家康は懸川城に在陣できなくなるからという。でも氏真はそれをしなかった。そういった経緯もあるので、家康としては補給が危ういのにかなり思い切った攻めをやっていたのです。

千田　結局、浜名湖の水運を誰が握るかという問題になりますね。のちに井伊氏も水運掌握に乗り出します。そもそも、家康の浜松城も湖上運搬が補給路としてその後も重要となります。

平山　浜名湖なくして遠江や浜松の繁栄はありませんね。

千田　改めてよくイメージできました。

家康の付城で脅威を与えて落とす作戦

平山　掛川周辺で新東名の建設工事に伴って杉谷《すぎや》城跡が発掘調査されているそうですね。

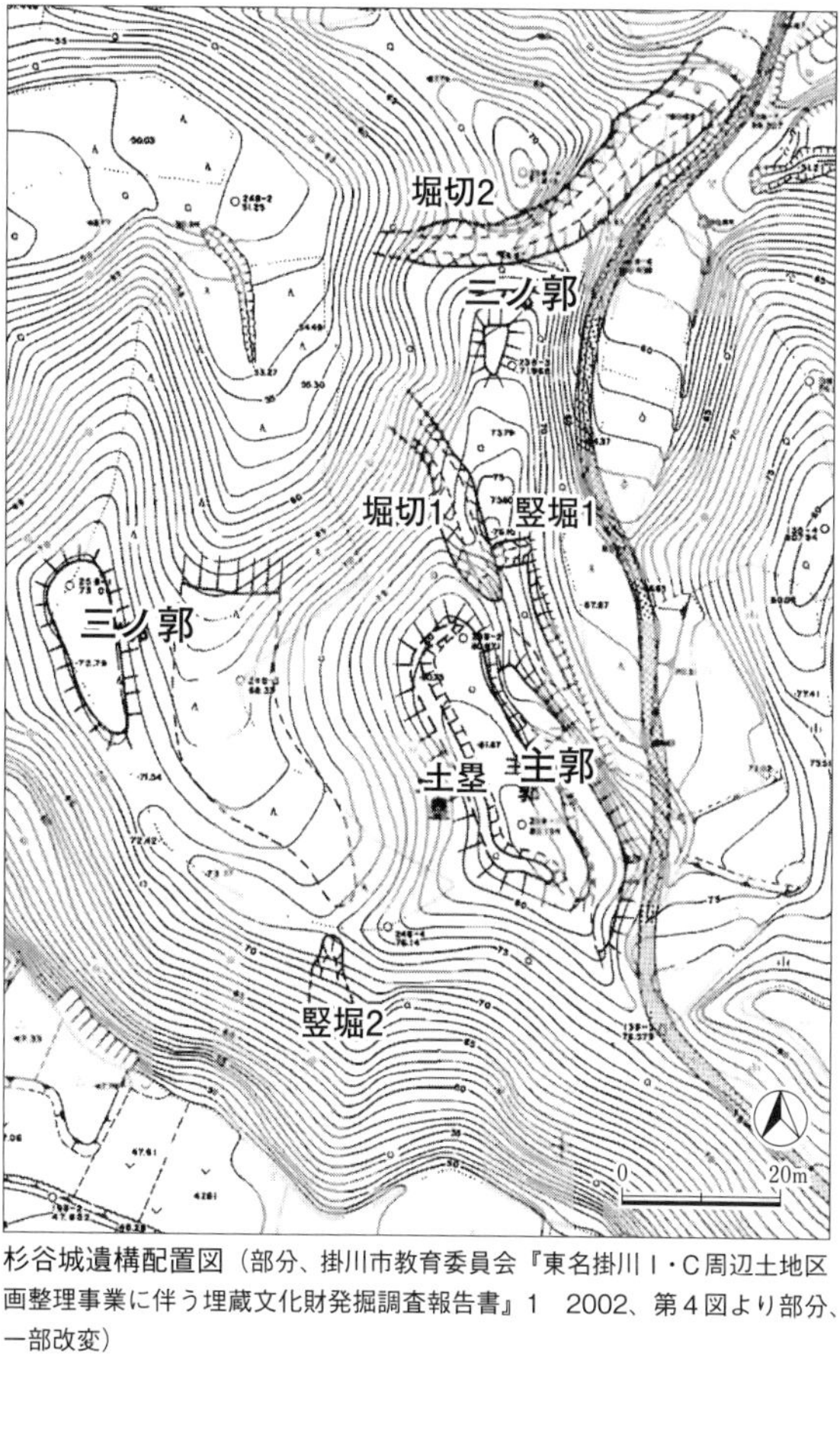

杉谷城遺構配置図（部分、掛川市教育委員会『東名掛川Ｉ・Ｃ周辺土地区画整理事業に伴う埋蔵文化財発掘調査報告書』1　2002、第４図より部分、一部改変）

千田　それほど大きな城ではないですね。土塁があり堀切《ほりき》りで外部からの進入を押さえています。尾根先端に立地し、当時の砦の基本的な構造です。この城の堀切りを見ると、家康は逆襲されることをかなり意識しています。相手方を取り囲む付城をつくる場合や、こちら側が優位なときに付城をつくるなら、背後を逆襲されることなど気にせず、敵方が攻められる恐怖を感じるようにします。一方、敵がやってくるとか、攻められる可能性を考えてつくる場合は、守りを固め、がっちり構えます。杉谷城は明らかに「反撃されるかも」と思っていたようで、家康はかなり無理していたように見えます。

平山　家康がいたという天王山砦付近には古墳がありました。その古墳は、ちょうど懸川城に対して物見塚のような役割を果たすんです。当時は古墳などをうまく利用してつくっているという印象がありますよね。

千田　確かに、古墳を利用した戦国の城は多く、長篠《ながしの》合戦のときに家康本陣の置かれた高松山も、もとは古墳です。

平山　今もうっすらわかるけど、高松山の円墳のまわりに堀らしき痕跡もありますね。

千田　杉谷城のほか、旧大東《だいとう》町にある中村砦も堀切りを入れて、隣戦態勢的です。圧倒的優位で懸川城を囲んでいるというより、土塁を積んで後詰めの圧倒的な軍勢に背後を衝《つ》かれることに恐れを抱いている感じです。堀は幅も深さも四メートルを超え、薬研堀《やげんぼり》にしています。かなり本格的な城です。しかも自然地形をうまく使って曲輪《くるわ》を構成し、大堀切りにいたっては幅一〇メートル、深さは四メートルもあります。

平山　やりすぎなぐらい、大きいです。

千田　ということは、菊川《きくがわ》や相良の方面を気にしていることですね。

気にしていますね。懸川城のほうをにらんでいるけど、後ろが怖いという感じです。それと集石遺構が多く出ています。飛礫《つぶて》の集石遺構がいくつもあり、石を投げて応戦しようとするのは、敵に攻められると思っているからです。非常に面白いですね。かなり厳しい状況の中で家康は懸川城に援軍が来ることを想定しつつ、攻める戦をして開城にもちこんだのがよくわかります。

平山　家康本陣があった天王山砦は懸川城の北側で海とは反対側ですからね。背後に山があり、後ろを気にする必要がないところを選んでいるのですね。

千田　家康はこのやり方でないと勝ちきれなかった。敵の援軍や物資の補給を断たないと勝ち目がないし、援軍を懸川城に近づけないようにするかを考えて城を囲んでいます。実際には入城は叶《かな》いませんでしたが、うまく想定どおりの作戦ができた感じでしょうね。面白いなあ。

平山 懸川城は守りが固くて攻め落とせず、結局は兵糧が尽きて開城しますね。

千田 今川方もよく踏ん張りました。

平山 確かによく耐えたと思います。城内に裏切り者も出ませんでした。

千田 すぐに開城すると思いきや、なかなか降伏しません。

平山 長いですよ。永禄一一年（一五六八）一二月に攻められて、開城したのは翌永禄一二年五月。大善戦です。

千田 のちの史料では家康が勝つのが当然のように書かれていますが、決してそうじゃなかったことが城を見るとよくわかります。戦国時代の籠城戦で半年も籠もるというのは、なかなかありません。

平山 東国だと一カ月ぐらいが限界という事例が多いですね。

千田 大坂冬の陣（慶長一九年、一六一四）でさえ、実のところ、二カ月未満です。

平山 籠城戦といえば播磨の三木《みき》城の戦い（天正六年、一五七八）はどうでしたかね。

千田 あれは長いです。二年です。三木城の戦いでは秀吉が懸川城攻めの家康と同じように、周囲に付城をつくって押さえようとするのですが、付城と三木城との距離が遠い。相手方の別所長治《べっしょながはる》が強くて、近くに付城をつくって押さえこむことができず、ひっそりと物資の補給がなされていたと思います。

平山　鳥取城の戦い（天正九年、一五八一）とは違うのですね。

千田　鳥取城の戦いでは秀吉がそれを反省し、物理的に完全に土塁と堀で囲いこみ、山の側も全部砦をつないで包囲する。実に恐ろしいことをやっています。付城をつくって城を落とすのは秀吉の得意の戦法のようにいわれていますが、それにさかのぼる永禄一二年（一五六九）、家康がこれだけ付城をつくって攻めていた。こんな例はあまりないです。家康の城攻めもなかなかやるじゃないですか。

平山　このあと高天神城攻めでも多くの付城をつくっています。六砦といわれていますが、全部で二一あるともいわれています。ほかの東国の大名も付城をつくり始めていますが、家康は当時の軍勢に比べて、つくった砦の数が多いですね。

千田　桶狭間合戦では信長が前線につくった付城は五つで、力で一気に攻める感じではなかった。敵方の城を押さえこみながら、自らの被害を最小限にしつつ、敵の援軍が来たら、それを各方面で食い止める戦法だったのでしょう。

戦略的に優れ交通の利便性もよい懸川城

平山　家康が落とした懸川城に城郭が現存しますが、これは近世城郭ですね。織豊期、近世初期の懸川城の特徴はどんなところに窺えますか。

千田　現状では懸川城は平山城で、江戸時代には城下の町との一体感を意識した城でした。交通路として川が利用されたこともありますが、軍事に卓越した立地というより、交通や流通など、町と経済の把握を意識した城です。戦国時代にさかのぼってもそういう城だとわかるのは面白いです。

平山　戦国時代のころの懸川城については何かわかっていますか。

千田　実はあまりわかっていません。発掘調査で中世の墓が出てきましたので、もともとは墓地の山でした。寺もあったのかもしれません。集落背後にあった山の墓地が城に転用されていったと考えられています。中世の掛川にとって、大きな転機であったと思います。

平山　のちに懸川城に入った山内一豊《やまうちかずとよ》が大改修します。

千田　山内一豊が入るのは関ヶ原合戦後のことで、天守を備えて、その下に本丸御殿を置く近世的な城になりました。のちに御殿は場所が狭いため二之丸に移り、現存する御殿は幕末期のものです。本丸門の前面にある三日月堀と呼ぶものは馬出《うまだ》しで、近世初頭までに馬出しが成立していたのは確実です。小牧《こまき》・長久手《ながくて》合戦の後に家康が行った対豊臣秀吉戦に備えた一連の城郭改修のひとつなのかもしれません。江戸時代前期の『正保城絵図』（「遠州懸川城」、国立公文書館蔵）も描いています。

平山 やはり小牧・長久手合戦の後、秀吉との対決を家康は意識していたんですね。

千田 そうだと思います。懸川城が防衛の拠点、要の城であると、しっかりと改修したのだと思います。その後、山内一豊は転封した高知城の天守を、懸川城を手本にして建てたと史料に出てきますが、天正一三年（一五八五）段階の家康による改修で基本の骨格が決まったと見直すのがいいかもしれません。

平山 なるほど、そうですね。

千田 今日、天守が復元されて、とてもいいことだとは思います。ただ天守をつくるときに懸川城は国の史跡ではなかったので、もともとあった天守台を壊して木造天守をつくったのはちょっと残念ですね。

平山 こののち、遠江が徳川氏の領国になるわけですが、この過程で徳川方の手が入った

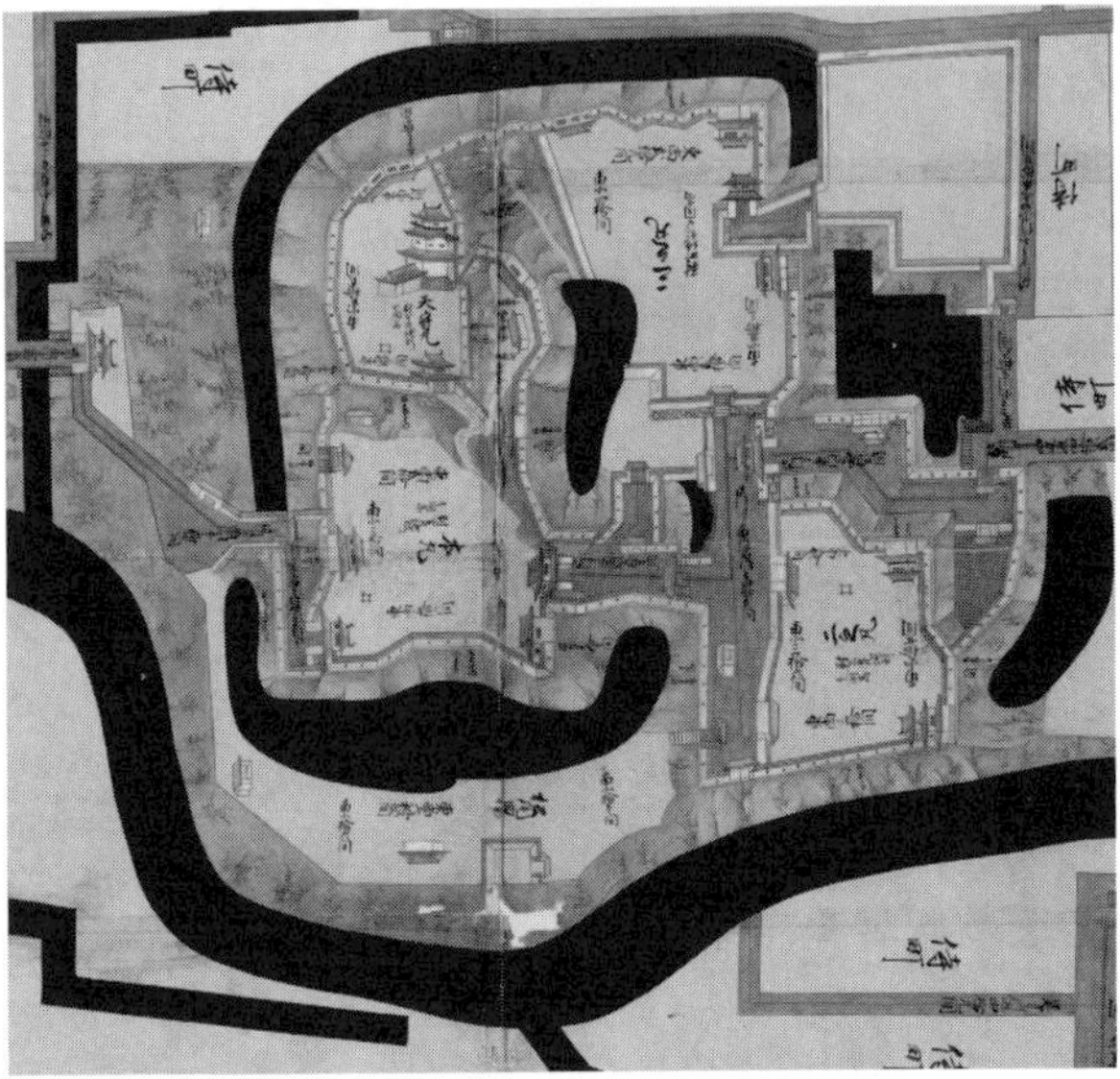

「遠州掛川城絵図」『正保城絵図』(国立公文書館蔵)より部分　本丸の右側、二之丸との間に馬出しを描いている。

と考えられている城はありますか？

千田　あまりよくわからないんです。永禄一一年（一五六八）一二月に酒井忠次《さかいただつぐ》らが攻めてその後に松平家忠が入った浜名湖の西側の佐久城（静岡県浜松市）もとてもきれいな馬出しを備えています。武田氏はこの城に入っていないので、時期は少し下りますが、徳川氏のときにつくられたのでしょうね。

平山　対武田戦か、あるいは秀吉戦か。

千田　どちらもありうると思います。だから、あの地を押さえ続けるのは大変だというのはよくわかりますし、家康が重要視していたのもよくわかります。

平山　信玄が入ってくるというので、家康はあわてて親族の松平清善《きよよし》を佐久城から浜名湖を隔てて南西六キロほどの宇津山城（静岡県湖西市）に配置しました。そこを維持しないと浜松がもたないと思ったのでしょうね。

千田　懸川城攻めでは、家康が周辺をどう押さえたらよいかをわかった上で手を打っているのがよくわかります。井伊氏の井伊谷城はとても素朴で、単郭方形にすらなっていない、つくりかけのような城で、ええーっというような感じですよね。

平山　井伊氏の勢力はあまり大きくなかったのかなとも思います。

千田　井伊谷城の麓に館がありましたが、山城の姿を見ると、井伊氏が強い力をもっていたとは思えないですね。山城の本丸は半分ほどは曲輪内を削平して平らにしていますが、半分は周囲の切岸はめぐらしても曲輪内には自然の地形を残した状態で、砦みたいな状況です。井伊の勢力はどうだったのかと考えてしまいます。

平山　天野氏の犬居《いぬい》城のほうがよほど大きいですね。

千田　のちに井伊氏は徳川氏を支えた重臣とのイメージが強いのですが、改めて史料や城跡から見ると違うイメージが見えてきます。

　平山さんは文字の史料の専門家ですが、これほど、現地の城跡、合戦の場所、付城の跡まで歩いてと、文献研究者としては珍しいですね。

平山　確かにそうですね。私は現地に行って史料を読むのと、行かないで読むのとでは雲泥の差があると思っています。どこまで可能かはわかりませんが、できるかぎり旧地形を意識しながら、城のある場所を考えていく必要があると思います。

千田　現地で史料と比較し、海とのつながり、川の重要性、そして陸路がどうかを確認することですね。ただ歩くだけでなく、史料を読んで現地を訪ねないと、当時、海や川を使った水運が重要な流通ルートであったとは実感できないですよね。

平山　私は古道、川道がとても気になります。縄張《なわば》り図はとても大事な史料ではありますが、そういう道と縄張り図を合わせて考えてみないとわからないことがあります。

千田　懸川城攻めを理解するにも、地形が語ることや川がもつ意味がわからないと、ほんとの理解には至らない。そういう意味でも掛川は面白いですよね。町と城の間を東西に流れる川があって、城のほうからは堀を構成し、川は海につながって流通の動脈でもあった。城はこの流通路を押さえる場所にあったと捉えると、見方が変わっていきますね。

平山　そうなんですよね。

千田　城側の理屈だけだと、川は城の外堀の役割を果たしていて、天然の川だから幅もあって強い、という結論で終わってしまいます。町の人にとってもちょうどいい流通手段であり、『正保城絵図』などでは、排水路を兼ねていることがわかりますし、自然の流路を惣構《そうがま》えに整えながら、街道沿いまで川の物流ネットワーク網が入って、両方が接続できる城下町という仕立てになっていたのを分析できます。それゆえ懸川城は強かった。その良さが近世の城下町にも継承されていると、改めてこの話を伺うと『正保城絵図』が描いたものの意味が見えてきます。家康がここを押さえておこうとした理由が理解できます。

平山　実際に現地に足を運び、絵図や文書、縄張り図などを参考に推論したり、想像したりすると城のあり方や戦いの方法の理解が広がりますね。

3章　見付城と浜松城

家康の遠江統一と新本拠の建設

家康と見付城（城之崎城）

遠江平定戦が一段落した元亀元年（一五七〇）二月、家康は信長とともにはじめての上洛《じょうらく》を果たした。そしてそのまま、越前遠征に参陣している。この越前朝倉攻めは、近江浅井長政が織田氏に離叛《りはん》したことから、惨憺《さんたん》たる失敗に終わった。家康は、五月一八日には岡崎に一度帰還すると、六月には再び近江に出陣する。そして、六月二八日の姉川《あねがわ》合戦で、信長とともに、浅井・朝倉連合軍を撃破したのであった。徳川軍が、岡崎に帰還したのは、七月七日のことであるが、実はその間、家康は岡崎に代わる新たな本拠地の建設を進めていた。

このとき、家康が新本拠に選定したのは、遠江国見付《みつけ》であった。この地は、古代では遠江国府が、中世では守護所が置かれた遠江の中心地であったためである。また見付には、東海道が通っていただけでなく、国府の南側にある今之浦《いまのうら》と呼ばれる潟湖《かたこ》から、今之浦川を下ると、遠州灘《えんしゅうなだ》に通じていた。この水運は、一三世紀半ばに成立した『東関紀行《とうかんきこう》』に見え、その後頻繁に記録に登場する。そのため今之浦には、「国府津《こうづ》」（国府に隣接する湊）があったとする説もあり、今之浦、国府周辺には、宿場が展開していたと推定されている。このように、見付は陸路だけでなく、水上交通の盛んな場所でもあった。

家康が古代以来の遠江の中心である見付に着目したのは、こうした背景があったからであろう。このとき、家康が築城を開始したのが、見付城（城之崎《きのさき》城）である。この築城の経緯などに関する史料を、列挙してみよう。

（1）『当代記』
家康公、此秋より翌春中迄、遠州見付城普請在之（永禄一二年〈一五六九〉条）此六月、従見付浜松江家康公移給、先古飯尾豊前《いのおぶぜん》か古城に在城、本城有普請、惣廻石垣、其上何《いずれ》も長屋被立、見付普請被相止也、是信長依異見給如此、遠三之輩、何も在浜松す、九月十二日本城江家康公令移給（元亀元年条）

（2）『三河物語』
然間《しかるあいだ》、見付之国府ヲ御住所に被成、城ヲ取、原に各々屋敷取ヲシテ住マセ給ひケルガ、爰《ここ》ハ不被可然トテ、浜松え引カセラレ給ひて、御城ヲコシラエ給ひ、御住所

ヲ定サセ給ふ

（3）『武徳編年集成』（元亀元年六月条）

初旬、浜松ノ新城経営未決ト雖《いえども》見附ノ新塁地利悪《あし》キユエ早ク毀《こぼち》タルベク為ニ、神君浜松ニ移リ玉フ

（4）『浜松御在城記』

一、此春見付ノ古城ヲ毀、山本帯刀ニ被仰付、新ニ御縄張、溝・塁等ノ御営作始ル、御家中モ小屋掛ヲ取原《ミカノタイナリ》ニ仕候而、移被申候

（5）「石川正四聞見集」（『磐田市史』史料編Ⅰ　五一七号）

一、何と思食《おぼしめし》たる御事候哉、浜松御在城之比、天龍川のむかひ見付のかうのたい《国府の台》に新城御取立御在城に被成へき御用意にて、大名衆も屋敷かまひ《構》被成候、そのかたしろ海道のはた《端》にいまたに残て相見え候、右のやうす《様子》甲州へ聞え家康様を信玄こと〱しく御ほめの由、上方へもれ聞へて信長公より御異見有て、見付の新城やめさせられ候、古城浜松に御座候てさへ一度御合戦に御まけ《負》御籠城被成候、信長公御異見甲州へ聞え上下かんし《感》申候よし

（6）『科註拾塵抄《かちゅうしゅうじんしょう》』（身延文庫所蔵）

慥《たしか》に国中六月より一統に被成候歟、依之当府に新城を七月一日より初而、九月初にいてき候也

これらの記録を見る限り、家康が見付に新城の築城を決めたのは永禄一二年秋のようだ。これらのうち、遠江国端和《はしわ》（橋羽、浜松市中央区天龍川町）の妙恩寺（日蓮宗）の僧が、永禄一三年（元亀元年）二月七日に記録した（6）は、最も信頼性が高い。それによれば、今川氏真《うじざね》の懸川《かけがわ》開城（五月一五日）により、遠江が六月、家康によって統一されたことを受け、徳川氏は「当府」（遠江国府、見付）に七月一日から新城の築城を始め、九月初めにほぼできあがったとある。このことから、永禄一二年秋から築城を開始したという（1）の記述がほぼ正確であることがわかるだろう。なお普請奉行について、（4）が山本帯刀と記しているが、確実な史料では確認できない。

（2）（4）によれば、城普請とともに、城下の侍屋敷の屋敷割も行われ、徳川家臣の城下住まいも始まっていたらしい。見付城の規模については、文書には一切所見がなく、記録も乏しいためよくわかっていない。

「遠州見付城図」を読む

見付城については、名古屋市蓬左《ほうさ》文庫に「遠州見付城図」が残されており、その様子を知ることができる。

見付城は、見付宿に通じる北側を除く周囲を、沼地（あくろ沼）と「入江」（今之浦）に囲まれた舌状台地上にあり、本曲輪《ほんくるわ》（東西五〇間、南北六〇間）、二の曲輪、三の曲輪、東曲輪で構成されていた。本曲輪は、四方を土塁と空堀で囲まれていたが、それ以外の曲輪は、外側の三方にのみ土塁が廻らされていた。井戸は、本曲輪に一カ所あるのみであったらしい。本曲輪は、二の曲輪と東曲輪に、土橋で接続されていたが、もう一カ所虎口《こぐち》があり、これは斜面に向けて開かれていた。いざというときに、今之浦から脱出する手筈になっていたのであろうか。この虎口から「入江」までは「此辺より急ニ下ル」と記され、急斜面であることがわかる。この点は、現在でも現地は急斜面であることが確認できる。しかしながら、今之浦から攻撃されないように、この斜面と今之浦との間には「此辺堀」とあるように、空堀が廻らされ、直接本曲輪には攻め上がれないように配慮されていたらしい。また絵図を見ると、二の曲輪には大きな出入り口が二カ所、南東の隅に小さな出入り口が一カ所、東曲輪にも大きな出入り口一カ所のほかに、北と南に小さな出入り口が二カ所あったらしい。

　このように、城の規模でいえば、かなり大きなものであった。だが、残念なことに、城之崎城は、昭和二四年（一九四九）に城山球場が建設され、消滅してしまった。ただ現地を見ると、本曲輪跡に建設された城山球場は、ほぼ本曲輪と同規模とされ、周囲のスタンドは土塁を利用してつくられたという。また二の曲輪や三の曲輪、東の曲輪にかけて、磐田市立城山中学校などが建てられ、旧観はほぼ失われているが、空堀跡や土塁の一部などが辛うじて現存しているところもある。

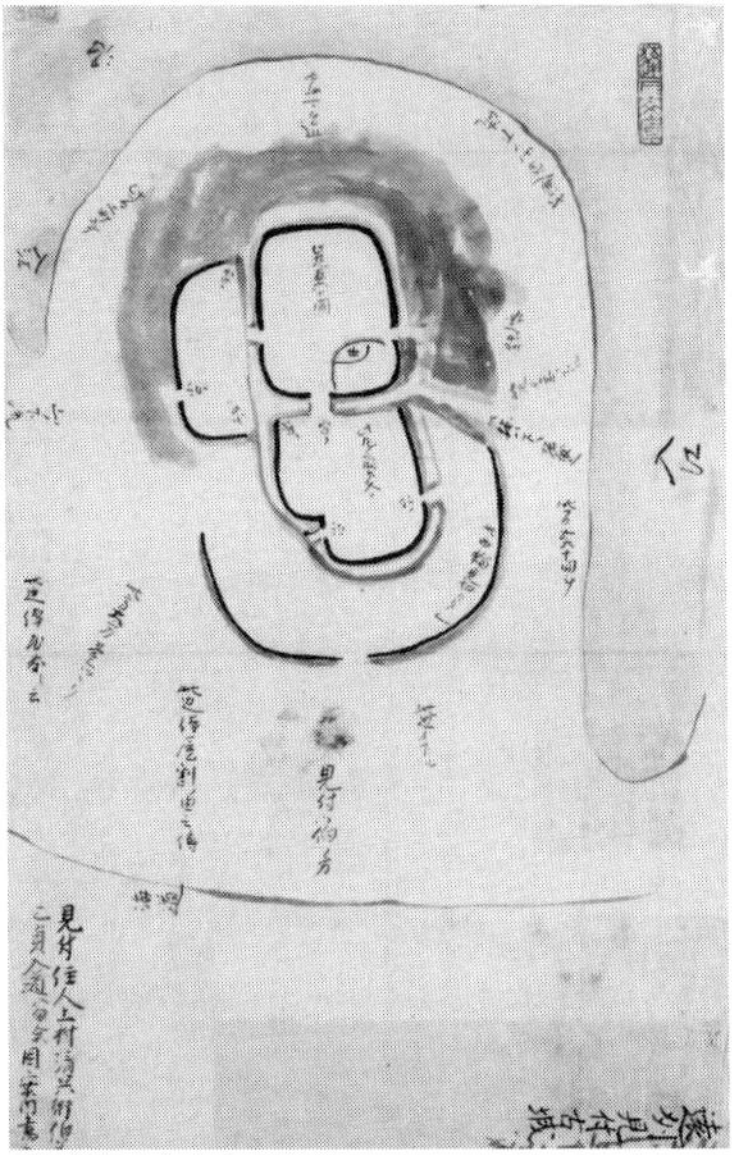
「遠州見付城図」部分（名古屋市蓬左文庫蔵）

　ただし、「遠州見付城図」や城跡の現状については、注意すべきことがらがある。それは、絵図や城跡の現状遺構は、家康の手によるものもあろうが、その後、武田氏によって大改修された可能性が高いからである。実は、『当代記』に次のような記事がある。

見付には自浜松人数雖被置、無勢之間引退、信甲衆見付之古城普請之躰を見て夥《おびただしき》こと、云々

元亀三年（一五七二）一〇月、遠江に侵入した武田軍は、見付古城に配置されていた徳川勢を追い払い、大規模な普請を行ったというのだ。見付は、浜松と懸川を封じる要所であるので、信玄は家康が放棄した見付城の改修を実施したのだろう。このことから、「遠州見付城図」や城跡の現状は、武田氏の手が相当入っているとみるべきであり、徳川氏の築城技術を知る特例とみなすことには慎重さが必要であろう。

見付城の放棄と浜松築城

見付城は、西側には遠州灘に続く今之浦があり、水運の拠点で、また東海道を南から見下ろし、さらに見付宿の都市としての繁栄を裾野に置いており、水陸交通を統制、掌握す

る意味において、誠に有利な環境にあったといえる。

ところが家康の新本拠地に懸念を示したのが、織田信長であった。信長は、「地利悪しきゆえ」ここはよくないと助言したという。その理由については、見付は背後に天竜川（大天竜、小天竜）を控えており、その増水時に、武田氏に攻められたら、織田氏は救援できないと考えたからとされる。

家康は、この意見を容れ、完成間近であった見付城を放棄し、引馬城の大改造に着手するのである。残念ながら、その経緯を示す史料に乏しいが、元亀元年六月、家康は飯尾連《つら》龍《たつ》の居城だった引馬古城に移り、本城としての普請を開始したという（前掲（1））。

ただ、惣石垣にしたとある記述は、信頼できない。家康は、まず飯尾時代から存在した引馬城を基礎にして、これを取り込む形で西の三方原《みかたがはら》台地に向けて拡張工事をしたようだ。それに伴い、家康は新たな本拠を引馬から浜松に改名している。

元亀年間（一五七〇－七三）の浜松城の規模や、その縄張《なわば》りについてはまったく不明ながら、西に明光寺《みょうこうじ》口、南東に霜垂《しもだれ》口、北に玄黙《げんもく》口（元目口）、南西に名残《なぐり》口（名栗口）の存在が確認できるので、三方原合戦までには、西に向けた拡張工事が進んでいたようだ。

浜松城の普請についての記録が頻繁に登場するのは、『家忠日記』の記述が始まってからである。同書によると、天正六年（一五七八）から大規模な普請の様子が知られ、天正七年二月二一日より「本田作左衛門尉かまへの普請候」とあり、本多重次《しげつぐ》の曲輪（作左曲輪《さくざくるわ》）の普請が始まったことが知られる。このころまでには、現在の本丸に相当する中枢部は、すでに完成しており、三方原台地に近い地域（作左曲輪）の普請が進められていたようだ。

また、城絵図などの分析から、天正期には三河・遠江の譜代や国衆の屋敷が城下に設定され、さらに東海道などが付け替えられ、城下に引き込まれていることが指摘されている（浜松市博物館『浜松城—築城から現代へ』二〇二〇）。

家康は、岡崎城を嫡男信康《のぶやす》に委ね、重臣石川数正《かずまさ》を配置し、九月一二日、浜松城に入城した。姉川合戦を終えた家康は、そのまま直接、居住することが可能となった浜松城に凱旋したのであろう。かくて浜松城は、家康自身が天正一四年（一五八六）に駿府に移転するまでの一七年間を過ごす本拠地となったのである。

（平山　優）

対談・3章　見付城と浜松城

対談でめざしたこと――

永禄一二年（一五六九）、今川氏を滅ぼし、遠江をほぼ手中に収めた家康は新たな城づくりに着手する。そこで選ばれたのは遠江の中心地で栄えていた見付《みつけ》であり、ここに城之崎城《きのさき》（見付城）を築城することにした。

しかし、築城工事を始めたものの、この地をあきらめ浜松での築城を決断する。その理由のひとつには信長からの申し入れがある。見付城は天竜川を背負っており、もしもの場合に援軍が行くことが難しいので浜松の引馬城にしてほしいというのだ。信長の言葉には背けず仕方なく引馬城を改修・拡張していくことになるが、これまでの城づくりとは異なり信長流も取り入れ、城づくりを進化させた。

また、浜松という立地も家康にとって利点があった。西に浜名湖を従え、ここを押さえれば湖上の水運も握ることができた。また、天竜川が東を流れ東側からの脅威に対して城を守る堀の役割を果たしていた。さらには東海道、秋葉街道などの陸上交通の要衝であり、いざとなれば街道を押さえることも、自由に行き来することもできる場所でもある。浜松は海にも近いし、浜名湖を利用すれば西の三河へも近い。

家康はこれら立地の好条件の上に浜松城をつくりあげていったのだ。

また、浜松城はこれまで鎌倉・室町期以来繁栄を遂げてきた引馬の町を裾野にすることが可能な立地であった。そのため、これらの町場を取り込んで城下町を整備し、家臣をこの地域に住まわせる方法を取ろうとする案が窺える。家康流の新たな城づくり、家臣との関係などを探っていく。

立地と信長の命により見付城築城を断念

千田　永禄一二年（一五六九）、三河・遠江を平定した家康は遠江に本拠を築こうとします。遠江国府のあった見付《みつけ》（静岡県磐田市見付、城之崎《きのさき》城）に城を築き始めます。

その見付城について、発見があったんですよね。

平山　見付城の跡地には城山《しろやま》球場があるのですが、二〇二三年、球場整備前後の測量図が見つかりました。

城山球場のスタンドは見付城の土塁を利用してつくられており、グラウンドは城の中心部を掘り下げてつくられたと推測されます。名古屋市蓬左《ほうさ》文庫蔵「遠州《えんしゅう》見付城図」と比べてもほぼ同じです。櫓台《やぐらだい》と思しき本曲輪《ほんくるわ》の隅が現在も残っているようです。

千田　城跡がまだ残っているのですね。蓬左文庫蔵の絵図では大雑把に描かれていますが、この絵図のとおり本丸を突出して四角く大きくつくったのだとすれば、同時期の信長の城と比較しても特徴がある城といえます。そしてのちの浜松城と異なるように見えますが、初期の家康の浜松城を読み解く重要な手がかりと捉え直せます。

平山　本曲輪の隅に井戸の印があり、井戸を囲んで土塁が大きく描かれています。現状でも大きな土塁が残っています。この土塁の天端を野球場のスタンド最上段としたのです。

千田　現状と絵図を対比すると、城をより理解できますね。本曲輪は四角く、ていねいにつくっていることがわかります。

平山　本曲輪は今の城山球場よりも若干広く、中世の城郭にしてはかなり本曲輪が大規模です。

千田　井戸を本曲輪の中に確保するのもよく考えられていることを示しています。

平山　本曲輪のすぐ下に、今之浦《いまのうら》、あくろ沼があり、今之浦川を通じて遠州灘《えんしゅうなだ》から船で上がることができます。遠州灘とつながっているのは大きな利点です。

千田　本曲輪の北側、二の曲輪を囲む堀の先に馬出《うまだ》しと評価してよい曲輪を描きます。二の曲輪から左右に出る箇所があり、それぞれ「小口」と記しています。一方の「小口」は横矢《よこや》を掛けられるようになっていたと記され、家康の城づくりのうまさが感じられますね。

平山　絵図の左側、城と「海道」との間に大きな谷があり、東海道から城に入るには谷をいったん下がってから上がることになります。駿河側からの防御も自然地形で守られているのです。城の北側には平坦な場所が広がり、この地を家臣の屋敷地にしたり、城下町をつくったりできるいいところなのです。

千田　防御のための谷があり、海をも押さえられる。家康の新たな本拠として申し分なしですね。

平山　『当代記』に、武田信玄が元亀三年（一五七二）一〇月に攻め込んで占領し、工事をしたとあります。武田氏の手も入っています。

千田　馬出しのように見えるところは、武田氏の改修かもしれないですね。

平山　絵図を見ると東海道側に線が引いてあり、「此曲輪見切カタシ」と書いてあります。曲輪かどうかわからない、という意味でしょうか。武田氏が拡張しようとしたが、工事半ばで放棄されたのではないかと考えられます。

千田　家康の築造のときにどこまで完成していたかにもよりますが、武田氏によって外側に軍勢が駐屯する場がつくられようとしたのなら、その痕跡がこういう形で残っているといえそうですね。

平山　私は『新説　家康と三方原合戦―生涯唯一の大敗を読み解く』（二〇二二）で見付城

に関する史料五点について述べました。『当代記』では、家康が永禄一二年（一五六九）秋から翌春にかけて見付城を普請したとあります。『三河物語』にも見付国府に城をつくったとあり、原野に各々屋敷を建てたが、ここはダメだと浜松に移ったと簡単に書いてあります。軍記物『浜松御在城記』には、見付の城はやむなく破壊せざるをえなかったという書き方をしています。二〇一四年に山梨県立博物館の海老沢真治さんが身延文庫で『科註《かちゅう》拾塵抄《しゅうじんしょう》』という史料を発見されました。それには永禄一二年六月に家康は遠江を平定し、見付に七月一日から新しい城をつくり始め、九月初めにできたと書いてあります。『当代記』の記述が一番近い。築城は二カ月ほどで、結局、壊して浜松に移ったのですね。ただ、本曲輪を見ると岡崎城よりも大きいし、当時の引間城よりも、はるかに大きな城ができたのだろうと思います。

千田　もともとの引馬城よりははるかに大きいですね。

平山　遠江国府のあった見付は東西の交通の便もよく、遠州灘に抜ける船の便もいい。家康はここに国の中心を置こうとしたものの、あきらめざるをえなかったのでしょうね。

現在、見付にお住まいの方々に聞くと、終戦直後は今之浦から遠州灘へ船で下ったそうです。「どうやって帰ってくるんですか?」と聞いたら、潮が満ちるのに合わせて上るのだと。

千田 米軍が一九四六年に撮った航空写真がありますが、城の形がきれいに写っていて、このときまで見付城はまったく壊されていなかった、本曲輪がとても大きかった、東海道への谷がわかります。

終戦直後の見付城。1946年米軍撮影空中写真（USA-M142-A-5 No 3 -72　国土地理院の空中写真）

見付城をつくったのに浜松に戻れという話になったわけですね。

平山　そうです。信長が天竜川を背にしていると助けに行けないからダメだといったと。『当代記』を含め、複数の史料にあるのでおそらく事実でしょう。ただ、見付城について江戸時代前半、一七世紀の『石川正西聞見集《しょうさいぶんけん》』に、信玄がいいところに目をつけたと家康を褒めちぎったと書いてあります。信玄としてはあそこにつくってくれれば、しめしめと思ったのでしょうね。

千田　城下に町をつくるにも悪くない。四角いつくりの本曲輪を信玄は気に入ったのかもしれないですね。もしかしたら、信玄がそのようにつくりかえたのかもしれませんが。見付城をこうやって古い航空写真で見たことがなかったのですが、すごく大きな城ですね。いいですねえ。

これに比べると岡崎城は小さいですよね。本丸の中の御殿はかなり窮屈な感じです。そうすると、見付城は家康の前後の城とちょっと違う感じがします。面白いなあ。

信長流を取り入れた先進的な家康の浜松城

千田　元亀元年（一五七〇）、家康は岡崎城から引馬城（浜松市中央区元城町）へと入り、引馬城から城域を大きく拡張して浜松城を築きました。引馬城は堀や土塁で囲んだ四つの曲輪が並立した形状で、本丸とほかの曲輪を横並びに配置した中世的なプランですが、家康が拡張して浜松城とした丘の上の本丸は、絵図によれば——絵図は近世初頭の時期に下りますが——本丸の上に詰丸《つめのまる》、天守曲輪をもつ形になっていて、信長の城ととても似たところがあります。空中写真でわかる見付城と比べると、浜松城はまるで「流派が違う」といった感じを受けます。

平山　ただ関東移封（天正一八年、一五九〇）以後、堀尾《ほりお》吉晴《よしはる》が浜松城に入って整備したため、家康時代の浜松城がどんな規模だったかはわからない……。

千田　そうなんです。どう理解したらいいかは難問です。

平山　浜松城は間違いなく、引馬城から西に向かって、三方原方面へ拡張したものだということですね。

千田　立地としては、家康が浜松城を築いたときに引馬城西側の、最も高い丘陵を押さえて拡張したことになります。現在の浜松城天守を囲む詰丸、天守曲輪の下は家康の時代には周囲に空堀をめぐらしており、それを絵図（浜松市博物館蔵「遠州浜松城絵

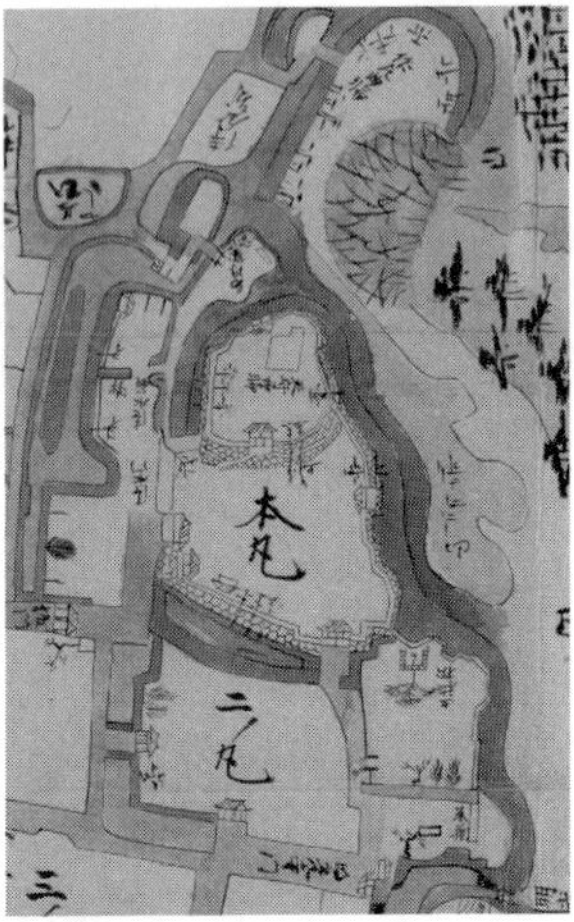

浜松城天守曲輪を囲む堀（内閣文庫蔵『日本分国絵図』「遠州浜松城図」、部分）

図」、内閣文庫蔵『日本分国絵図』のうち「遠州浜松城図」）などが描いています。今、公園となっている本丸は、東半分が削り込まれていて、浜松市役所と浜松城公園駐車場の間のところまでは、本来、本丸だったのです。その前の本来段差があったところが本丸と二の丸の境で、本丸の堀より東側の二の丸は遺構が残っています。本丸と詰丸の基本配置は家康時代からは変わってないと思います。見付城築城の考え方とは違います。

平山　織田信長の影響はありますか。

千田　城づくりからいうと、信長に見付城から引馬城（浜松城）へ戻ってこいといわれただけじゃない、城のつくり方も指南されて、信長流でということだったのかもしれません。

平山　信長はあのころ、岐阜城ですよね。信長は岐阜城に天守を建てたでしょうけれど。

千田　岐阜城段階に天守があったかどうか、記録には出てこないんです。山科言継《やましなときつぐ》の『言継卿記』もルイス・フロイスの『日本史』も、岐阜城では信長は山の上で家族と暮らしていると記し、山上に城主御殿の奥にあたる部分があったとわかります。浜松城の天守曲輪は、現在は天守と空き地になっていますが、家康時代の当初はここに御殿があったのかもしれません。だけど、とても珍しいですよね、大名が自分で本拠を決めて城をつくりかけてから、誰かの指示で場所を移すなんて。ほぼないですよね。そう考えると家康は「聞く力」をもった優れた武将です。

平山　『家忠日記』を見ると、浜松城は継続的に工事しているのがわかります。

浜名湖の水運を押さえる拠点でもある浜松城

千田　浜松城の東は天竜川が堀の役割を果たし、海からもさほど遠くない。そして浜松城の生命線は浜名湖水運によって三河側とつないで確保されていたとの平山さんの分析に、たいへん納得しました。そのような指摘はこれまでなかったですよね。

平山　ありがとうございます。ほぼなかったと思います。

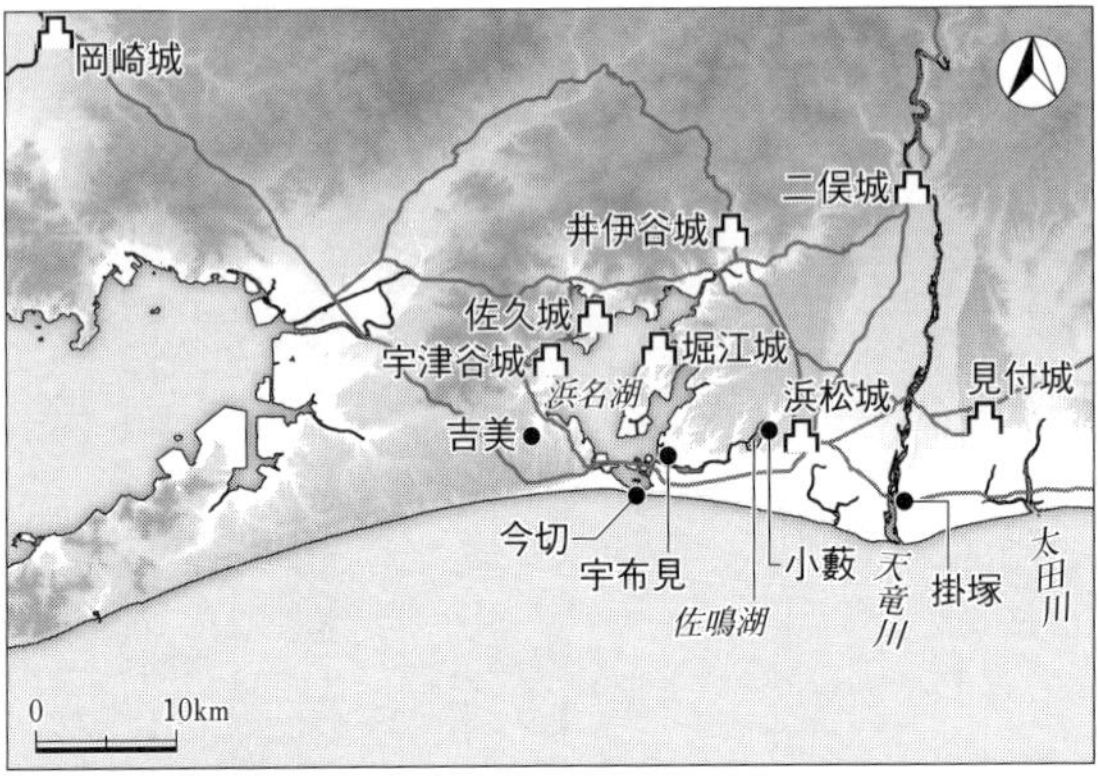

浜松城と浜名湖水運

千田 家康は見付城をあきらめたが、単に浜松こそが拠点にふさわしいと説明されることが多く、浜松が地理や交通のどんなポイントを押さえていたか、浜名湖水運、海運、川道など、これらのネットワークの中で浜松城の優位性を明らかにしたのは、新鮮です。なるほど、そうだなと思いました。次の三方原の戦いでの武田軍の動きを考えるときにポイントになってきますね。

平山 浜松城の生命線であった浜名湖水運ですが、今川時代に浜名湖西岸にある吉美《きび》に米の御蔵がありました。ここでの米の売買が東三河の米相場に影響していたんです。一方、浜名湖東岸の宇布見《うぶみ》には、米蔵と塩蔵がありました。宇布見は塩蔵が主でした。米蔵と塩蔵が浜名湖の西と東の岸にあり、これを船でつないで、いざというときに浜松城に運び込む手配になっていたのです。

千田　浜名湖と浜松は少し距離がありますが、川と佐鳴《さなる》湖を船でいけば、それほど距離を感じさせません。

平山　小藪《こやぶ》で陸揚げをすれば浜松城はすぐそこです。

千田　水陸の交通の要衝を押さえた浜松城を改めて見ると、家康の考えがよくわかります。井伊家の動きを見る意味もあったでしょう。現在、浜名湖は遊園地、水上レジャーの場として有名で、生産、交通の要だったとのイメージは湧きませんが。

平山　当時は浜名湖上を多くの船が行き交い、船に旗を立てていました。旗を立てないで船を出すと関銭を払っていないとみなされ、周辺の領主に拿捕《だほ》されていました。

　今日の研究では、特に遠江の城は東西に東海道が走り、南北に塩の道、秋葉街道が通っていることは捉えられていたのですが、遠州灘とは川や湖でつながっているという視点に乏しい。見付城は川で遠州灘とつながり、浜松城は浜名湖でつながっているのです。浜松城石垣の石は浜名湖に面する大草山から浜名湖水運によって運んできたものです。

千田　浜松城が水の城というイメージは今まで忘れられていました。浜松城の評価を的確にできなかった大きな理由ですね。浜名湖は浜松の背中側という感じがありますが、実は、浜松城は浜名湖のほうを向いていたというわけです。見付城も確かによい場所にありますが、浜松城は見付城よりいい場所にあるといっていいのかもしれません。

平山　実は、浜名湖と浜松城は切っても切れない関係が中世からあるわけです。

浜松城は、陸路でのアクセスは東海道、そして本坂道《ほんざかみち》の姫街道、井伊谷《いいのや》を抜けていく金指《かなさし》街道、いわゆる鳳来寺《ほうらいじ》道の三本しかないのです。北へ抜ける道は山際を通っているので、武田氏に切られる危険性が高いわけです。東海道は今切《いまぎれ》の難所があります。そうすると、水運が生命線ということになりますよね。

千田　浜松は天竜川河口が港ですか?

平山　そうです。掛塚《かけつか》しかありません。掛塚へはいちど天竜川を渡らなくてはならず、東から攻められたら浜名湖に逃げるしかない。

千田　西へ行けば、三河は松平・徳川氏の本拠ですから、心強かったことでしょう。豊橋へも浜名湖を通れば遠くはないですね。

平山　浜名湖は戦の際には今切に船橋がかかっていたのだろうと思います。

今川氏が発給した文書にそれを窺わせる史料があります。宇布見の中村家に対して、今川方の馬が船板を踏み抜いたので弁償するという史料があります。これは船橋でしょうね。

浜松城の支城が少ないのも信長流?

千田 天竜川を北にさかのぼって山との境に二俣城《ふたまた》があります。本来はここで山からやってくる武田勢を防ごうというところですが、武田勢に取られました。

平山 家康が三方原《みかたがはら》の戦いで最初に取り返そうと躍起になるのが二俣城です。

千田 二俣城をなんとしても取り返したい。二俣城は浜松城から近く、天竜川上流にあって三河へ抜ける交通路も押さえていました。ここを取られたら家康はつらいですね。浜松城へ移った家康も決して安泰ではなく、苦しい時期が続きました。ここまで攻められたのかと家康の心情がわかりますね。のちに家康の長男・信康《のぶやす》は武田氏との内通が疑われ、二俣城で切腹します。なぜ二俣城だったのですか?

平山 信康の切腹に際して二俣が選ばれた理由は不明です。信康の足跡を追っていくと、岡崎城を出されたあと、大浜城へ行きます。

実は、家康の先祖の松平信忠が、家中での信頼を失って大浜城に隠居させられます。その故事に則《のっと》ったのかもしれませんが、信康はその後、堀江城に行き、そして二俣城に行くわけですが、理由はよくわかりません。武田氏に内通していたともいわれるので、この動きは武田方への見せしめのような気がしますが、よくわかりません。

千田 二俣城はとてもよくできた城で、その後、堀尾吉晴が入って大改修をしています。家康の時代や信康事件の際にどのような構造だったか不明ですが、立地は変わらないので、位置取りからして戦国らしい城だなと感じます。二俣は城下もあり、街道が通り、大きな前方後円墳もあって、古代から地域の中心でした。天竜川の水運もありますので、あそこを押さえていくのが重要だったことがわかります（4章参照）。

平山 浜松城が敵の攻撃にあった場合、これに対処すべき支城《しじょう》は二俣城以外、何が想定されますか。

千田 二俣城の西南側、鳥羽山城があります。付城《つけじろ》として家康が築いたもので、本格的な城とはいいがたく、のちに堀尾氏の時代に石垣を入れておもてなし空間というか、面白い改修をしているのですが、そのほか、大きな城は周辺にはないようです。

平山　そうですよね。意外とありませんね。

千田　これも少し信長っぽいなあと思います。岡崎城ではまわりに館城や城、砦が点々と見える範囲に広がっていたと思われます。浜松城下では基本的に家臣を城下に住まわせています。ただし本多平八郎忠勝《ほんだへいはちろうただかつ》の屋敷が浜松（浜松市中区田町）にあったとされ、今も本多忠勝屋敷推定地の標柱があります。このように、家臣が浜松城に接して重臣屋敷街をつくって住んでいたというより、城下のあちこちに散在的に屋敷を構えて、ゆるやかに集住していた感じでした。

平山　東海道に沿って点々と屋敷があるようですね。

千田　そういうところは信長の城下町と異なりました。同時期の信長の岐阜城下の様子はルイス・フロイスの記録から見えてきます。岐阜ではフロイスが城下を訪ねて家臣へ挨拶回りをしており、信長の重臣に連続して挨拶に行っているようで、キュッと重臣の屋敷街が集められていたのでしょう。家康の浜松城の場合は、まだ家臣たちがそれぞれ半独立の状態で、屋敷は散在的なんです。これは三河以来家康を支えた三河家臣団、武士団というけれど、家康のいうことを聞いていなかったと示しているように思われます。

のちには家康も江戸で大名屋敷を形成しますが、この段階で、急には家臣の屋敷を集めることができなかったと見たほうがいいのか、あるいはそういう路線を目指していなかったのか。どう評価すべきかです。秀吉は信長を真似してその線を極めていきます。信長的にやるのが正しいように思われていますが、それは一歩引いて考えなければなりません。

平山 城のまわりの交通とか軍事の要所に家臣の屋敷が配置されていくのは戦国のあり方なのかなと思いますね。

千田 浜松城では谷を挟んで北西側に酒井正親の屋敷がありますが、今の浜松の街だけ見ているとなぜここに住まわせたかの意味がよくわかりませんが、浜名湖を含めた視野からは、実はそちらにも家臣の屋敷を置いて浜名湖方面を押さえているとわかります。城の発掘は進んでいますが、まだまだ浜松城について考えるべきことは多いです。

家康の時代から浜松城には多聞櫓《たもんやぐら》があり石垣がつくられたといわれますが、浜松市の発掘調査の成果からは、石垣は堀尾の時代につくられ、家康の時代に石垣はまったくなかったとします。浜松城内の天守曲輪から本丸側へ東に張り出した尾根筋の先端に富士見櫓《ふじみ》の櫓台が残っていて、ここの石垣の調査を浜松市がしていますが、いわゆる重ね積《かさづ》みで、堀尾氏時代の算木積《さんぎづ》みではない、古い積み方です。堀尾氏時代の前に築いた石垣ですから、この石垣は家康時代のものであることが確実です。『当代記』が記したように、創建当初からかは置くとして、家康が浜松城で石垣を使い始めていたと浜松市の評価を修正しておきます。

平山　天正期でしょうね。

千田　信長が元亀争乱《げんきそうらん》で浅井・朝倉連合軍と激突する宇佐山城《うさやま》（滋賀県大津市）では重積みで石垣を積んでいます。安土城にもありますが、信長の城は天正に入ってしばらくは、石垣を使っていても重積みで、まだしっかりとした算木積みが確立していない時期です。

家康は信長や秀吉と比べて、城づくりがうまいとはいわれず、それどころかかなり差をつけられていたとされてきましたが、それは家康への評価が低すぎると思います。家康もそれほど遅れることなく、城づくりの技術・石垣の技術を獲得していた、浜松城は近世的な城で、当時としてはかなり最新型の城をつくっていたとこれまでの通説を改められるのです。

4章　三方原合戦と徳川方の諸城

三方原合戦とは

家康と信玄の決裂

今川攻めに際し、将軍足利義昭・織田信長の仲介で同盟を締結していた家康と武田信玄は、永禄一一年（一五六八）一二月一五日ごろに発生した遠江における徳川軍と武田軍別働隊（秋山虎繁《とらしげ》ら）の衝突を契機に、急速に関係が冷却化していた。さらに、永禄一二年五月、家康が懸川《かけがわ》城に籠城していた今川氏真《うじざね》と和睦し、そのうえ北条氏政《うじまさ》とも和睦したことで、信玄の怒りは頂点に達した。だが家康は、どこ吹く風のような対応に終始していた。徳川・武田間の同盟は、それでも表面上は継続してはいたものの、徐々に交渉は途絶えていくこととなる。

信玄は、北条氏との戦闘に苦慮しながらも、永禄一二年七月に、宿敵上杉謙信と和睦（甲越和与）を締結し、上杉氏の脅威を取り去ることに成功していた。これより先に、謙信と同盟（越相同盟）を締結していた北条氏は、驚きと戸惑いを隠せなかった。謙信に、武田攻めを依頼していた北条氏にとって、まったくあてが外れた状況になったからである。

そして、上杉氏が武田氏を攻めぬ状況下で、北条氏は、信玄の一方的な侵略に苦しめられることとなった。

情勢が変化したのは、元亀元年（一五七〇）四月のことである。北条氏康《うじやす》は、謙信の求めを呑み、息子三郎（のちの上杉景虎）を養子として越後に送り、上杉氏との同盟維持のために、誠意を示したのであった。これを諒《りょう》とした謙信は、信玄との甲越和与を破棄したのである。

信玄と断交した謙信は、家康からの同盟交渉に応じ、八月に同盟に応じる返答を行った。これを受け、家康は信玄との同盟を破棄し、一〇月、謙信との同盟（越三同盟）の締結を実現したのである。家康は、謙信に宛てた起請文のなかで、（1）家康は謙信と協同で武田氏を攻めること、（2）織田・武田間で進められている縁談（織田信忠と松姫の縁談）を破談するために努力すること、（3）家康は、信長に武田氏との断交を進言すること、などを約束している。

信玄は激怒したが、当時、北条氏との激戦が続いており、謙信との和睦も破綻した情勢下で、家康を攻めるわけにはいかなかった。信長の同盟者家康を攻めることは、織田氏との開戦を意味するし、さらに室町将軍足利義昭への逆心にもなってしまうからである。信玄は、隠忍自重するしかなかった。

信玄、牙を剝く

元亀二年（一五七一）一〇月、北条氏康が死去すると、氏政は、同年一二月、謙信との越相同盟を破棄して、信玄との同盟（甲相同盟）を復活させた。これにより、信玄は四囲を敵に包囲される懸念から解放されたのである。信玄は、しばらく内政、軍制の整備に専念し、対外戦争を自重した。これは、来たる織田・徳川方との対決を視野に入れた準備だったのである。

元亀三年に入ると、織田信長は、畿内の反義昭・信長勢力の反抗のため、苦境に陥る。それに呼応して、越前朝倉義景《あさくらよしかげ》、近江浅井長政《あざいながまさ》、伊勢長島一向一揆などの活動が活発化し、信長にとって情勢はさらに悪化していった。

こうしたなか、信長・家康に対し復讐の機会を窺っていた信玄は、これらの反義昭・信長勢力と提携し、一〇月、徳川領国への侵攻を開始したのである。信玄は、「三ヶ年の鬱《うっ》憤《ぷん》」（家康による一方的な同盟破棄と宿敵謙信との同盟という屈辱）を晴らすためだと喧伝し、畿内近国の味方に蜂起を呼びかけたのであった。ここに信玄は、一方的に信長との同盟を破棄し、織田・徳川領国への攻撃を始めたのである。

武田軍、遠江・三河を席巻

信玄本隊は、一〇月一〇日、駿河から大井川を渡河して遠江に侵入した。信玄は、要害堅固な懸川城（城主石川家成《いえなり》）を避け、高天神《たかてんじん》城を包囲した。城主小笠原氏助は、一〇月二一日までに武田方に降伏した。高天神城を降伏させた信玄は、二二・二三日ごろには、懸川城を牽制しつつ、原川、国本、袋井に進出した。これを知った遠江の国衆や土豪らは、続々と武田方に従属した。国衆では、高根城主奥山氏、犬居《いぬい》城主天野氏、光明《こうみょう》城主松井氏、匂坂《さぎさか》・社山《やしろやま》城主匂坂氏が信玄に呼応し、土豪たちも武田軍に参集すると、磐田原《いわたはら》台地の各地にある古城を再興したり、土豪の屋敷構を砦に改修し、協同でこれらの警固にあたった。『三河物語』は、これを「寄合之小侍共が持ちける」と記している。武田方は、降伏してきたばかりの遠江衆は、軍勢に加えず、天方《あまがた》城、飯田城、各和《かくわ》城、匂坂城、社山城、只来《ただらい》城などに配備し、懸川城や降伏せず籠城を続ける久野《くの》城（久野宗能《むねよし》）を牽制させた。

家康は、久野城と懸川城を救援すべく、後詰めのために浜松城を出陣したが、武田軍の前に対応できず、かえって追撃を受け、一言坂《ひとことざか》合戦で敗退を喫するありさまであった。

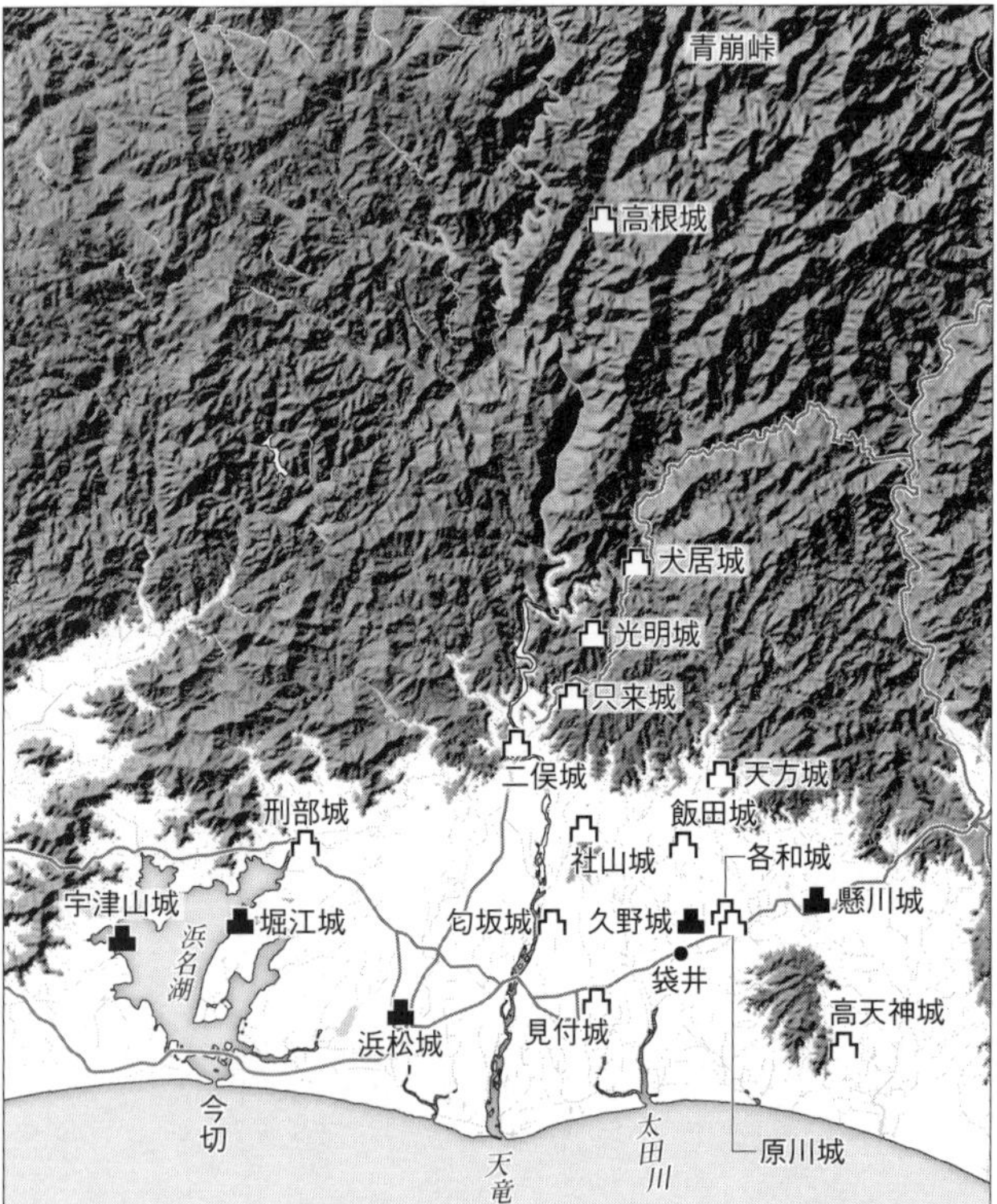
青崩峠
高根城
犬居城
光明城
只来城
二俣城
天方城
刑部城
飯田城
社山城
各和城
宇津山城
堀江城
浜名湖
匂坂城
久野城
懸川城
袋井
浜松城
見付城
高天神城
今切
天竜川
太田川
原川城
徳川方の城
武田方の城
0
10km

武田方の城位置関係図

本国三河の危機

信玄は、自ら遠江を席巻し、浜松の家康にじりじりと迫るいっぽう、徳川氏の本国三河への対応も忘れてはいなかった。九月二九日、甲府を先発させていた重臣山県昌景《やまがたまさかげ》の軍勢は、信濃国伊那《いな》で秋山虎繁（伊那郡代）の軍勢と合流し、一〇月初旬には三河に侵入した。すでに、設楽《したら》郡の山家三方衆《やまがさんぽうしゅう》（田峯《だみね》城主菅沼刑部丞《すがぬまおさかべのじょう》、長篠《ながしの》城主菅沼伊豆守、作手《つくで》亀山《かめやま》城主奥平定能《さだよし》）は、信玄に内通しており、山県・秋山氏率いる武田軍別働隊は、この地域を無血占領したのである。そして、従属を拒む野田城主菅沼定盈《さだみつ》を牽制すると、柿本《かきもと》城の鈴木重好《しげよし》（井伊谷《いいのや》三人衆）を追放し、一〇月二二日には、仏坂《ほとけざか》合戦で井伊谷三人衆の軍勢を撃破して、井平《いだいら》城を攻略した。

武田軍別働隊は、井平城を足場に、井伊谷を占領し、刑部城を奪取して祝田《ほうだ》まで進出し、浜松城を窺う様子をみせた。家康は、武田軍別働隊に、浜名湖水運の要所である宇津山城を奪われぬよう、急ぎ竹谷《たけのや》松平清善《きよよし》を派遣している。

武田軍別働隊の活動により、徳川方は奥三河を失い、鳳来寺《ほうらいじ》道（金指《かなさし》街道）を封じられ、本坂《ほんざか》道（姫街道）も脅かされる形勢となった。その間、一一月一二日以前に、武田軍が織

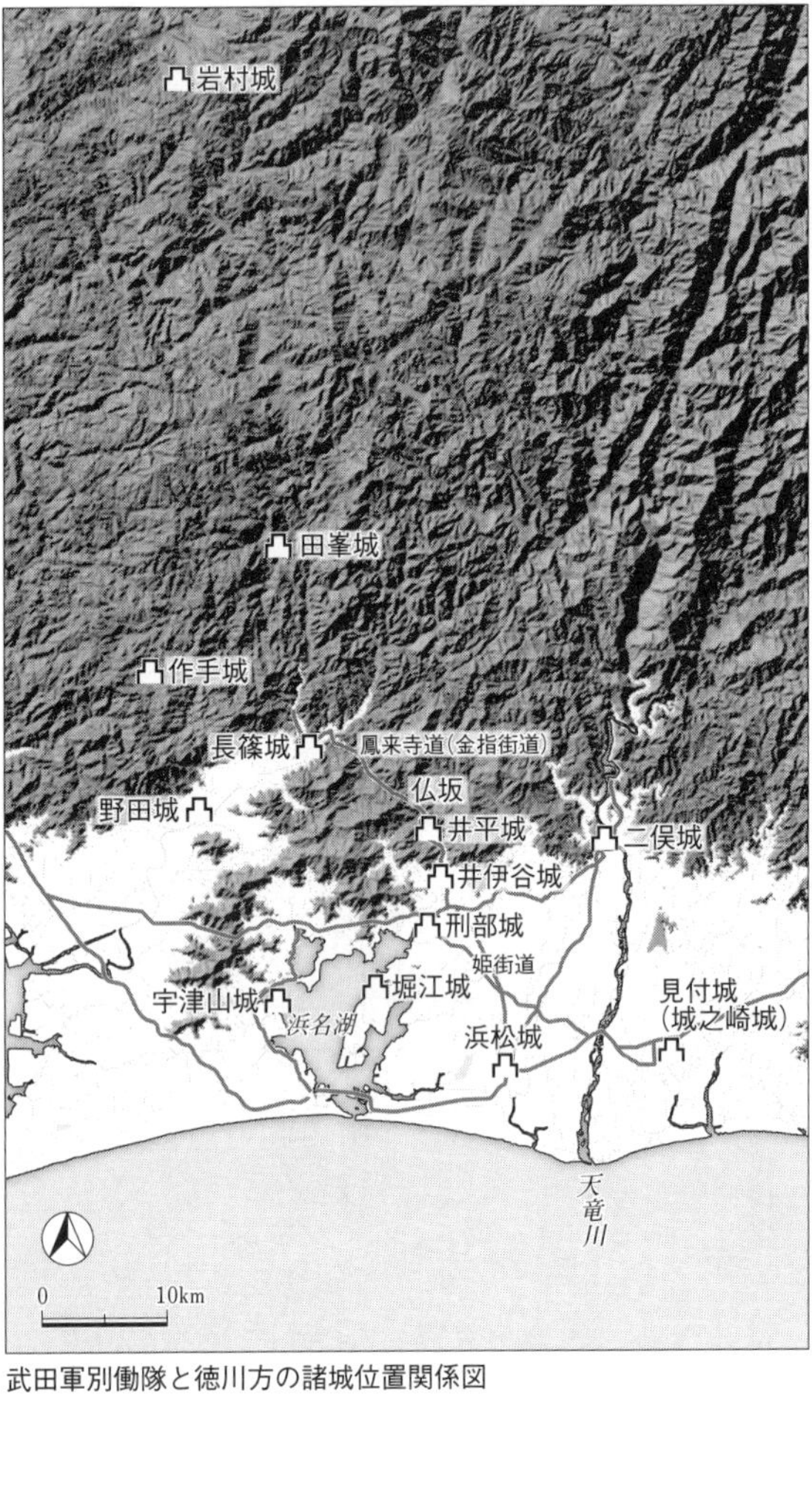

武田軍別働隊と徳川方の諸城位置関係図

田信長と断交し、徳川領国へ侵攻したことが知れ渡ると、東美濃の岩村《いわむら》城では、織田方に反感をもつ人びとが実権を掌握し、織田派を追放して武田方に帰属することを決断した。これを知った信玄は、山県・秋山氏らに命じて、岩村城確保のため、伊那衆下条信氏《しもじょうのぶうじ》（吉岡城主）を、井平城から東美濃へ派遣した。信氏は、一一月一四日、岩村城に入り、織田方の反撃を撃退したらしい。

三方原合戦

一言坂合戦で勝利した信玄は、見付《みつけ》城（城之崎《きのさき》城）の大改修を命じると、自身は本隊を率いて一一月一〇日ごろに二俣《ふたまた》城を包囲した。まもなく、山県・秋山氏らの武田軍別働隊も合流した。武田軍の重囲に陥った二俣城は、家康からの後詰めも受けられず、水の手を断たれたことで抵抗できなくなり、一一月晦日《かいじつ》についに開城した。

この結果、家康の本拠地浜松城は、武田方に包囲される形勢となり、本国三河や同盟国織田氏とつながるために開いているのは、わずかに東海道（今切《いまぎれ》）と、浜名湖水運のみという情勢になったのである。

信玄は、二俣城の修築と、信濃との補給路整備を実施し、城将に依田信守《よだのぶもり》・信蕃《のぶしげ》父子を配備すると、一二月二二日、ついに浜松に向けて行軍を再開した。ところが、信玄は浜松に向かう途中で、軍勢を西に向け、三方原《みかたがはら》台地に上がってしまったのである。

籠城戦の準備を進めていた家康は驚き、ただちに軍勢を率いて、武田軍の追尾を開始した。武田軍を恐れ、黙って浜松城に籠城することは、家康の面目にかかわることであり、臆病者の烙印《らくいん》を押されぬためには、どこかで武田軍に一矢報いる必要があった。徳川方の諸将は、鳳来寺道を三河に向かう武田軍が、祝田坂を下り始めたのを合図に、背後を襲うことが唯一の勝機だと考えていた。

ところが武田軍は、祝田の手前で突然進路を変更し、堀江城（城主大澤基胤《もとたね》）を攻撃する動きを見せたのである。家康は、信玄の意図が、堀江城攻略にあることにここで気づいた。もし堀江城を奪取されたら、浜名湖水運は武田軍の手に落ち、浜松城は補給路を断たれることとなる。

実は、信玄には周到な準備がしてあった。それは、武田水軍に出陣を命じ、遠州灘《えんしゅうなだ》を制圧したうえで、三河湾に突入させ、田原に放火させていたのだ。装備や軍船数で劣る当時の徳川水軍に、武田水軍を撃退することなどできなかった。

家康は、なんとしても武田軍の堀江城攻撃を阻止しなければならなかった。だが、有効な作戦を取ることができない。そうしたなか、徳川方の若武者たちが、武田方の挑発に乗せられ、小競り合いを始めてしまった。これに、武田軍の軍勢が参戦し、ついに全面衝突へと発展した。ここに家康は、反撃を命じるしか方法がなくなった。かくて三方原合戦は、家康にとって実に不本意な形で始まることとなったのである。

合戦は、午後四時ごろに始まったとされるが、家康は織田援軍とあわせても兵力は約一万余にすぎず、武田軍二万余には対抗しえず、午後六時ごろに家康の敗北で決着した。徳川軍は総崩れとなり、家康は命からがら浜松城にたどり着いたのである。

信玄の死

家康が生き残ることができたのは、家臣たちが身を楯にして彼を逃がしたからに他ならない。武田軍の追撃は厳しかったが、徳川軍は犀ヶ崖《さいががけ》付近でこれを食い止めることに成功している。

信玄は、深追いせず、堀江城攻撃を行い、守りが堅いことを知ると、刑部に撤収してここで越年した。信玄は、なおも浜松城攻撃の機会を探ったが、むしろ兵力が少なく、守りも薄い家康本国三河を攻略することが有効と考え、元亀四年（一五七三）正月早々、三河に侵入した。

武田軍は、菅沼定盈らが籠城する野田城を包囲し、二月中旬にこれを降伏させた。家康は、吉田城に出陣して、後詰めを試みたが、武田軍に手出しができなかった。信玄は、渥美《あつみ》半島に進む計画であったらしいが（『三河物語』）、野田城攻略後、長篠《ながしの》城に入り、そのまま行動を停止した。

この不可解な停止を、織田・徳川方は訝《いぶか》しんだが、実は信玄は重病となり、軍勢を動かせなくなったのである。結局、武田軍は、長篠城や作手古宮《ふるみや》城などの改修を行い、三河の武田方の守りを固めると、信濃に向けて撤退を始めたのである。

四月一二日、信玄は信濃国伊那郡駒場《こまば》（諸説ある）で陣歿《じんぼつ》した（享年五三）。信玄の急死と、武田軍の撤退は、その後の歴史に大きな影響を与えた。三方原合戦で織田・徳川連合軍が敗北したことが知れ渡ると、将軍足利義昭は、信長・家康と断交し、信玄・本願寺・浅井・朝倉氏ら反信長勢力と連携する決断を下した（「公儀御謀叛」）。信長は、義昭との和睦を望んだが、彼の決意は固く、ついに開戦となった。ところが、義昭があてにしていた武田軍は撤退してしまい、反信長勢力の動きは鈍く、義昭は追放されてしまったのである。

ここに、室町幕府は事実上滅亡したのであった。

（平山　優）

対談・4　三方原合戦と徳川方の諸城

対談でめざしたこと――

武田信玄は元亀《げんき》三年（一五七二）、信玄の本隊と山県昌景《やまがたまさかげ》・秋山虎繁《とらしげ》の別働隊の二つに兵力を分けて家康の領国に侵攻を始める。

信玄の本隊は駿河より小山《おやま》、滝堺《たきさかい》、相良《さがら》を経て、高天神《たかてんじん》城を降伏させ、遠江の中心部に向けて侵攻を進める。これらは塩の道上に位置し、徳川方の要衝・懸川《かけがわ》城への補給路を断つのが目的であった。同時に海のルートと港を押さえることも狙いであったのだ。

家康には信玄の本当の狙いと侵攻の目的がつかめずにいた。

二俣《ふたまた》城が浜松城攻略の拠点となると踏んだ武田軍は二俣城攻めを開始し、迎え撃つ家康方は二俣城を取られてはなるものかと戦うが、やむなく浜松城へ敗走することになる。

家康にとって浜松城外で信玄と戦うのは避けたくもあり、攻める信玄も軍勢が多いがゆえに兵糧を長期間維持することは難しい。武田軍は浜松城を攻めるかのように進軍をするが、浜松方面に進まず、三方原《みかたがはら》台地を上っていった。信玄は、三河侵攻を明確にしたかに見えた。だが、まもなく信玄が三河へ抜けるという家康の予想は裏切られた。武田軍の向かう先は堀江城。そのとき家康は、信玄の狙いが浜名湖の水運の掌握であるとようやく察知する。これを押さえられれば、浜松城は干上がってしまう。戦わずして、屈服に追い込まれることになる。

堀江城を取られるのだけは阻止したい家康が信玄の罠にはまったのが三方原合戦の経緯であった。戦いは家康方の大敗。しかし、戦いが夕刻から始まったことと地理を熟知していたことで、家康は九死に一生を得た。

武田信玄の巧みな戦い方、進軍のルート、そして三方原合戦が意味することと、のちの戦国武将の勢力争いにどのような影響を与えたのかを考える。

信玄、海運を視野に綿密な策を展開する

平山　元亀三年（一五七二）一〇月一〇日、武田信玄は徳川家康の領国に侵攻を始めます。『当代記』によれば、武田軍本隊は大井川を越えて遠江（高天神表《たかてんじん》）へ入り、山県《やまがた》昌景《まさかげ》と秋山虎繁《とらしげ》の別働隊は青崩峠《あおくずれ》を越えて、北遠江から三河東北部の設楽《したら》郡に入ったとされてきました。

　この北から南への侵攻ルートはかつて高柳光寿《みつとし》さん（國學院大學教授）が『三方原之戦』（一九五八）で提唱し通説となっていましたが、武田信玄の書状の発見により否定され、信玄本隊は駿河から高天神《たかてんじん》のほうに入ったことで決着しています。問題は信玄の侵攻ルートです。通常ならば、駿河から遠江に入るのであれば、東海道経由で懸川《かけがわ》に行くのが当然です。

千田　普通はそう考えますよね。

平山　ところが、懸川を避けて通り、高天神城を攻め、城主小笠原氏助を降伏させるのです。なぜ信玄は最初に高天神城を落としたのでしょうか。

千田　高天神城からは海も一望でき、軍事的にはいいところです。

平山　高天神城の城下に浜野浦という港があり、城のすぐ下まで菊川《きくがわ》入江が入っていることが指摘されているので、信玄の侵攻ルートは藤枝の田中城から、大井川を渡って小山《こやま》城、滝堺《たきさかい》城、相良《さがら》古城と進んだのでしょう。滝堺、相良ともに港があり、いずれも懸川に続く塩の道に位置します。信玄は、懸川城の守りは堅いとわかっていたので、力攻めにせず、時間を無駄にしない。懸川を避けて通り、高天神城を攻略することで海からの補給を遮断してしまう。その上で袋井方面に出ていくわけです。

しかし、信玄は久野《くの》城を攻めたものの、降伏しないので、久野城はそのままにして西に進みます。家康が放棄した見付《みつけ》城を占領して、そこを普請したという記録が『当代記』にあります。信玄の狙いは明らかで、浜松と懸川の間の補給路を完全に遮断する。これさえやっておけば、懸川はそのうち落ちるとわかっていたのでしょう。

千田　さすが信玄、うまい戦い方です。信玄は海から遠く内陸の甲府にある躑躅ヶ崎《つつじがさき》を本拠とする大名ですが、水運を押さえながら陸路を大軍でいくという水陸併用、連携した作戦を取っていたとは。今までのイメージではいわれてこなかった部分ですね。

平山　信玄はさらに、武田水軍に命じて三河湾の田原にまで進ませています。陸の信玄の軍勢と武田水軍と並行して徳川領に侵攻していたわけです。遠州灘《えんしゅうなだ》と三河湾の制海

高天神城に残る長大な横堀（千田嘉博撮影）

権を完全に握りにきている。水も漏らさぬ作戦です。

千田 高天神城は信玄でさえ落とせなかったのに、その後、勝頼《かつより》が落としましたと伝えられ、勝頼はいかに力のある武将だったかと長らく語られてきました。信玄がこのとき高天神城を攻略したのは、高天神城を攻めることで遠州灘の制海権を握れると考えていたからだったのですね。懸川城の周辺から物資補給路を断って孤立させれば、無理に力で攻めなくてもいいし、兵力を温存できます。家康は高天神城を固く守り、食い止めようとしています。家康にとって信玄は戦いたくない相手です。

平山 そうだと思いますね。『三河物語』を見ると武田方に従属を申し出てきた遠江衆を遠江各地の城砦《じょうさい》に配置します。『三河物語』には「寄り合の小侍どもが持ちける」と出てきます。これは信玄方に従属したばかりなので、武田方の軍勢の中には入れず、主に占領した城や重要地点に配置して守備を命じる。そうすれば武田方の軍勢の力も落ちません。よく考えられています。

千田 城を力攻めで一気に落とすのは、攻める側の犠牲も非常に大きく、落とせば落としたで城を無人にしておくわけにはいかず、守備陣を置く必要がでてくる。さらに信玄が遠江三方原《みかたがはら》へ進み、懸川城などを包囲していくときに、落とした城に武田方の軍勢を割けば、浜松を攻める際に軍勢がかなり減る可能性もあります。その点から考えてもうまいやり方ですよね。それにしても信玄はなぜ戦いがうまいのでしょう、上杉謙信と戦ったからですか？

平山　信玄は無理な戦いをしません。冒険的な作戦はほとんどないのです。唯一、賭けに出たのは小田原攻めのときだけです。それ以外は周到な準備をしていました。北条氏と戦いながらも駿河を攻めたり、その一方で小田原攻めをしたりと、その三年間の動きを見ると北条氏の思惑の裏をかいて徐々に勢力を広めていきます。信玄は特に晩年は戦がうまいなとつくづく感じます。

千田　信玄の場合、実戦の前に必勝パターンをつくって、軍勢を動かしていて、相手は動きの先を読まれて、手が打てない感じになっていますね。そうした信玄の戦略を家康は戦いながら学んだのでしょうね。家康にとって、当たりは厳しいけれど信玄はいい教師だったのかもしれないです。

平山　それは家康が生き残ったからいえることですね。

千田　いずれにしても、信玄に攻められてくると家康はなかなか打つ手がないですね。

平山　家康の退却のために本多忠勝らが奮戦した一言坂《ひとことざか》合戦でも、家康は浜松に逃げ帰るのですが、信玄は浜松城下には侵攻しません。天竜川を北上して、天竜川の東側をすべて押さえ、陣地を取ることに集中します。そのうえで二俣城《ふたまた》を取りにいきます。二俣城は信州から近いので補給が受けられ、同時に浜松城攻略の前線拠点として使えると考えていたのです。

千田 浜松城の喉元《のどもと》に刃《やいば》を突きつけられる状況となってしまいました。浜松城をすぐに攻めるのが普通の考え方でしょう。織田方の援軍が来るのではないかとの恐れはあったにせよ、兵力的には攻めてもおかしくはなかったのですがね。

二俣城

平山 ところで浜松城は堀尾《ほりお》吉晴《よしはる》の時代に改修の手が入っていると思いますが、戦国当時の規模と比べて現存の遺構は何が違うのですか。

千田 基本の形はそれほど変わってないと思います。ただし、天守曲輪を総石垣にして、櫓を建て並べる大改修をしたのが発掘で判明しています。天守台を確認できるのも堀尾氏の時代です。さらに家康の時代の二俣城は天竜川が堀の役割を果たすなど、自然地形をうまく利用したものでした。元の二俣川の流路は城の東側を流れて南で西へと回り込んでおり、家康の時代には城のすぐ南側で二俣川が大きく蛇行して川港になっていました。二俣城周辺部の土づくりの城部分もよく残っています。非常に技巧的で戦国期~織豊期まで改修が続いたのがわかります。二俣城は川を堀として港を抱え込み、様々な物流のチェックもでき、城としては抜群によくできていたと思います。

平山 二俣城下に川船の港があったと推定されているのですか。

千田 江戸時代にもそれを受け継いだところがあり、先にお話ししたように、それは戦国時代までさかのぼれると思います。

平山 どのあたりですか。

千田 城の南側で鳥羽山城との間で二俣川が大きく弓なりになっているあたりが港として機能していました。

平山 天竜川は川船が行き来していたことは間違いない。かつて天竜川上流から神社の造営のために材木を流していたことも古文書からわかり、別の文書では天竜川の材木を筏《いかだ》に組んで流して運んでいた可能性も窺われます。二俣城の川港はその意味でも面白いですね。

二俣城の本丸出入り口。発掘調査で櫓門が立っていたと判明(千田嘉博撮影)

千田　軍事的な要所であり、川の流通を直接押さえる場所でもある、いい城ですね。

平山　川はすぐそばにありますが、城内には井戸がなかったと考えられます。

千田　そこが城の弱点でした。しかし、川港との関係でここに城をつくったのだろうと考えます。ただ、二俣城は二つの川の近くにあり、さらに川が大きく蛇行して入ってきている場所にあるので、守るにはいいところですが、ほかからここを救援するのは非常に難しいですね。

平山　城側から天竜川を渡るには、鹿島《かじま》の渡《わたし》があったのですが、川幅が広くて深く、流れも急で、簡単に徒歩で渡ることはできません。江戸時代には渡し船が利用され

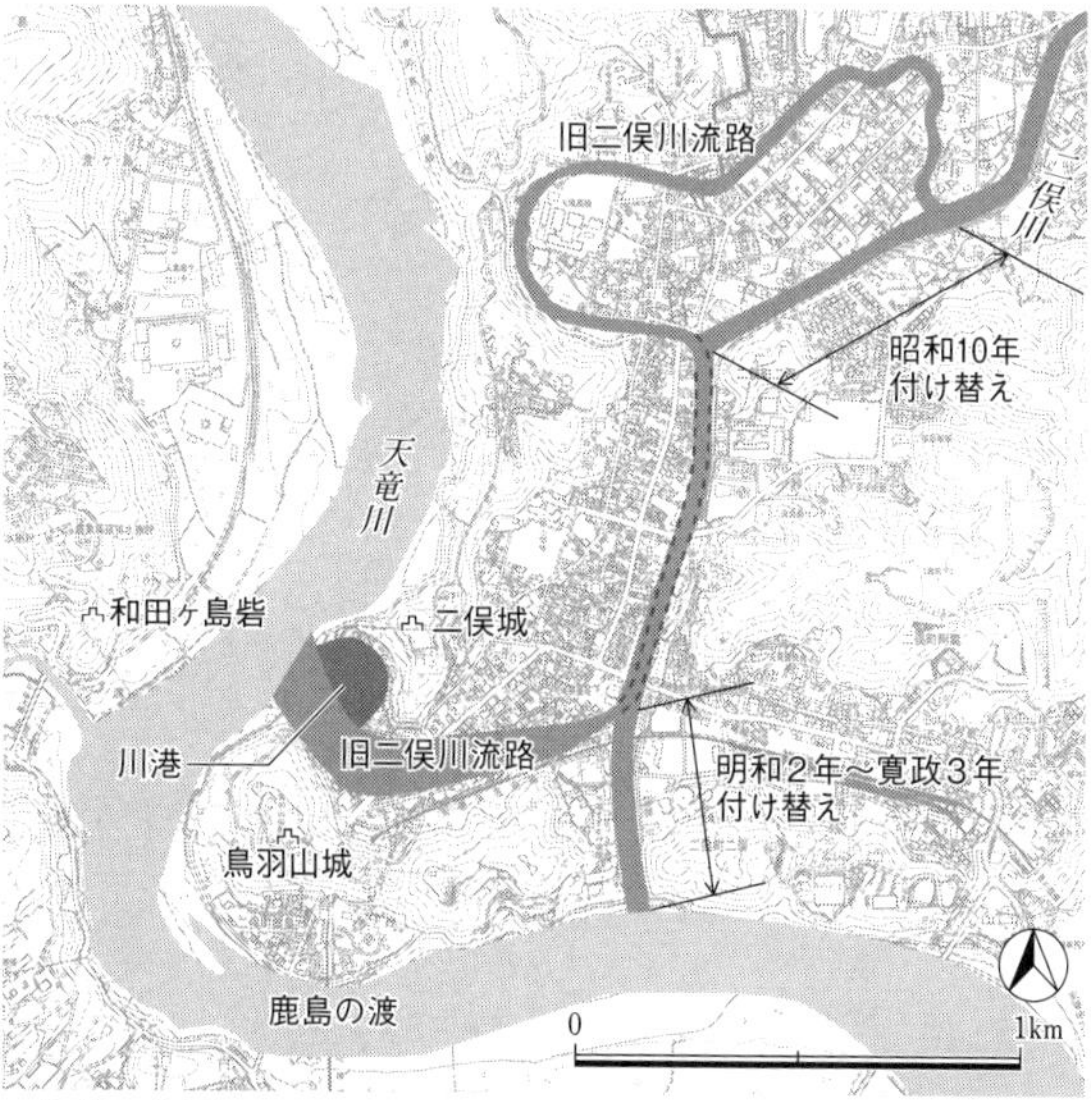

二俣城の位置（浜松市『史跡二俣城跡及び鳥羽山城跡保存活用計画』2020、二俣城跡・鳥羽山城跡の位置と周辺城郭関連遺跡分布図より部分、一部改変）

ましたが、当時は川船や筏で船橋が架けられたのでしょう。

千田　ここをどちらが押さえるか。信玄にしても、家康にとってもひとつ、ポイントになるところです。結果、信玄が取りました。信玄はどこを攻めるかを立体的に把握しています。

平山　ほぼ北から東を封鎖してしまい、山県氏と秋山氏の軍勢が武田氏に内通していた山家三方衆《やまがさんぽうしゅう》の領土を接収しながら長篠城に入ってきます。その後、柿本《かきもと》城、井平《いだいら》城、そして井伊谷《いいのや》城と入ってくるんです。西からのルートも確保しながら回ってきて、二俣城で合流します。

浜名湖水運のカギを握る堀江城を狙え

千田　とすると、家康はつらいですね。浜松城で信玄と対峙して、二俣城も取られそうになっている。本領の東三河のほうでは武田方に内応するものが現れて、武田方になびく人たちがつぎつぎに出てくることになります。

二俣城を救援に行く場合、浜松から北へ行くのもあるでしょうし、三河も徳川領ですから三河側、西側から東へプレッシャーをかけるのもありうると思いますが、先に別働隊によって押さえられているので、手詰まりですね。

平山　家康にとって幸いだったのは、山家三方衆が武田氏に内通したものの、同じく調略を受けていた野田城の菅沼定盈《すがぬまさだみつ》が、調略に乗りませんでした。その意味は大きいと思います。

千田　野田城を取られると豊川沿いの豊橋、当時の吉田城まで取られることになりますからね。

平山　野田城主菅沼定盈の領土は三河湾まで細長くつながっています。野田城まで武田方になってしまうと次の攻撃目標は吉田城になり、非常に厳しい状況ですね。

千田　これは徳川領が真二つにされる大ピンチ。信玄方の大きな戦略です。さすがに痛いところを衝《つ》いてきますね。このとき、豊橋にいたのは酒井《さかい》忠次《ただつぐ》だったでしょうか。

平山　吉田城には酒井氏、田原城には本多《ほんだ》広孝《ひろたか》です。

千田　それだけでは武田の軍勢を迎え撃つことは現実的ではないですね。

平山　当時の家康の領国の規模からすると、かき集めても一万ぐらいです。武田氏に対抗するために浜松に集められた兵が八千といわれています。本国三河には実は軍勢がほとんどいませんでした。

千田　家康はほぼ総動員ですよね。わずかな守備の部隊だけ残して戦に出たのですね。

平山　軍記物によれば、まとまった部隊がいたのは、本居の岡崎城と吉田城と田原城ぐらい。そうすると、吉田に一〇〇〇、岡崎に二〇〇〇（『浜松御在城記』）、いるかどうかです。あとは小人数だと同書に書いてあります。

千田　実態はそうでしょうね。打って出るのは難しく、籠城したとしても、長期間を支えきれるかどうか。

平山　これも軍記物しか確認できませんが、浜松城に備蓄されている兵糧は二〇日から三〇日分とあります。それだけ持ちこたえれば、その後、信長が援軍を送るという期待感もあるのでしょうが。

千田　浜松城には二〇日から一カ月弱ぐらいしか兵糧がなかったのですか。意外と備蓄していませんね。

平山　どのくらい備蓄していたのか、正確にはわからないのですけれど、他の軍記物だと、本多重次《しげつぐ》が兵糧を調達して、十分持ちこたえられるだけの備蓄をして家康を安心させたとあります。それでも二カ月ほどですかね。

千田　攻めている信玄の側でも、大軍であればあるほど兵糧を保持するのは難しいし、現地で乱取りすると評判を落としますし。攻めている側が厳しく、守っている家康方も決して有利ではないことが改めて浮き彫りになりますね。家康としては、信長が応援に来てくれなければ、厳しい。独力では撃退は難しい。

平山　ここで私が注目しているのは、浜松城の地理的な問題です。浜松城は見付城よりはるかに補給や援軍などの受け取りが有利な場所にある。本国の三河とその先の尾張とを結ぶ陸路が三つあるのですが、そのうち、最も大きいのは東海道。そして姫街道、さらに鳳来寺道《ほうらいじ》。このうち鳳来寺道は武田に塞《ふさ》がれてしまい、姫街道も非常に危うい。つながっているのは東海道だけですが、東海道は実は陸続きではなく、今切《いまぎれ》で船橋か舟運で渡ることとなります。そうすると、浜松城の生命線が浜名湖水運だということになるのです。

千田　信玄としたら、次の一手は浜名湖の舟運を押さえて「王手」、ですか？

平山　浜松城を攻めるフリをして、途中で三方原に上がるのですが、完全に徳川方の意表を衝いた作戦だと思います。家康方は城を包囲するのが作戦の常套手段だと思っているわけです。しかし、みんなが思っていることをやらないのが武田信玄です。

千田　浜松城を包囲して、その次に信玄は家康と交渉なり、何かしらやってくると思いますよね。

平山　家康の家臣たちも驚いて、とりあえず三方原に上がった敵軍の後を追いかける。徳川方の予想だと、三方原の台地を祝田《ほうだ》で降りて三河に進むだろうと。守りの手薄な家康の本国・三河を攻撃する。そうやって揺さぶるだろうと思っていた。ところが進路を変更して堀江城へ向かうのです。ここで家康は信玄の本当の狙いは、堀江城を落とすことだと気がつくわけです。堀江城を落とされると浜名湖の水運を全部握

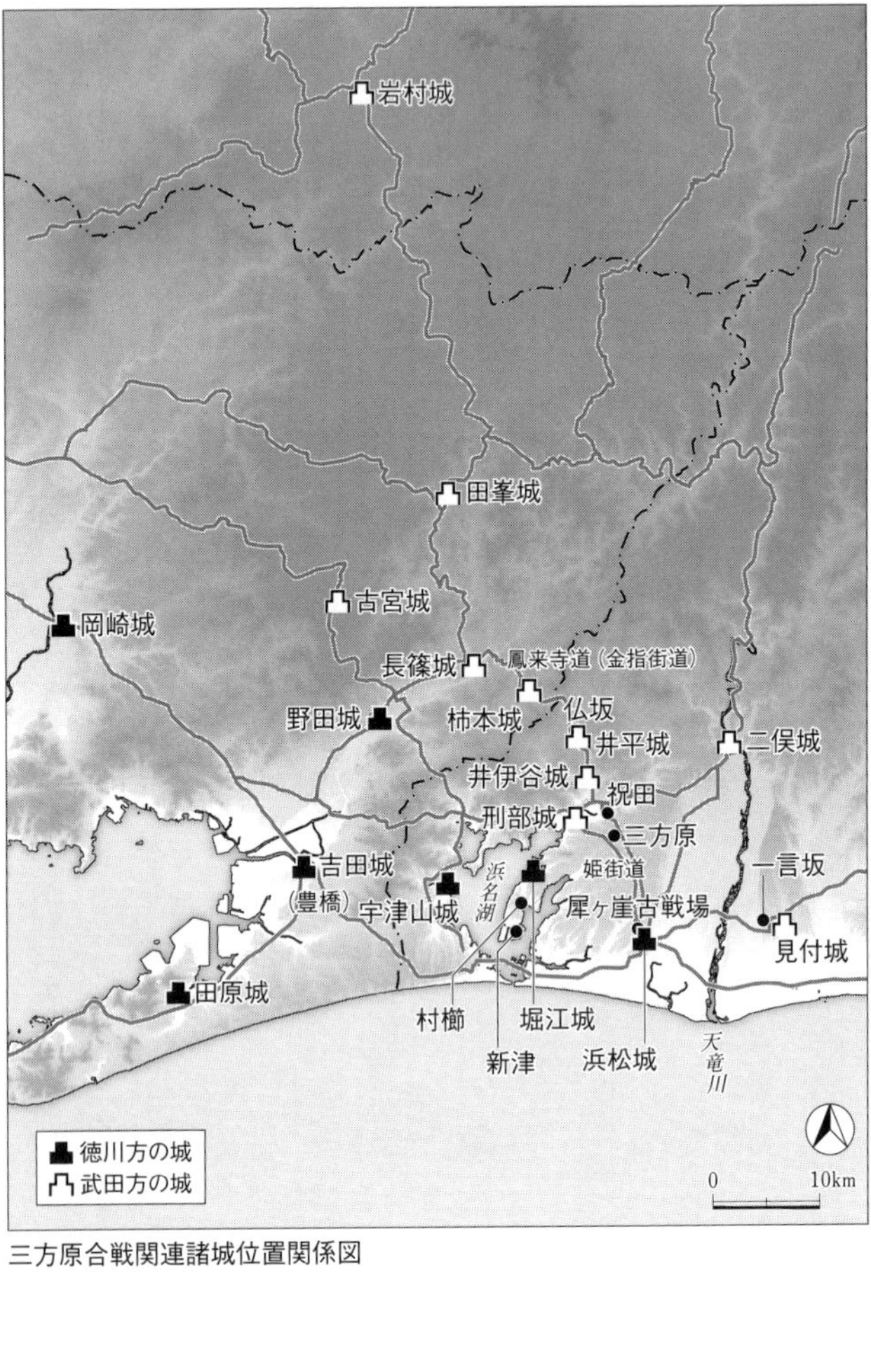

三方原合戦関連諸城位置関係図

られてしまう。下手すると武田水軍が浜名湖に入ってくる可能性も出てくるのです。

千田　着々と信玄は港を押さえながらやってきます。

平山　堀江城に武田方が襲いかかる前に家康が開戦を決断したのが三方原合戦となるわけです。

戦わない選択肢がない家康、最大の危機に

千田　家康としたら、信玄が堀江城に向かっているとわかった時点で戦わない選択肢はなかったのですね。

平山　これを見逃したら、次の一手が打てなくなるのです。

千田　軍事的に浜松城が攻められる以前に物流の面で孤立し、海側も押さえられてしまえば、もはや東海道を安全に通ることもできず、完全に行き詰まってしまいます。

家康は「城の前を素通りされるのは許せぬ」と、若気の至りで攻め出したといわれていましたけれども、「なんとしても食い止めておかなければ明日がない」と家康は冷静に判断したとみたほうがいいですね。

平山　『三河物語』のいうように、面子《メンツ》を潰されるとの考えも確かにあったと思います。

千田　なるほど。

平山　徳川方は、武田軍は祝田の坂を降り始めるころだろうと予想し、ちょっと戦ってから引き上げて、「勝った」と宣伝しようと考えていた。けれど、武田軍は祝田の坂を降りるどころか進路を変えて堀江城に向かった。これはもう、どうにもならない。しかも、武田方の挑発に若い徳川の家来たちが乗ってしまうのです。

千田　戦いが始まってしまったのですね。

平山　武田氏の戦略に引きずり込まれているのですよ。

千田　信玄はその辺の心理戦はうまいですよね。信玄は向きを変えて家康がやってくるのを待ち構えていたといわれていますが、開戦時はその状況だったと想定してもいいでしょうか。

平山　『甲陽軍鑑』を見ると山県氏や勝頼などの精鋭部隊は一番後ろに置いて進んでいます。向きを変えれば、すぐに戦が始められる状況になっています。

千田　わぁ、信玄はあらかじめ、後ろからの戦いになることを見越していたのですね。

平山　そうです。後ろを警戒しているのでしょうね。

千田　長久手《ながくて》の戦いで、秀吉の軍勢も後ろからやられて大軍でもあっけなく負けました。

大将の資質の差があったにせよ、信玄は抜かりがない。信玄にしてみれば、どのパターンで家康が来ても、対応は織り込み済みで、家康は戦う前から負けています。

平山　信玄は用意周到です。

千田　いよいよ三方原合戦が開戦しましたが、信長からの援軍の数はどの程度だったのでしょうか。最初から家康の軍勢は少数で攻めかかったのか。それなりの数の援軍が織田方から来ていたのか。

平山　越前朝倉義景に宛てた、一一月一九日付信玄の書状（「徳川黎明会所蔵文書」）に、織田の軍勢が三千来ていると書いてあります。それは妥当だと思います。徳川の軍勢が八千、合わせて一万一〇〇〇で、それなりの兵力であることは間違いありません。

千田　一万を超えれば大軍勢です。

平山　当時の家康としては、かなりの軍勢だと思われます。武田の軍勢とさほど遜色《そんしょく》ないですね。

千田　織田方が出した援軍は、総数としては大きなものだった。そして家康は、吉田城など要の城にわずかな軍勢を残し、ほぼ総力を挙げて浜松城に家康の軍勢を集めて戦ったということですね。今まで家康方の軍勢は少なかったと説明されていましたが、通説とは異なったのですね。

平山　江戸時代に幕府は当時の家康の兵力を小さく見せようとして『徳川実紀』などに記していているのです。兵力が足りなかったから負けたとしたいのですよね。

一方、『甲陽軍鑑』では逆に、織田方は大軍だと信玄に思わせるよう噂を流したとする記述があります。『甲陽軍鑑』を読んでいくと、実は、信玄は家康との決戦をできれば避けたかったと書いてあるのです。信玄は、家康には簡単に勝てるだろうけれど、軍勢全体が疲れるし、その直後に織田氏の大軍を相手にしたらひとたまりもないといっています。織田氏の援軍が三河の各地の城に入っていることに神経を尖《とが》らせていますし、信長の流した謀略や噂が事実かもしれないと、信玄は警戒したといえます。

千田　信長の情報戦略はうまくいった部分もあったわけです。信長は畿内で敵に囲まれて四苦八苦している状況で、総力を上げて軍勢を派遣したと考えるのは無理がありま す。そうしたら、信長自身が畿内で倒されてしまいます。

平山　近江の浅井氏と朝倉氏の連合軍が近江小谷《おだに》城にいて、横山城には秀吉がいます。信長は虎御前山《とらごぜやま》で敵の直前まで迫りますが、いったんあきらめて退却します。北近江の浅井・朝倉氏の押さえとしてそれなりの軍勢が割かれているはずで手元にそれほど軍勢は残っていません。

千田　信玄が攻めてきたタイミングは一番いい機会だったと考えられます。

平山　畿内がどんどん騒然としてくるのです。

千田　朝倉の軍勢も、頑張って粘っていたらどうだったか。

平山　朝倉と浅井の連合軍、さらに、一向一揆も味方をしているので、それで横山城を攻めていたらどうだったのでしょうかね。

千田　横山城や米原《まいばら》の佐和山《さわやま》城も、一時期、浅井方についていたのが織田方に替わったものので、またひっくり返ってこのあたりまで押さえられると、信長は畿内や京都へ往来できなくなって、一旦、美濃まで撤退することになったでしょうか。そうなると、畿内は元の木阿弥《もくあみ》、信長の影響力は大きく減退することになったでしょう。そうなれば将軍足利義昭を中心とした政治の求心力が強くなります。

平山　義昭は三方原合戦で連合軍が敗れたと知ると、態度を変えてしまうんです。

元亀・天正の争乱へとつながった三方原合戦

平山　近年、信長を面白く思わなくなった義昭が信玄たちを抱き込んで信長包囲網をつくったとする説は否定されました。根拠となっていた史料が全部、年代に誤りがあると退けられました。最終的に信長と義昭が対立するのは三方原合戦の直前か、直後で、義昭は京都を逃げ出そうとする。それに対して信長が十七ヶ条の異見（意見）書を出すのです。これで義昭と信長の関係が切れます。

千田　あんな手紙をもらったら、誰だってキレますけどね（笑）。過去に書かれた歴史小説ドラマなどの影響もあると思いますけど、まだかなり多くの歴史好き、あるいは戦国史ファンの方たちの間では、義昭が黒幕で信玄や謙信を操った、というイメージが語られているように思います。研究の進展によって、イメージ通りではなかった。旧来の説とは、ちょっとびっくりするような違いが生じていますよね。それと合わせて、信長の評価もずいぶん変わりましたね。「天下布武」の印文の意味は何か、天下とは何かという点に着目されるようになりました。

平山　この一五年、研究の進展が早いですね。特に将軍足利義昭像は大きく変わりました。

信長の傀儡《かいらい》ではなかった、とはっきりいわれるようになりました。「天下」の内容についてては、まだまだ研究者間の合意をみていませんね。

千田 天下の評価は、フロイスの記述など宣教師の言が根拠になっているのですか。

平山 ヨーロッパ人たちは、天下とは天皇のいるところを中心とする畿内と考えていたようです。「天下」は、古くは五世紀の稲荷山《いなりやま》古墳で出土した鉄剣（金錯《きんさく》銘鉄剣）の銘文にもあり、天皇が支配する土地全域を意味したと考えられていますが、原則として信長のいう「天下」は畿内でいいと思います。

千田 私はフロイスが京都の人びとの「京都が世界の中心」という意識にだまされてしまっている気もします。それにしても、今までいわれていた以上に、三方原合戦はのちの京都、天下をめぐる情勢に、きわめて大きな影響を与えたのですね。

平山 よって三方原合戦の評価も大きく変わりました。単に徳川・織田連合軍に信玄が勝った局地戦では終わらず、これをきっかけに天正の争乱が始まります。

千田 次の展開へつながるわけですね。

平山 元亀・天正の争乱と呼びますが、今までは言葉の定義がなされずに使われていたように思います。元亀争乱は将軍義昭が自らの体制に従わない人たちと戦い始めた戦乱です。

千田　征伐の表向きの理由は、将軍のいる京都に馳せ参じない人たちを討つということですね。

平山　ところが、天正争乱は、信長・徳川と、信長と敵対する将軍義昭のもとに結集する戦国大名との戦いとなるのです。これが本能寺の変で終わりを迎えます。本能寺の変が起きたときには、もはや義昭を担いで幕府体制を再興しようという動きがまったく出ない。義昭の命運が尽きたのです。以後はポスト信長をめぐる争乱という様相になって、秀吉の政権が誕生することになるのです。

千田　三方原合戦は時代の転換のきっかけになったということですね。

平山　そうだと思います。

生き延びた家康の強運、世を去った信玄の不運

千田　ところで、三方原合戦では家康はあまりいいところがなかったと伝えられています。

平山　しっかりした史料がないのでわかりませんが『信長公記』を見ると、「軍勢の真ん中を破られた」とあるので、徳川・織田連合軍は武田軍にど真ん中を突き破られて

敗走したようです。連合軍があっけなく敗れたというのは事実のようで、戦が始まったのが夕方の四時といわれています。

千田　遅い時間ですよね。合戦でいえば。

平山　勝負がついて連合軍が総崩れになったのが午後六時ぐらいとのことで、通常の戦いに比べたらはるかに短い。これをあっけなく負けたというべきなのか。戦い始めて、ほどほどのところで撤退したと見るべきなのか。連合軍、特に家康にとって幸いしたのは、戦いが夕方に始まり、決着したのはほぼ暗くなったころで、夕やみに紛れて逃げることができたわけです。明るかったら家康はやられていたと思いますよ。

千田　三方原は、家康にとっては地元であり、地理的なことを家康も家臣もよくわかっていたでしょうから、その点はプラスだったでしょうね。逃げるときに武田軍を急襲したという犀《さい》ヶ《が》崖《がけ》の話も、何が実態なのかは難しいですが、武田軍が崖に落ちたと伝えられています。ありえた話だと思います。

平山　犀ヶ崖にかけられていたのは引き橋だったのでしょうね。

千田　そういうことでしょう。

平山　布橋伝説というのもありますね。

千田　布の橋をかけてごまかしたために、武田軍は誤って落ちたと。武田軍の強さや信玄の猛攻ゆえの伝説なのか、家康軍の巧みな作戦か。史料がなく、判断は難しいですが、いずれにせよ三方原合戦の位置付けを考える必要がありますね。

平山　この戦いは一言坂合戦と似ていますね。家康が出ていかざるをえない状況となり、少し戦って逃げる。一言坂合戦ではその作戦は成功しましたが、同じ手は、二度は通じないということだと思います。

千田　当時は前線の兵を見殺しにする城主はダメと烙印《らくいん》を押されますから、何としても助けに行く。今回は力及ばず退却したけど、いつでも助けに行くとの姿勢を見せるのが絶対必要です。三方原合戦では出陣した家康は大敗して命からがら逃げ切る。この合戦には布橋伝説だけでなく、いろいろな伝説が語り継がれています。たとえば、夏目広次が家康の身代わりになったと伝えられます。一次史料にそのような話は出てこないのですか？

平山　『三河後風土記』などにその話が出てきますが、ほかには見えませんね。

千田　そうした伝説は一次史料では確認できないのですね。江戸時代になって成立した編纂物は、あの戦には負けたけれど、家康は武田氏の思い通りにはさせなかった、一矢報いた、と記したくなります。そうした思いが、いくつもの伝説を生んだのですね。

戦名人・武田信玄の迷いと無念

平山 軍記物ですが、信玄は最後まで迷ったと記されます。刑部《おさかべ》城に信玄は滞在しているのですが、これはひとつのポイントとなります。

戦国初期、今川氏親《うじちか》の時代に、今川方が大澤氏らを救援するために、刑部城から船で村櫛、新津へ救援を出したとする史料（「伊達文書」『戦国遺文今川氏編』二五五号文書）があります。実は、刑部城は浜名湖水運の重要な拠点のひとつで、信玄は堀江城を中心とする浜名湖に張り出した庄内《しょうない》半島を取る野望を捨てていなかったと考えられます。

千田 三河方面へ一気に攻め込むのではなく、両面を睨《にら》んでいたということですね。

平山 しかし、あきらめて三河に出ていくのです。

千田 戦名人信玄にも迷いがあったのですねえ。

平山 信玄は最終的に浜名湖周辺の奪取をあきらめて三河に出ます。家康の三河本国には、ほぼ兵がいない。家康にとって本国を取られるのはダメージが大きい。信玄は守りの固い浜名湖の城の攻略に時間を費やすよりも、兵がいないところをどんどん取り、そこを固めたほうがはるかに有利だと考えたわけです。『三河物語』には、信玄の次の目標は三河の奥郡だとあります。奥郡とは渥美《あつみ》郡です。渥美郡でいうと根っこに吉田城があり田原城がある。ここを取ってしまうと、徳川領が真二つになってしまう。さらに、宇布見《うぶみ》の中村家の史料には、兵糧や軍事物資を浜松へ輸送するには、三河湾から豊橋の高師《たかし》で陸揚げして浜名湖を通じて船で運ぶと見えます。渥美郡を制圧してしまえば同じ目的を達成できます。

千田　信玄は各種の情報や情勢を的確に分析して、何がベストかを考え、信長の軍勢が大軍だというのは嘘だと見破った。

平山　信玄は、信長は動けないと思ったのでしょう。

千田　浜松城にとって一難去ってまた一難、悪夢は終わらず、より悪い方向へと物事が進みつつあった。信玄にあと数年の寿命があったら、どうなっていたでしょう。

平山　家康の出番はなかったでしょうね。

千田　平山さんにご紹介いただいた、信玄が次々と繰り出す手を見ていくと、果たして家康が吉田城や田原城を支えきれたかどうか、かなり難しそうです。西の最終ラインは岡崎城になろうかと思いますが、家康が吉田城を取られてしまうのは大いにありうると思えてきました。そうなると、三河湾の制海権も怪しくなる、浜松城を支えきるのも難しいですね。

平山　そこで西三河の一向宗《いっこうしゅう》門徒が蜂起する計画が浮上するのです。顕如《けんにょ》は攻撃の命令を出しています。徳川家臣は一向宗門徒が多く、下手したら武田方につく可能性がでてくる。

千田　直接攻めなくても徳川領が内紛で自滅する可能性まで！　信玄が吉田城も落としたら、畿内の情勢も激化するでしょうから、信長は援軍を差し向けるどころではなくなってくる。美濃・尾張国を守るのがせいぜいでしょう。信長の援軍も、もはや不可能となると、家康は信玄の軍門に降り、信玄の優秀な家臣として生きていく、ということでどうでしょうか。家康はいい仕事しますよ。

平山　信玄は家康が降伏しても生かしてはおかないでしょうね。

千田　江戸時代は来ないじゃないですか！

平山　信玄は家康のことが憎くて仕方がないのです。なんせ、一緒に同盟を結んで今川氏を滅ぼしたのに、勝手に氏真《うじざね》を助命し、北条氏と手を結んでしまいました。さらに宿敵上杉謙信とも同盟を結び信玄と手を切ったからです。信玄は激怒していました。

千田 確かに信玄が残した文書では、家康はひどく書かれていますね。あそこまでこじれるか、くらいこじれています。そう考えると、家康は運がありましたね。本能寺の変のときも、京からよく三河に帰ってくることができました。

平山 三方原合戦で死んでいてもおかしくなかったのですから。家康は運と実力とをあわせもっていたということでしょうかね。

5章　長篠合戦と武田・徳川の城

長篠合戦の時々刻々

武田軍の撤退と家康の反撃

元亀三年(一五七二)四月、徳川領国を席巻していた武田信玄の大軍が、三河から信濃へ撤退した。家康も信長も絶体絶命の危機に直面していたにもかかわらず、信玄が不可思議な帰国をしたことで、彼らはその真意をはかりかねていた。実は、病身の信玄が危篤状態に陥っていたため、武田軍は帰国せざるをえなくなっていた。だが信玄は、甲斐への帰国途上の四月一二日に死去していた。後継者の武田勝頼《かつより》は、父の死を秘匿したが、信玄死去の噂は諸国をかけめぐったのである。

家康はこの好機を逃さなかった。五月には、信玄に奪われた高天神《たかてんじん》城をはじめとする諸城を奪回し、懸川《かけがわ》・浜松間の連絡を回復させた。また、三河長篠《ながしの》城を包囲するとともに、長篠菅沼《すがぬま》氏の当主菅沼右近助正貞《まささだ》、作手《つくで》亀山《かめやま》城主奥平定能《おくだいらさだよし》・信昌《のぶまさ》父子を調略することに成功した。このうち、菅沼正貞の内通は発覚し、彼は捕縛《ほばく》されたが、奥平父子は武田方が長篠城救援の作戦に気を取られている隙《すき》に、徳川方に奔《はし》ったのである。動揺する武田方は、長篠城を救援できず、九月八日、長篠城は開城した。そればかりか、同じころ、後詰めのため、遠江に出陣した武田方の諸将は、徳川方の反撃に遭い、敗退した。まもなく徳川方は、井伊谷《いいのや》を回復し、家康は当面の危機を脱したのである。逆に武田方は、元亀三年一〇月から同四年四月にかけて、信玄が達成した成果のほとんどを失った。残されたのは、二《ふた》俣《また》城をはじめとする北遠江のみとなった。

勝頼の反撃

天正二年（一五七四）一月から二月にかけて、織田方が始めていた岩村《いわむら》城封鎖の動きを断つべく勝頼は東美濃に出陣し、明知《あけち》城をはじめとする一八もの城砦《じょうさい》を攻略した。家康は、勝頼が帰国すると、四月、北遠江の犬居《いぬい》城（天野藤秀）を攻めた。これは、二俣城と信濃の補給を遮断し、二俣を屈服させるための布石であった。だが、徳川軍は天野勢の反撃に遭い、大敗を喫した（犬居崩れ）。

すると、勝頼は、五月三日、大軍を率いて遠江に侵入し、高天神城を包囲した。家康は、単独で武田軍に対抗できず、織田信長に支援を要請した。信長の出陣が遅れるなか、高天神城主小笠原氏助は、六月一七日に降伏、開城した。そのころ、信長は、大軍を率いてよ

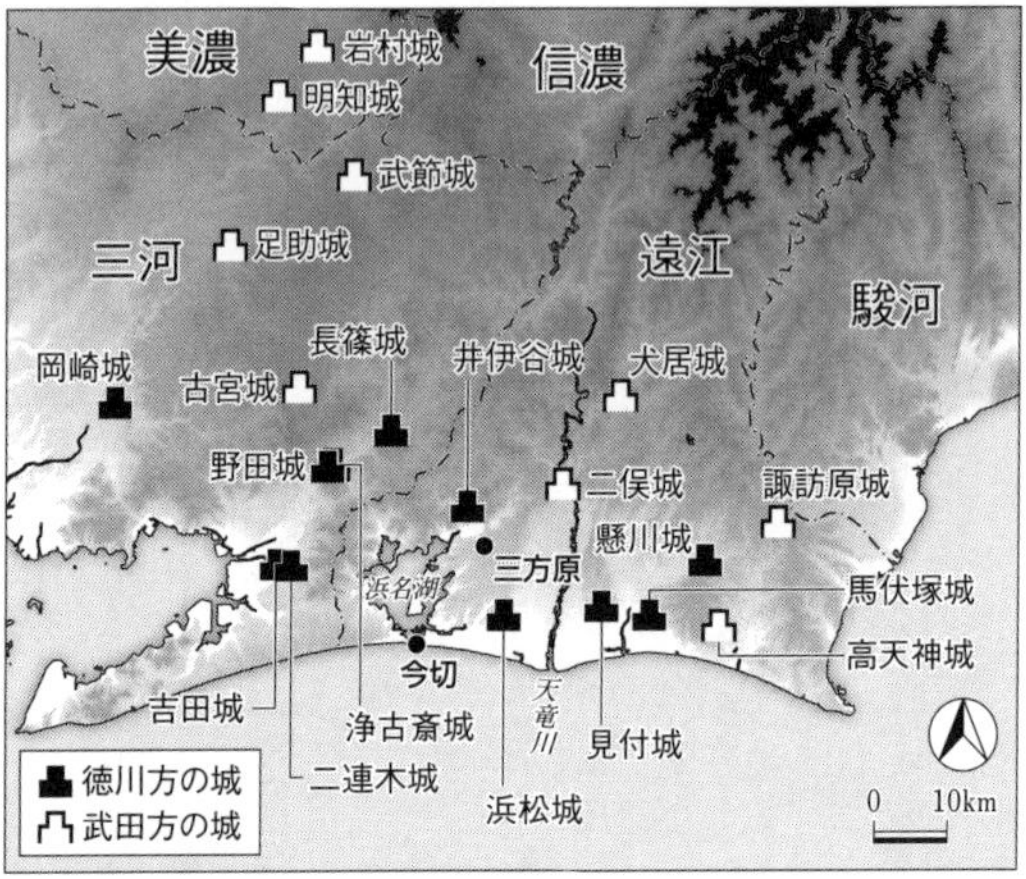

長篠合戦直前の諸城位置関係図

うやく三河に入り、家康と吉田城で合流していた。織田・徳川連合軍が、五月一九日に、遠江の今切《いまぎれ》に到着したところ、落城の知らせが入り、連合軍は空しく撤退している。

家康は、勝頼が手出ししなかった馬伏塚《まむしづか》城の改修を実施し、高天神城方面からの敵侵入を封じ、大須《おおす》賀《が》康高《やすたか》を配備した。九月、勝頼は再び遠江に侵入し、浜松近くに迫り、各所に放火した。家康は、浜松城に籠城するしかなかった。

勝頼は、父信玄が奪取した天竜川以東の地域（懸川城、久野《くの》城を除く）を再び掌握し、さらに駿河への帰途、駿河・遠江国境に諏《す》訪《わ》原《ばら》城を築き、懸川城攻略への足がかりとしたのである。

大岡弥四郎事件と武田軍の襲来

信玄没後、勝頼が実施した東美濃、遠江侵攻により、徳川領国は再び縮小の一途をたどり、そればかりか武田方が武節《ぶせつ》城を奪取したことで、岡崎城が脅かされる事態となった。武田氏の圧迫は、三河の徳川方に深刻な動揺を与えた。こうしたなか、岡崎城主松平信康《のぶやす》（家康の嫡男）の家臣大岡弥四郎をはじめとする多数の岡崎衆が、秘かに武田方に内通したのである。彼らは、足助《あすけ》もしくは作手方面から武田軍を引き入れ、岡崎城を乗っ取り、信康を殺害するとともに、岡崎に集められていた徳川家臣の妻子を人質として確保しようと計画していた。これが成功すれば、徳川家臣は家康を見限ることは確実で、追い詰められた家康は、尾張に亡命するか、逃亡したところを捕らえられて殺害されるか、どちらかの運命をたどるとみられていた（『三河物語』）。この計画に、家康正室築山殿《つきやまどの》も加わっていたとされている。だが、この密謀は、一味の山田八蔵が心変わりし、家康に告げたことで発覚し、大岡らのクーデターは未然に鎮圧された。

いっぽうの武田方は、先陣を四月一五日、信濃から三河に進軍させ、足助城を攻略させせた。これを見た八桑《やくわ》城、円山《まるやま》城、浅谷《あざかい》城、大沼《おおぬま》城、田代《たしろ》城などは戦わずして降伏した。武田軍先陣は、そのまま岡崎攻略に向かうかに見えたが、このころ、大岡弥四郎らが捕縛、処刑されてしまったため、先陣の岡崎攻略は失敗に終わった。

勝頼自身は、父信玄の三回忌法要を終えると、ただちに本隊を率いて遠江から三河に入り、武田軍先陣が待機する作手（古宮《ふるみや》城か）に進み、これと合流した。勝頼は、岡崎攻略をあきらめ、大軍を率いて野田に向かった。ここには、信玄に降伏し捕縛され、のちに徳川方に人質交換で帰国を許された菅沼定盈《さだみつ》が戻ってきており、野田城に代わる新城（浄古《じょうこ》斎《さい》城、大野田《おおのだ》城）の普請を行っていた。武田軍は、定盈を追い払い、そのまま吉田城に向けて進軍した。

勝頼の襲来を知った家康は、浜松城から吉田城に向かっていた。武田軍は、家康が吉田城に入る前に捕捉し、今度こそ彼を討ち取ろうと進んできた。それに対し、二連木《にれんぎ》城主戸《と》田康長《だやすなが》が行く手を阻もうとした。武田軍は、戸田勢に猛攻をしかけ、これを二連木城に追い込むと、勢いに乗り、一挙に城を陥落させた。康長は、命からがら脱出し、吉田城に逃げ込んだ。

武田軍が、二連木城を攻めている間に、家康は無事に吉田城に入城を果たした。勝頼は、家康を取り逃がしてしまったのである。

長篠城攻防戦

勝頼は、家康を吉田城から誘い出すべく、様々な挑発を試みたが、彼はこれに乗らなかった。そこで勝頼は、吉田から長篠へ軍を転じ、長篠城を包囲したのである。長篠城には、武田氏から離叛した奥平信昌と五井《ごい》松平景忠《かげただ》が在城していた。信昌は、長篠城の大改修を実施し、さらに家康より信長から贈られた兵糧三百俵の配分を受けていた。

五月一日、武田軍の攻撃が始まった。城方は懸命に防戦したが、本丸・野牛曲輪《やぎゅうくるわ》などを除く、ほとんどの曲輪を敵に奪われ、追い詰められた。そこで、城主奥平信昌は、家臣鳥居強右衛門《すねえもん》尉を家康のもとへ派遣し、援軍を乞うこととした。折しも、信長も岡崎に到着しており、強右衛門尉は、信長・家康の面前に出て、援軍を乞うたのである。強右衛門尉は、城の脱出に成功し、一五日には岡崎城にたどり着いた。両者は、強右衛門尉に、数日持ちこたえれば、必ず救援すると約束した。喜んだ強右衛門尉は、長篠に引き返し、一六日夜に城外に到着したが、武田軍の監視をかいくぐることに失敗し、捕縛された。

強右衛門尉は、助命と知行宛行《あてがい》の約束で、城方に援軍は来ないと言明することとした。

だが、その約束を違《たが》え、城方には援軍がまもなく到着すると叫んだため、磔《はりつけ》にされたという。味方の接近を知った城方は、士気を高め、籠城継続を決意した。

長篠合戦

織田・徳川連合軍（総勢三万五千余と伝わる）は、一八日に設楽原《したらがはら》（有海原《あるみはら》）に到着し、連吾川《れんごがわ》と宮川沿いに馬防柵《ばぼうさく》の構築を開始した。いっぽうの武田軍は、二〇日、軍議を開いた。軍議は、決戦か撤退かで紛糾したが、勝頼は決戦を選択し、長篠城包囲のために四千余を残留させ、自らは一万一千余を率いて、設楽原に進出した。

信長は、家康重臣酒井《さかい》忠次《ただつぐ》と東三河衆の軍勢が、菅沼山方面の山中を進み、長篠城包囲のため武田方が築いた付城《つけじろ》群（鳶ケ巣《とびがす》山砦《やま》など）を背後から奇襲する作戦に賛同し、鉄砲衆を軸とする援軍を預けた。酒井勢四千余は、二〇日夜、秘かに設楽原を出陣し、山岳地帯に分け入っていった。

二一日早朝、武田軍の攻撃が始まった。連合軍は、馬防柵の内側に約三千挺《ちょう》（千挺とも）の鉄砲衆と、これを支援する弓衆を配備していた。また、信長は、味方の数を少なく見せるべく、弾正山《だんじょうやま》の西、設楽郷周辺の窪地、宮川周辺に大軍を待機させ、合戦場に逐次投入することとした。

武田軍も鉄砲衆を保持しており、連合軍の鉄砲衆に対抗したが、玉薬の備蓄に乏しく、やがて沈黙してしまったと推定される。一方、物量で勝る連合軍は、間断なき射撃で武田軍に応戦していた。そのため武田軍の兵卒は、鉄砲の援護を欠いたまま、敵陣への攻撃を続行せざるをえなかった。

長篠合戦は、鉄砲対騎馬の戦いだといわれてきたが、実際には南蛮貿易をバックボーンに、豊富な火薬と鉛弾を保持する連合軍と、織田氏の経済封鎖により畿内方面との貿易を制限され、火薬と鉛弾の欠乏に苦しむ武田軍という構図〈西〈織田〉と東〈武田〉の経済格差〈ロジスティックスの格差〉〉であり、これこそが勝敗を分けたのだといえる。

辰《たつ》刻（午前八時ごろ）、酒井勢が長篠城を包囲する武田方の付城群への攻撃を開始し、これを壊滅させた。武田方の陣屋には火が放たれ、力を得た長篠籠城衆も打って出て、武田勢を撃破することに成功した。かくて長篠城は解放され、武田軍本隊は退路を断たれる格好となったのである。

武田勝頼の撤退と家康の三河回復

背後を取られ、連合軍に挟撃される事態に陥った武田軍は、前面の連合軍を撃破するしかなくなった。合戦は激しくなり、とりわけ徳川軍に攻撃が集中し、その前面に設置された三重柵はすべて突破されたという。だが、武田軍の兵卒は、そこにたどり着くまでに多くが死傷しており、徳川軍を撃破することができなかった。次第に兵力を減らした武田軍は、昼過ぎに組織的な戦闘が困難になっていく。

午後二時ごろ、残存部隊が勝頼本陣の周囲に集まり、ついに撤退を開始した。連合軍は、これを猛追し、多数の武田方の将卒を討ち取った。武田方の重臣らの多くは、勝頼を逃がすために後退しながら戦い、討死していったのである。勝頼は死線を脱し、信濃に撤退することに成功したが、約一千人とも一万人ともいわれる兵力と指揮官クラスの部将を失ってしまったのである。

武田軍を退けた連合軍は、天正三年（一五七五）のうちに、織田氏は岩村城をはじめとする東美濃を、家康は奥三河全域と高天神城、相良《さがら》城、滝堺《たきさかい》城、小山《こやま》城を除く遠江を回復することに成功した。それでも、家康は、天正九年（一五八一）三月、高天神城を奪回するまで、武田領を奪い取ることはできなかった。長篠合戦で敗れたとはいえ、家康にとって武田勝頼は単独で撃破できるほど簡単な相手ではなかった。家康の対武田戦の戦局が好転するのは、北条氏政との同盟と連携（天正七年、一五七九）が実現したからにほかならない。それでも家康は、勝頼に対する優位を確定するまで、北条氏との同盟からさらに二年を要したのである。

（平山　優）

対談・5章　長篠合戦と武田・徳川の城

対談でめざしたこと――

武田信玄の急死を受け、徳川家康は武田氏への反撃を試みる。いっぽう、信玄の跡を継いだ武田勝頼は、徳川方への調略をしかけ、三河・遠江への侵攻を再開する。天正元年（一五七三）から同二年にかけての勝頼の攻勢により、徳川領国は再び縮小に向かい、武田氏の侵攻は徳川家中を動揺させた。

こうしたなか、天正三年には岡崎で大岡弥四郎らの謀叛事件が起こり、それにつけ込むように、武田軍の三河侵攻が始まる。武田軍は、足助《あすけ》城や浄古斎《じょうこさい》城（大野田城）などを攻略し、東三河を席巻する。

その結果、長篠《ながしの》合戦が勃発する。この合戦は、謎が多く、今も議論が続いている。本章では、長篠合戦の舞台になった設楽《したら》郡は、鉱山資源の宝庫であったことや、武田・徳川氏の「境目」という状況のもと、城づくりでも競い合っていたこと、そして合戦の謎解きなどに話題が及ぶ。

大規模拠点の足助城と浄古斎城の価値

平山　天正三年（一五七五）、岡崎では武田氏の調略によって大岡弥四郎らの岡崎衆が謀反を企てました。当時、岡崎城には徳川家臣の妻子たちがいて、武田方はこれを人質として押さえようとしていました。徳川方の抵抗を防ぐのが狙いだったのです。『三河物語』によれば、岡崎城にいた大岡弥四郎たちが武田方に内通し、その直後に武田勝頼《かつより》は足助《あすけ》城から先陣を出してくるのです。

千田　勝頼が落とした足助城は西三河の平野に近く、岡崎も遠からぬ場所に位置します。

平山　当時の足助城の本丸には、現代に復元された足助城とほぼ同じ規模の建物があったとされていますね。

千田　本丸跡には非常に大きくしっかりした柱穴があります。復元建物の適切さは一考の余地はありますが、足助城は長篠《ながしの》合戦が行われた戦国期に大規模な拠点的な城であったことは間違いない。建築史家の宮上茂隆《みやがみしげたか》氏が考証され、発掘の成果をもとに戦国の城として復元しました。

平山　一段低いところに物見櫓《ものみやぐら》のようなものが復元されています。

千田　現状のような鎌倉時代の意匠ではなく、もっとしっかりした戦国期の櫓があったと考えたほうがよいです。柱穴からは立派な柱が整然と並んでいたのがわかります。わざわざ櫓だけを、戦国期から三〇〇年も前のデザインに復元する理由はありません。

　この山城は伊那《いな》方面へ抜けていく主要な街道を押さえる場所にあり、武田氏の動きを警戒していたことが窺えます。

平山　足助は人里離れたという印象を与えますが、当時の足助街道は美濃の恵那《えな》と信濃の伊那を結ぶ非常に重要な街道ですね。

千田　足助街道は塩を運ぶ道だと伝えられています。戦国期にはとても重要な場所でした。

平山　足助城が攻略されたことで動揺して、周辺の城も全部奪われてしまうわけですよね。足助城の先は大給《おぎゅう》、松平、阿知波《あちわ》ですから、岡崎は目前。徳川方にとって、大変なところまで武田方が来てしまったとなったでしょうね。

千田　岡崎城を支える主要な武士たちがすでに勝頼方についているとなれば、西三河は取られたことになります。

平山　家康にとって危険な状況になっています。

千田　信康《のぶやす》事件は江戸時代に家康が神君になっていく過程でタブーになっていきます。信玄も父・信虎《のぶとら》との関係が悪くなり追放しました。戦国の親子関係は難しいことが多いのですね。

平山　天正三年時点では信康は幼く事件に関与せず、母の築山殿《つきやまどの》が関与していたと推測されています。『松平記』には歩き巫女《みこ》が入り込んできて、それにより築山殿が調略されたとあります。武田氏がいつ徳川氏を攻め滅ぼすかわからない危機的な状況の中で、築山殿は自分の息子の信康を守りたいという意思があったと思います。大岡たちと武田方について信康を家康の代わりに徳川の当主とする。これで松平家の生き残りを図るというのが作戦でしたが、大岡たちのもくろみは、岡崎を乗っ取った瞬間に信康を殺すことになっていました。つまり築山殿は騙《だま》されていたのです。

結局、山田八蔵という一味の者の密告で発覚し、武田軍は岡崎近くまで来ますが、クーデターが発覚したので岡崎には向かわず、武田の軍勢は野田城の菅沼定盈《すがぬまさだみつ》を再度追放して、二連木《にれんぎ》、吉田城に攻め寄せます。このとき、野田城に菅沼定盈が戻ったといわれていますが、すでに野田城は元亀四年（天正元年、一五七三）二月に降伏、武田軍によって壊されていました。菅沼は、野田城を再建せずに近くに別の城をつ

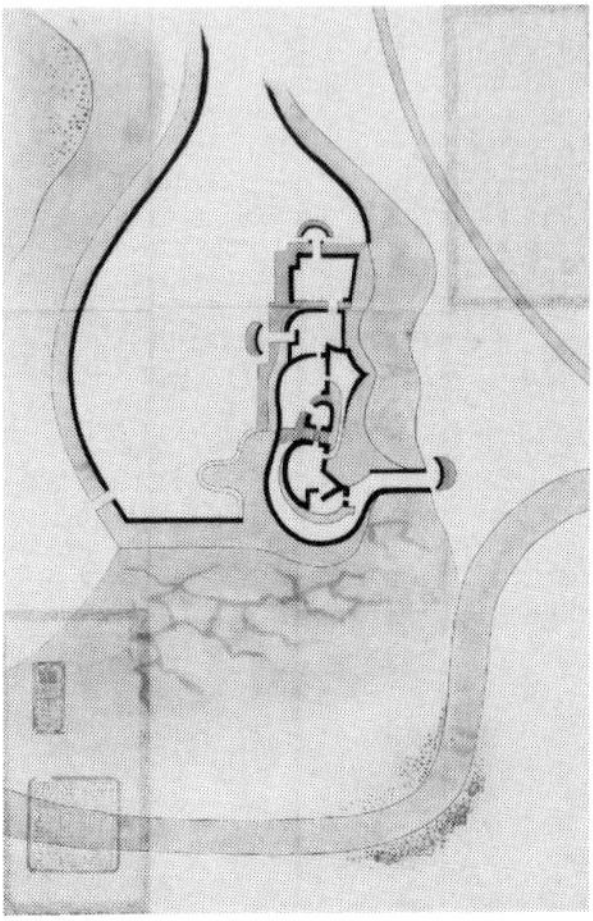
「三河設楽　浄古斎」『諸国古城之図』
（広島市立図書館浅野文庫）

くり、それが野田新城のような形で存在すると『菅沼家譜』に書いてあります。それが浄古斎《じょうこさい》城（大《おお》野田《のだ》城）です。浄古斎城のほうが野田城よりも規模が大きいですね。

千田　浄古斎は絵図も残っていて、広島の浅野文庫の『諸国古城之図』（広島市立図書館蔵）にも採録しています。浄古斎は研究上では重視されず、通説の訂正が必要ですね。長篠合戦に至る前段階の勝頼の行動についても、研究者の間で認識が不足していましたね。

武田流の城づくりが見られる長篠城

平山　その長篠合戦の舞台である長篠城は信玄が死んだ直後に家康が奪還しました。城跡は国の史跡に指定され、継続的に発掘調査が行われています。どんなことがわかってきたのでしょうか。

千田　長篠城の所在地はかつて鳳来《ほうらい》町と呼ばれ、市町村合併によって新城《しんしろ》市となりました。調査が進められたのは鳳来町のときで、一九二九年に城の中心部が国の史跡になっていました。鳳来町が史跡だったのでほぼ手つかずだった中心部の発掘調査を計画的に行った結果、絵図に描かれているように、複数の堀で囲み、守りの厳重な城であったことがわかりました。さらに本丸の出入り口にはみごとな丸馬出《まるうまだ》しが設けられていたことも判明しました。武田氏の城になったときに信玄の手が入って、前線を守る武田方の城にふさわしいものに改修された可能性もあります。家康が長篠城を奪還した後に馬出しをつくったと考えてもおかしくない。家康は武田氏の城づくりをすっかり学んでいたので、このころ武田氏の馬出しを使い始めたというのもありうるかもしれません。興味深いのは、のちに家康は城づくりに馬出しを取り入れていくことです。名古屋城、江戸城、駿府《すんぷ》城にも馬出しがあります。家康自身が武田流の城づくりを身に付けていく端緒が長篠城にあったのかもしれません。

長篠城は豊川と宇連《うれ》川の二つの川に挟まれて川が堀の役割を果たしています。背後は崖に面しています。従来から城には堀や土塁がありましたが、内陸側に向けて

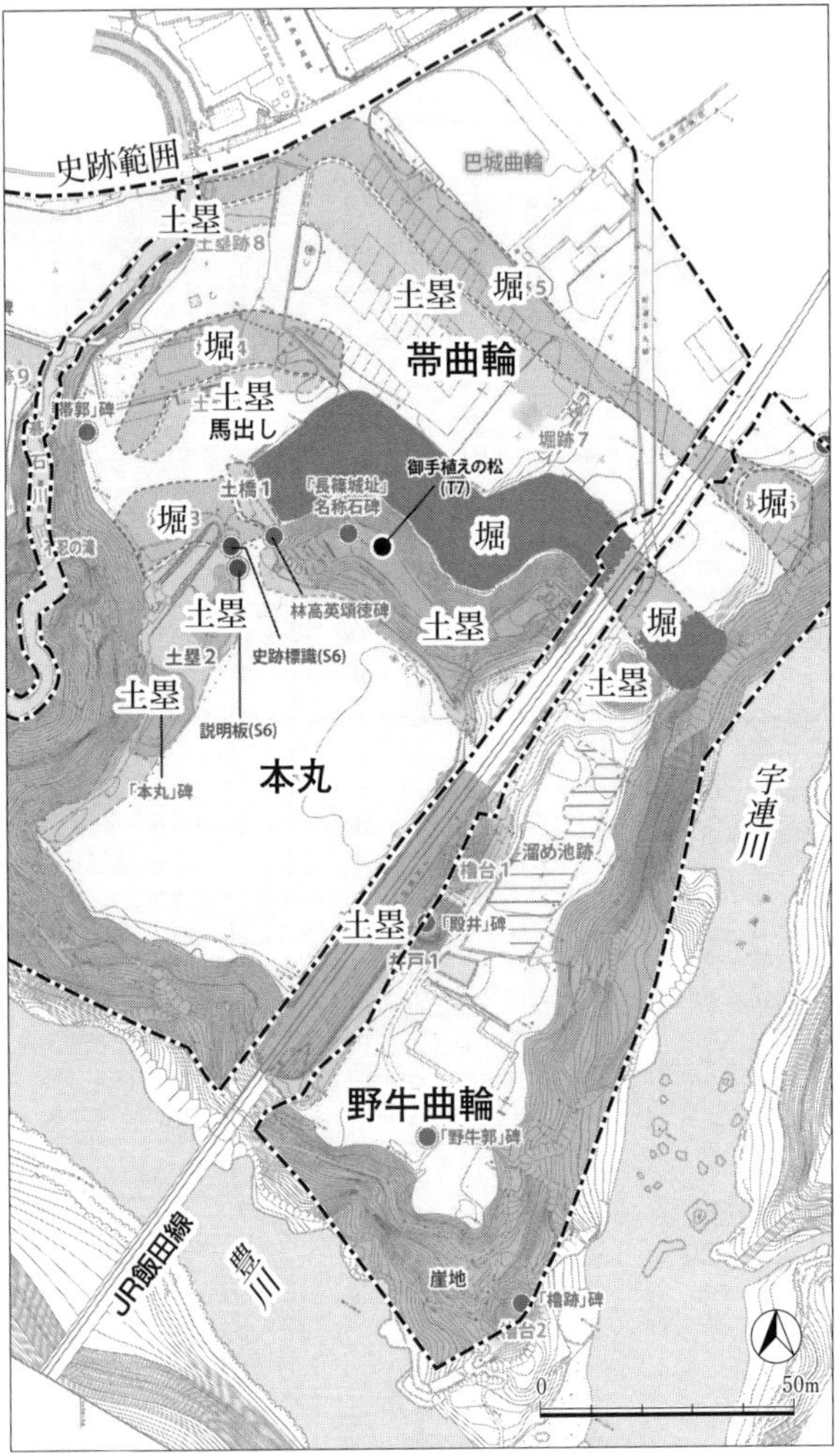

長篠城本丸の馬出し（新城市教育委員会『史跡長篠城跡保存活用計画』2020、図3-27より部分、一部改変。新城市教育委員会提供）

馬出しを設け、境目の城として強力な城となったことが見えてきます。

平山　現地は扇を広げたような形で両側に大手門跡や搦手《からめて》門跡がありますが、平らなところで堀の痕跡も土塁の痕跡もありません。

千田　外郭周辺の堀は、駐車場との境になっていて畑や草生地になっており、目視では堀の様子はわかりません。発掘調査してみると、絵図が描いた堀、しかもかなりの規模のものが検出されました。廃城後、意図的に堀を埋めた可能性もあります。絵図には、長篠城の東北方向にも川沿いに延びる何重もの堀があったと見えます。発掘調査の成果から考えて、それらの堀もあったとみていいと思います。長篠城はかなり規模が大きかったのです。

平山　具体的な姿がわかるといいですよね。

千田　長篠城はまだ考古学的な調査が終わっていません。絵図などはありますが、全体像が今ひとつ不明です。長篠合戦のとき、勝頼は城を見下ろす医王寺山《いおうじ》に本陣を置いたので、この山までは城に取り込んではいなかった。地形的には川を取り込んで強いのですが、陸つづきの北側から攻められると持ちこたえるのがつらい。実際に勝頼が攻めたときもその弱点を衝《つ》いてきます。

鉱物資源獲得も目的とした版築工法の長篠城

平山　『当代記』には、信玄が病重篤になり長篠城から撤退するとき、「三河の城」の修築を命じたとあります。これは長篠城、古宮《ふるみや》城のことだと思われます。長篠城に武田氏の手が大きく入っているのは間違いないでしょう。その後、徳川氏が長篠城を制圧し、奥平信昌がさらに改修したというのも『当代記』に見えます。近接した時期に武田氏の手、徳川氏の手が加わって、長篠城は次第に防御を強くしていったと推測されます。

千田　長篠城本丸の山側、つまり北側に向けて非常に高い土塁がよく残っています。堀も非常に深い。北側に山が迫っていて、本丸を見通されないようにと武田氏も奥平氏も修築の際に考えたのでしょう。北側から西に同じような高さの土塁がめぐっていたようですが、半分は壊されてしまい、わずかな高まりとしてしか残っていません。その残存部分の発掘調査も鳳来町時代に行っていて、基礎部分は非常に丁寧な版築《はんちく》で地業を行っていたことが、残存する土塁の痕跡からわかりました。戦国時代の大きな土塁は、とりあえず土を盛り上げてつくっている場合が多いのですが、長篠城は非常にていねいな工事をしていることがわかり、高い土塁の上に櫓など建物を載せ、その荷重も支え、北側に向けてはかなりの補強をした城として長篠合戦のときは使われてきたと思われます。武田氏と、奥平氏の改修、広くいえば徳川氏によるものかもしれませんが、両者の築城の知恵が込められていたのが長篠城だと思います。

平山　版築でていねいにつくってあるから上に重い建物が載せられるというと、JR飯田線の線路が通っているところの土台は土塁ですからね。

千田　成瀬《なるせ》家や尾張徳川家に伝わる、「長篠合戦図屏風」のイメージが非常に強いのですが、当時の建物は発掘の成果からみても瓦葺《かわらぶき》ではなく板葺だったことがわかります。ただし単純に砦みたいなものをイメージするのも間違いです。

平山　この長篠がある奥三河は山家三方衆《やまがさんぽうしゅう》の支配地で、その一員である長篠菅沼氏はずっと山の中が本拠地でした。

千田　山の中から広いところへ出て、長篠城をつくったのですよね。

平山　長篠城は設楽《したら》郡まで延びてくる信濃の山岳地帯の最も先端にあります。境目のとてもいいところを押さえました。別所街道が通り、さらに豊橋から来る信州街道がすぐ脇を通過しています。菅沼氏が岩古谷《いわこや》城にいた時代には、田はそれほど多くないのですが、森林資源が豊富なところです。材木の流通を押さえる場所として長篠城は注目されたのだと考えています。

豊川のことはよくわかりませんが、江戸時代に天竜川では木材の運搬が非常に盛んでしたから、山にいた菅沼氏が長篠まで出てきた意味は何だったかを考えるとき、川を使った木材の流通を押さえるためだったとみる必要があるのではと思います。

千田 まさに川が城眼下にあり、川の流通を押さえる抜群の場所です。

平山 山家三方衆の領国内の津具《つぐ》には金山があり、長篠城のすぐそばに睦平鉛山《むつだいらかなやま》という鉱山があり、鉛が取れます。

千田 鉛は軍事物資ですね。

平山 家康が出した文書に、菅沼の領地から鉛が出る場所が発見されたそうだが、もっとないのか探せ、と記したものが残っています。この鉛が出る場所こそ、睦平鉛山だと推定されています。そして、鉱物資源の豊富な設楽郡の出口を押さえるのが長篠城です。

千田 鉛は鉄砲の弾の製造に不可欠で、どれだけ多く保持しているかが鉄砲の戦いになったときの継戦能力につながります。いくら鉄砲があっても弾がなければ撃つことはできません。その場所をどちらがどう押さえるかが重要で、信玄にしても鉱山を着実に押さえて戦闘能力や軍事物資をキープしつつ、三河へ前進していったと考えると新しい視点で分析できます。

平山 長篠合戦も含めた奥三河をめぐる徳川氏と武田氏の争いは、実は鉱物や山林資源をめぐる争いだったのだろうと推測しています。

千田 奥三河地域には天竜川、大井川、豊川と太平洋に注ぐ河川がそれぞれあり、長篠城は海から離れた山深いところですが、川を使えば山林や鉱山の資源をすぐに流通させることができ、いわば高速道路に接しているようなものです。現代の感覚とは異なりますが、重要なポイントです。

平山 かつて長篠合戦を解説するテレビ番組に出演したとき、睦平鉛山から掘り出された鉛のサンプルと、長篠合戦の古戦場から出た鉛弾を分析、比較したら、同じ成分の鉛が出てきているのがわかりました。とても興味深い成果でした。最も長くあの地を制したのは徳川方で、睦平鉛山の鉛が徳川方の鉄砲の弾に使われたのはおそらく間違いないでしょう。

千田 家康にとっても、境目の城の確保だけでなく、城の周辺を押さえることができるかが大事だったのでしょう。ここを武田方に取られるかどうかで大きな違いが出ます。自領から鉛が産出するのと、どこかから調達して戦うのとでは天と地ほどの差があります。そうすると大岡弥四郎の謀反により岡崎が武田方となる可能性があり、それに呼応した勝頼が三河へ出てくる。岡崎城奪取はうまくいかなかったが長篠城を奪還しようとした勝頼の戦略は、土地だけでなく鉛という超重要な軍事物資を押さえようとして開戦に進んでいった意味もあったのですね。

武田氏の優れた城づくりが窺える古宮城

平山　長篠合戦を考える上で、ほかにも注目される城がいくつかありますが、武田氏の拠点となっている古宮城もそうですね。

千田　古宮城は三河の北、豊川より北側の一段高い三河高原にあります。三河高原は現在の新城市の北側の谷筋を囲み、山を越えた小さな盆地状のところに古宮城はあります。信玄の時代からの城だと思いますが、勝頼の時代にも使用された武田方の境目の城です。山全体を城とし、山の頂上で南北方向に巨大な堀切《ほりき》りを入れて、山を真二つにしています。東側を本丸とその他の主要部にし、大きな堀切りを越えた西側

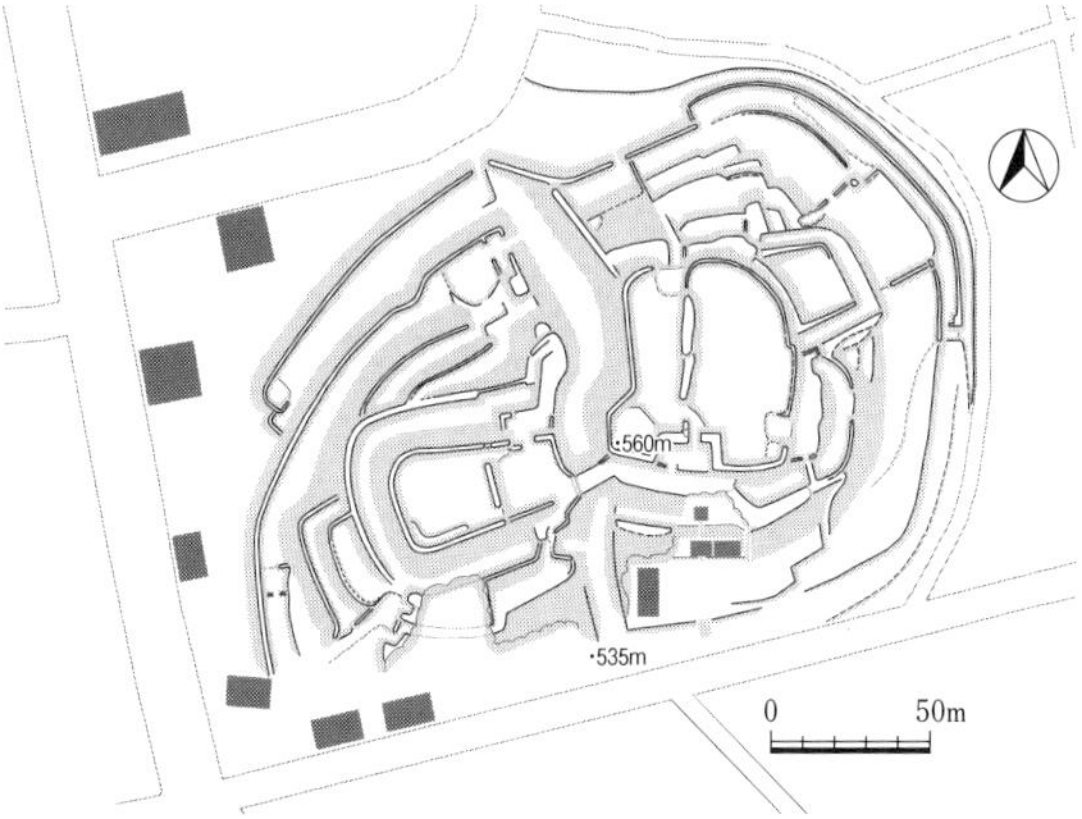

古宮城（千田嘉博作図）

に巨大な馬出しと、それに連なる曲輪《くるわ》がありま
す。山全体を囲む大きな横堀で守った、山麓の
大きな曲輪に大軍が駐屯できるようになってい
ます。武田氏の城づくりの中でも非常に優れた
もののひとつです。これまで古宮城はあまり注
目されていませんでしたが、長篠合戦に際し、
武田軍はいったんこの古宮城に入り、あるいは
戻ってきたことがわかってきました。いまや古
宮城は信玄にも勝頼にも重要な城であるという
のが研究上の認識です。古宮城から西へ山間の
道を進んでいくと、岡崎城に到達します。この
場所は武田方が単に豊川沿いの新城や豊橋の吉
田城を狙うためだけでなく、岡崎城を狙う戦略
の上でも非常に大きな意味をもっていたと思い
ます。

平山　古宮城は長篠合戦後、徳川方が手を入れた可能性が遺構の状況から指摘されていますね。

千田　長篠合戦後、武田方と徳川方との交渉で平和裡に開城し、城の形態は維持されたと思います。その後、徳川氏が接収したでしょうが、徳川氏の城として維持、あるいは改修してもあまり意味がないと考えたのではないでしょうか。長篠城を守っていた奥平信昌《おくだいらのぶまさ》は、豊川沿いに新城をつくって古宮城のそばにあった奥平氏の居城、亀《かめ》山《やま》城と合わせて整備しており、現状の遺構は基本的に武田方のもので、その後廃城になり、形が残っているとみてよいと思います。

城の改修でも攻防戦を繰り広げる武田氏と徳川氏

平山　小牧《こまき》・長久手《ながくて》合戦において、徳川方は西三河の城を改修した形跡があり、さらに天正一三年（一五八五）から一四年の秀吉との対立のときに古宮城にも手を入れたのではないかとする説があります。

千田　天正一三年に家康が領域の拠点的な城の改修を重ねていったのは、広く認められるところですが、古宮城を対象にした可能性はないと思います。西三河の山の中の城で、古宮城ほどの規模の城全体を改修したというのは、天正一三年にしたとは思えません。天正一三年に三河のいくつかの城に馬出しなどを付け加える改修を家康が行ったのは間違いありません。元来、古宮城には大きな馬出しが備えられており、その馬出しと武田流の城づくりで採用した両袖枡形を組み合わせていました。家康が命じて手を加えることができたと考えることは城の型式学的研究の視点から見てありえません。つまりは完成度の高い城が武田氏の時点ですでにできていたといえます。武田氏の城づくりの中で勝頼の時代に馬出しがかなり巨大化しています。諏《す》訪《わ》原《はら》城（静岡県島田市）は武田方がつくり、その後、徳川方が接収したもので、大きな馬出しが備えられていました。信玄の段階でも武田方は大型の馬出しをつくることができたと思われます。馬出しが非常に大きいことから、古宮城は家康が中心部を変えたとみる必要はないと思います。

平山　武田方が最前線に最新の技術を使って城をつくったり、修築したりしていく功績をどう評価するか、今後も大きな議論になるでしょうね。

千田　古宮城は発掘調査が一度も行われていませんが、発掘調査を行えば成立過程がはっきりわかるでしょう。これほどの城を国史跡にしない愛知県の無策はひどいです。

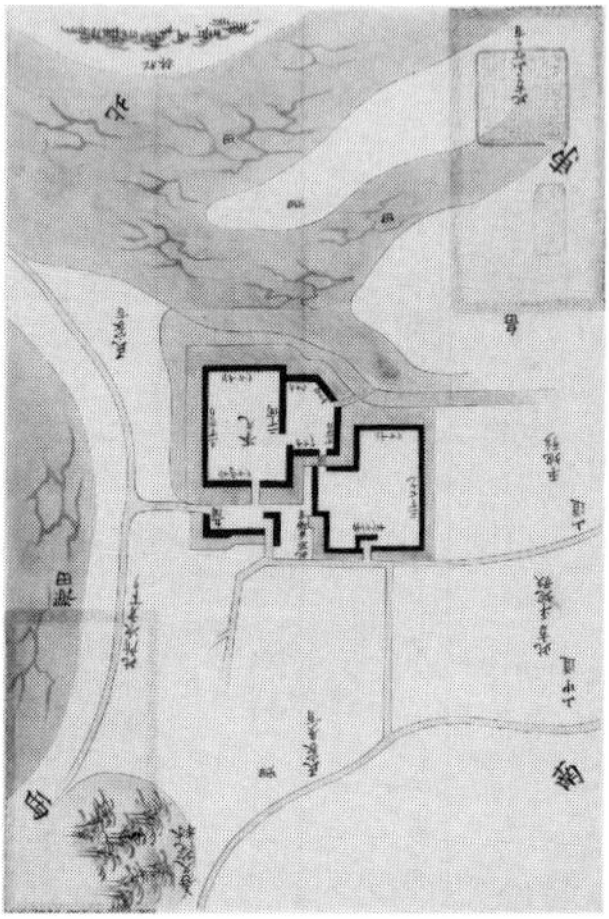

「三河渥美　二連木」『諸国古城之図』
（広島市立図書館浅野文庫）

武田氏の名城として地域の宝として活かせます。

平山　その後、足助を発した先陣が周辺の城を接収しながら作手《つくで》に向かい、勝頼は信州の諏訪からまっすぐ青《あおく》崩《ずれ》峠を越えて野田に入ってきました。勝頼は作手にいた軍勢を集め、合流して浄古斎城の菅沼氏を追い払い、そのまま吉田城に攻めかかろうとしますが、途中で二連木《にれんぎ》城が立ちはだかります。二連木城はどれほどの規模の城だったのですか。

千田　二連木城は広島の浅野文庫の『諸国古城之図』（広島市立図書館蔵）に絵図が含まれており、平城《ひらじろ》で整然とした城に描いています。規模は吉田城などに比べれば、一回り小さいですが、守りを固めた城で、武田軍でも簡単には落とせなかったと思われます。ただ、囲まれたら長く抵抗するのは難しかったでしょう。

平山　二連木城にいた戸田康長《とだやすなが》は、抵抗してのち、城から脱出しました。二連木城がもちこたえて時間稼ぎをしてくれたので、家康は浜松城から吉田城に移動することができました。家康を捕捉しようと思った勝頼でしたが、それはできなかったといわれています。

千田　家康としてみれば、吉田城に入れたのは大きかったですね。

平山　吉田城は最近盛んに発掘調査が行われています。私たちが知ることができるのは近世の吉田城ですが、戦国時代の吉田城についてはどこまでわかっているのですか。

千田　近世の吉田城を壊して、戦国の吉田城を掘るのは難しいというジレンマがありますが、近年の調査では池田輝政《てるまさ》（一五六四－一六一三）――のちに姫路城をつくる人物ですが――の時代にかなり大規模に石垣を入れて、今日の吉田城の基礎ができあがったとわかってきました。部分的に、輝政時代にさかのぼる石垣なども残っていますが、それより前の時代になると、実はあまりよくわかりません。ただ、立地についてはここで間違いないでしょう。近くの神社なども城に含んでいたとされますが、学術的には判明していません。豊川を背後の守りにして崖状になっているところに本丸を置き、東海道側の南に対して曲輪を重ねていくところは戦国期の吉田城も変わらないでしょう。本丸のすぐ北側に豊川が流れ、長篠城と同じように交通路と水運をコントロールする機能があったことがわかり、陸路と流路の接点を押さえる役割が窺えます。戦国期から、惣構えもあったと考えています。さらに長篠合戦のころにはすでにかなり栄えた城下がありました。

付城ではなく地形を利用した勝頼の戦法

平山 いよいよ天正三年（一五七五）五月二一日の長篠合戦になるのですが、鳶ヶ巣山砦《とびがすやま》を中心に、長篠城を包囲していた武田方の付城《つけじろ》がいろいろあります。私は実際に現地に赴いて、鳶ヶ巣山砦と中山砦を登って遺構を確かめました。

千田 私も歩いたことがあります。武田方がつくった砦は自分たちが逆襲されることを考えてないように感じました。長篠城を見下ろす場所に曲輪や削平段《さくへいだん》をつくって包囲する、あるいは監視するということでは完璧ですが、背後の掘切りなどを厳重に構えて、逆襲に備えることはあまり顕著ではなくて、山のいいところを取って見下ろしているという状況です。勝頼の本陣の医王寺は現在も残っており、近年は山上に展望台風の施設がつくられ、それが遺構を壊してしまったのは残念です。本陣の中

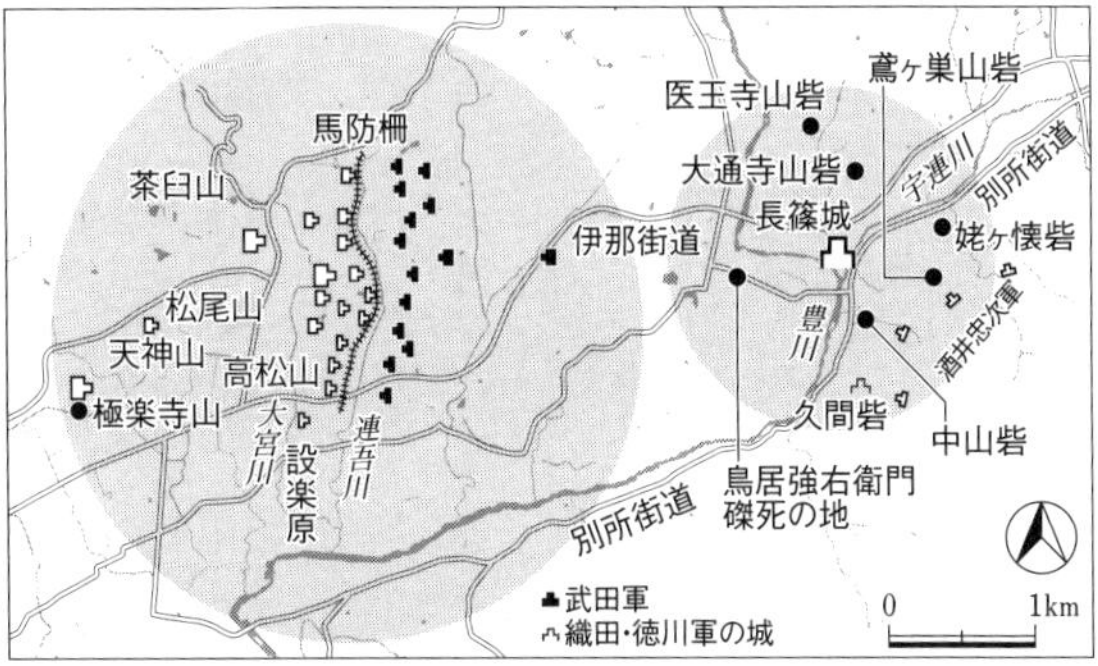

長篠・設楽原合戦の布陣

心は丘の下の寺のある部分だと思います。背後の物見の詰城を備え、堀切りもしっかり構えており、臨時の施設であるものの、総大将の本陣としての格式を保ってしっかりとつくっています。前線の砦とは違うと感じました。

平山　中山砦の全面発掘を愛知県埋蔵文化財センターのご厚意で見せていただいたことがあります。尾根を空堀で切り、ちょっとした土塁を備えているだけですね。

千田　もうそれだけですよね。

平山　砦の跡といわれていますが、本当に臨時につくりましたという感じでした。合戦時に山上に登って監視した人数は、それほど多くなかっただろうと思います。

千田　地面を整地することもなく、とりあえずこの領域を砦と設定したという感じです。いずれにしても川を挟んだ対岸側ですから、城を見下ろしてはいますが、直接、城に何かできるというところでもありません。包囲していると示す意味合いが強かったという気がします。

平山　武田方の鳶ヶ巣山砦や姥ヶ懐《うばがふところ》砦などの付城を見ると、間に遠江に続く古道がありますね。地元の人の話だと昔は宇連川を渡って長篠城のほうに行く浅瀬や渡しがあり、それを押さえるという意味もあるようです。

千田　なるほど。鳥居強右衛門《すねえもん》に川を突破されましたが、武田軍としては交通路は押さえたいところですね。

平山　付城群の真下には豊橋から来る別所街道があり、これを押さえるのも目的だったのでしょうね。

千田　城を押さえるなら、もう少し川のそばにあったほうがいいと思いますけどね。

平山　川のそばに仕寄せがあったのではないでしょうか。

千田　そのあたりも考える必要がありますね。絵図には仕寄せまでは出てこないですよね。

平山　付城の中で最も後方にあって規模が大きく、遺構が見られそうなのは鳶ヶ巣山砦だと思います。鳶ヶ巣山砦には多くの段々がありますが、どこまでが遺構なのでしょうか。

千田　うーん、よくわかりません。研究者によっても解釈が違うのです。下のほうは全部を砦とするには無理があり、山の中心部分が鳶ヶ巣山砦の実態ではないかと考えています。長篠城攻めの際に周囲に付城をつくり、医王寺の本陣もあるので、北側は完全に押さえきっている。一見、川の対岸の鳶ヶ巣山砦やその他の砦は長篠城から少し離れた山の上に置かれたように見えますが、実は長篠城の方向へつながっていく遠江からの街道を押さえる場所にある。ほかにもいくつか仕寄せなどが設けられていて、かなり厳重な交通封鎖によって長篠城は兵糧もなくなり、追い詰められていたという状況でしょうか。

平山　先に議論したように、医王寺山には勝頼の陣城《じんしろ》の跡があります。大通寺にも砦があったという説があります。医王寺に向かう途中の小高い丘にも陣城があったという説があります。

千田　武田軍が布陣したのは間違いないと思います。本陣と城との間に何もないわけないですし、包囲を完成させるには周囲の山や川を利用して、それらの地に布陣していたと思います。本格的な砦や陣としての大規模工事をしたというよりは、山の地形を利用したのでしょう。ここに勝頼の長篠城攻めの特徴があると思います。秀吉みたいに土手などをつくって完全に物理的に囲い込むやり方とは違うと思います。その方法で十分囲めると思ったからではないでしょうか。

平山　長篠城址史跡保存館の初代館長の丸山彭氏の随筆（『丸山彭遺稿集』）の中に、現在、鳥居強右衛門の碑が建っているあたりには明治まで武田方が城攻めのためにつくった仕寄せのようなマウントがあったと書かれています。

千田　絵図に描かれているものもプラスして、仕寄せなどがあったと考えると、長篠城攻めの実態がもう少し詳しく見えてきます。

平山　たぶん塹壕《ざんごう》などもあったと思うのですが。塹壕は「大坂冬の陣図屛風」には描いてありますが、ほかでは見たことがありません。仕寄せや塹壕、溝みたいなものは大坂城から見つかっているのですか。

千田　発掘では未確認ですが、戦国期の溝としているものに、本当の塹壕をすでに見つけているのかもしれません。江戸時代の大坂の絵図には築山の痕跡が出てきます。

ただ、江戸時代の地誌に、真田丸《さなだまる》の周辺は「ここの辺りは不思議に狐の抜け穴が多し」と書いてあります。そこだけ狐がたくさん住んでいたとは考えられないので、それが仕寄せの塹壕などの痕跡なのかもしれません。地誌が書かれた当時には、その痕跡が何かはわからなくなっており、狐の穴と伝わったと解釈できます。大阪市天王寺区の三光《さんこう》神社にある「真田の抜け穴」は、仕寄せの塹壕の跡ではないかと思います。

なぜ勝頼は勝ちめのない信長・家康に挑んだのか

平山 いよいよ設楽原《したらがはら》（有海原《あるみはら》）の決戦となります。

千田 今回の信長はかなりの数の援軍で駆けつけています。信長軍は二万五千とか、三万とかといわれています。家康は八千なので、連合軍は三万八千です。それに対して勝頼は一万五千ぐらい。勝頼は長篠城を押さえる軍勢を残しつつ、決戦場へ進んでいくことになったわけですが、勝頼はなぜ戦いに出たのですか。

平山 長篠合戦の最大の謎です。まったく理由がわからない。勝頼の面子《メンツ》の問題だろうと私は思っています。

千田 信長・家康連合軍が圧倒的に多い人数だとわかれば、面子もあるでしょうが、野戦で決戦とはならないと思います。信長方にも何か戦略があったのですか。もちろん数が多いので有利ではありますが。

平山　信長は兵力を少なく見せかけるために、設楽の窪地に兵の多くを隠していたと『信長公記』に出てきます。武田方からは弾正山《だんじょうやま》が邪魔になって見えないのです。勝頼ももちろん兵の数の比較をしていたでしょうが、確認できなかったとすれば武田方の索敵不足でしょうね。

千田　長篠城に向かってくる織田・徳川連合軍は、大きな平野を進んでくるのではなく豊川沿いに分散してくるので、武田方には兵の数がわかりそうに思うのですが。

平山　本当に不思議です。長篠合戦は城郭研究からいうと陣城の問題があると思います。織田・徳川連合軍は大規模に陣城を設けていて、たとえば、極楽寺山とか、弾正山とか、ものすごい勢いで野戦築城をしているとの学説があります。武田方も勝頼の本陣を中心に若干、陣城をつくっていたといわれますが。これをどう考えますか。

千田　織田・徳川方の陣城が膨大な数で何キロにもわたって続いていたとみるのは難しいと思っています。人工的な構造物の痕跡はありますが、それらはいずれも長篠合戦時の陣城だとみなさないほうがよいでしょう。武田方についても、平らになっているところや土手状の箇所がありますが、武田軍が長篠へ進出してきて、短期間に織田軍に匹敵するような陣城をつくったと考えるのは無理がある。武田方に陣城に相当するものはなかったというのが実情ではないでしょうか。

いずれにしても、この決戦の周辺には高い山はなく、丘や河川が開析《かいせき》した谷が南北に入っていて、その両脇の尾根上に延びた地形で、様々な時代に人が手を加えていました。それらをつないで、長篠の合戦のときの陣城の跡だというのは、飛躍があると思います。

平山 地元の研究団体の方々が熱心に長篠合戦の研究に取り組んでおられますが、その地元の方々もこれは明治以降の植林による整地の跡だと指摘している場所が多くあります。かつて千田さんと一緒に歩いたときに「これは、陣城のつくり方じゃないよね」と確認し合ったのが印象的でした。

千田 確かに信長は馬防柵《ばぼうさく》をつくるための木材を岐阜からもってこさせ、陣を構築する計画はあったのだろうと思いますが、地表面観察の成果を拡大解釈して、長篠合戦のイメージを変えてしまっているように思います。

平山 有名な戦いですが、史料に乏しくて、よくわからないのが現状ですね。

千田 どんな戦いだったか、わかりそうでわからないですね。

平山　馬防柵をつくるのがやっとだったのではないかと思います。

千田　南北に延びた丘陵を背にしていますから、その前面に陣を配置したことは間違いないですが、大規模な造作には至らなかったと思います。

平山　東京大学史料編纂所で編集している『大日本史料』第十編二十九、三十で長篠合戦に関する史料が集成されたのですが、それには信長の新史料も収載されています。信長方にも少なからず犠牲者が出たと史料に書いてあります。信長自身がそういうのだから相当なことだったと思います。徳川方の軍記物にも徳川軍の前面にあった三重柵は全部倒されたと書いてあります。武田方も善戦して、双方それなりの犠牲者が出たと思われます。

千田　その点でも一方的に武田方が鉄砲で撃たれ、手も足も出なくて総崩れしたという状況ではないですね。長篠合戦が鉄砲を主役にした近代的な戦いの転換点だといわれた時期もありましたが、近代対前近代という評価は当たらないし、織田・徳川連合軍が勝ちましたが、武田方の善戦があり、かなり肉薄していたと再評価する必要があります。三重柵で防御的に構えて、鉄砲で迎え撃つ織田・徳川連合軍に対して、勝頼にも戦略があったはずです。

鉄砲隊は一列が三段構えで射撃をしたのではない

平山　長篠の古戦場には何人もの戦死者の碑が立っていますが、馬防柵の近くで石碑が立っているのは土屋昌続《まさつぐ》と甘利《あまり》信康《のぶやす》の二人だけです。このうち甘利信康は武田軍の足軽大将で鉄砲衆です。長篠合戦の直後に勝頼が新しい軍法を出すのですが、その中に鉄砲はたくさん用意しろ、弾は一挺《ちょう》あたり三百発用意しろと書いてあります。今までの武田氏の軍法では弾を何発用意しろと指定した文書は一切ありません。そのくらいは用意しろというのは、武田方にも鉄砲はあったが、早い段階で弾が尽き、しかし敵方はずっと撃ち続けられたのではと考えています。

千田　勝頼にしてみれば、織田・徳川連合軍が鉄砲を撃ってくることは織り込み済みで、しばらく戦ううちに相手の鉄砲は撃ち尽くしてしまい、激突になれば勝てるという思いもあったのでしょうね。

平山　そう考えています。『信長公記』の尊経閣《そんけいかく》文庫所蔵の写本には、鉄砲衆に対して、弓の人びとも加わり、鉄砲衆だけだと弾込めのときに突っ込まれてしまうので、それを援護するため弓も必要になったと記されています。これまでいわれてきたよう

千田　な、一方的な戦局ではなかったと思います。

平山　長篠合戦では、いわゆる三段撃ちについても諸説あります。三段を三列射撃だと解釈した時点で間違っているのです。そもそも「段」に「列」という意味はありません。『信長公記』に「段」と書いてある部分は、部隊の数え方なのです。三段とは、実は鉄砲衆三部隊のことで、三部隊の鉄砲衆が弓の支援を受けながら、弾込めが終わった段階で物頭《ものがしら》、つまり指揮官の命により射撃していたのです。武田方も同じで、二五人か三〇人につき一人の物頭がいるのです。だからドラマなどで見る、一列の鉄砲隊が三段構えになって「構え、撃て」というのではなかったと思います。

千田　そもそも敵が射程範囲内にいなければ、撃っても仕方がないのです。

平山　いくつかのグループごとに、ランダムに射撃をしていたと思います。

千田　そう捉えるのが合理的です。

　そして織田・徳川の連合軍にすれば、記録にあるように馬防柵や三重柵まで突破されそうな、ギリギリのところまで武田軍が攻め込んできたと感じていたとわかります。徳川美術館蔵「長篠合戦屏風図」を見ると、雄大な谷を挟んで戦っているように描いていますが、実際に現地に行ってみると、谷を挟んでも相手の顔がわかるぐらいの距離感です。

平山 家康や信長の姿や顔が見えたはずですよ。家康が陣を構えた古墳の上からは、山県《やまがた》氏の陣地がよく見えます。顔もわかると思います。

千田 長篠合戦は結局、武田方は人が減り、退却せざるをえなくなりますが、勝頼の退却戦もなかなか壮絶です。

信玄の後継者として意地を見せようとした勝頼

平山 勝頼の家臣たちがみんな立ち塞《ふさ》がって殿《しんがり》として戦うのですが、戦死した有名な武将たちの石碑を見ると、馬防柵に近いところで死んでいるのは二人だけで、残りはみんな退却路上です。

千田 いわゆる決戦場とは遠く離れたところに戦死の碑が立っています。これまでの長篠合戦のイメージでは、決戦場でつぎつぎと武田方の名だたる武将が鉄砲に撃たれて命を落としたとしてきましたが、そうではないのです。決戦の前に、これで武田方は滅ぶからと重臣たちが別れの挨拶をしたといいますが、勝頼を何とか生き延びさせようとして、重臣たちが身を挺し、身代わりになって、織田・徳川連合軍の猛追を食い止めていた。これを見ると、勝頼はそれほど嫌われていなかったと感じます。

平山　確かにそのとおりです。

千田　決戦を前にして、こんな若い殿様の下で戦うと武田氏は滅ぶという話は『甲陽軍鑑』にあるのですか。

平山　ないですね。なぜ、勝頼が織田・徳川連合軍に向かっていったか、謎なのです。決断の背景に何があったのか。

千田　どう考えても織田・徳川連合軍のほうが数で勝る状況で、いくら偵察に失敗したとはいえ、それなりの人数だと想定できますから、打って出るのがよかったかどうか。長篠城を攻め落としてしまえば、長篠城を後方の陣地として使い、全面展開するという布陣はありうると思います。長篠城を落としきれていない状況で戦いに出るのはよい作戦とは思えないです。鳶ヶ巣山砦がまず先に落とされましたが、そうなったから決戦せざるをえなくなったというのはあるのでしょうか。

平山　軍事を専門にしている人たちに聞くと鳶ヶ巣山砦などを攻略され、背後を塞がれたので、敵に攻めかかって勝利する以外に勝ちの目がなくなったといわれますね。

千田 納得いかないですね。長篠城を解放するのが大きな目的だったので、包囲している砦を先に落とすというのはありえます。大きな流れでいえば、武田軍の退路を断つことにはなったと思いますが、だからといって、決戦の場へ進んでいく必要はないようには思います。

平山 天正三年末の段階で、長篠合戦の敗戦によって、圧倒的優位を誇っていた武田氏の戦線が、一気に崩壊を始め、特に三河を失陥し、結果的には遠江は高天神城《たかてんじん》、相良《さがら》城、滝堺《たきさかい》城、そして小山《こやま》城しか生き残りません。とはいえその後、天正九年の高天神城落城までこのままの状況で推移します。武田氏は北条氏との同盟が切れるまで家康に領土の失陥を許さないのです。

千田 一般には長篠合戦の敗北で武田氏はガタガタになったといわれますが、守勢には回るものの、実はあまり崩れていないのですね。驚きです。

平山 有能な指揮官クラスが上から下まで亡くなってしまったのは大きかったでしょう。しかし、その年の秋には兵の数が回復しています。

千田 一万数千人近く集めていますよね。そういう意味では長篠合戦一発で武田氏が崩壊したという見方は正しくない。勝頼は信玄の後継者であったけれど武田氏本来の後継者ではないこともあり、なかなか大変な状況で当主をやっていたように思います。その後、武田氏は滅亡していくわけですが、信玄からの権力移譲の遅れが勝頼の戦い方に影響していたのではないですか。

平山　勝頼は名前に「信」の字がついていない、たった一人の息子です。勝頼は諏方《すわ》家の後継者です。ところが、嫡男の義信《よしのぶ》が廃嫡されて亡くなり、次男の竜宝《りゅうほう》は盲目でした。勝頼は年ごろでもあり、信玄の後継者として、いきなり跡取りに指名されるのです。父親の家臣たちとの関係が築けないうちに父・信玄が死んでしまう。勝頼が諏方家から武田氏になって父親が死ぬまで二年半ぐらいしかありません。家督を引き継ぐのは非常に難しく、信玄の息子ではあるが諏方家の人間として後継者になる可能性はないとみられていた人が当主になってしまった。信玄が長生きして家臣たちと意思疎通とか関係性をサポートしてくれる時間があれば、権力の移譲はそれほど難しくなかったかもしれません。しかしそれがいきなり断ち切られた段階で勝頼は家臣たちに対してどう求心力を高めていくかとなったときに、自分は諏方の人間ではなくて、武田の人間、信玄の後継者である、武田の「お館様」としてふさわしい人間とみられるためには、実績を出し続けるしかない。それで戦に勝ち続けるしかないと考えていたと思います。

千田　信玄は亡くなるときまで、権限は自分が握って勝頼には移譲せず、勝頼は次の当主としての準備はほぼできていなかったですよね。

平山　嫡男の義信の存命中でも同じなのです。上杉謙信も同じです。信玄も謙信も自分だけでできると思い、実際、できてしまうのです。だから一部を後継者に任せて訓練しようという意識がほぼ出てこないのでしょうね。家康も晩年、やっと後継者教育ができるようになりましたが、うまく代替わりできたのは北条氏の五代ぐらいじゃないですか。

千田　戦国一の名将といわれる武田信玄ですが、自分よりもできる人はまわりにいないし、自分の息子たちを見れば、経験は劣り、まだ思慮深さもないとなると、自分が領国経営を続けたほうがうまくいくと考えてしまったのですね。勝頼はそういう状況で急に当主を任され、困惑したと思います。親の代から戦っていた徳川氏や織田氏から勝利を上げることこそが実績となり、いよいよ信長が長篠に現れたら、ここで決着つけてやる、となるのもわかります。

平山　長篠合戦での勝頼の敗戦は、そういう焦りから来る判断ミスだったという気がします。

千田　それでも、敗戦でガタッと大崩れせずにもちなおし、その後何年も体制を維持し続けたというのは、勝頼が優れた武将だったのを証明しています。条件が整い信玄から勝頼への代替わりが成功していれば武田氏の歴史や、その後の展開が変わった可能性がありますね。

平山　全然違ったものになったでしょうね。

千田　勝頼のもっていた強さと弱さが同時に長篠合戦につながっていたということですね。

6章　天正壬午の乱と徳川・北条の城

信長の死と天下のゆくえ

武田氏滅亡と本能寺の変

天正一〇年(一五八二)は、戦国史の転換点になった一年である。まず三月一一日、甲斐・信濃・上野《こうずけ》(新田《にった》・邑楽《おうらく》郡を除く)・駿河と遠江、飛驒、越後の一部を支配していた武田勝頼《かつより》は、織田・徳川・北条連合軍の侵攻により滅亡した。織田氏は武田一族や重臣層、甲斐国衆の当主らを相次いで処刑し、武田領国の分割(知行割)を実施した。その結果、河尻秀隆《かわじりひでたか》(甲斐〈穴山梅雪《あなやまばいせつ》知行分を除く〉、信濃諏方《すわ》郡)、毛利長秀(信濃伊那《いな》郡)、森長可《もりながよし》(信濃高井・水内《みのち》・更級《さらしな》・埴科《はにしな》郡)、木曽義昌《きそよしまさ》(信濃木曽郡安堵、筑摩《ちくま》・安曇《あずみ》郡加増)、穴山梅雪(甲斐河内《かわうち》領安堵)、徳川家康(駿河)、滝川一益《かずます》(上野国、信濃佐久《さく》・小県《ちいさがた》郡、関東取次役)となり、織田政権は東国進出を果たし、北条氏もこれに従属する姿勢を示したのである。信長は、武田氏を滅ぼした威信を背景に、会津《あいづ》葦名《あしな》・奥州伊達《だて》氏などにも影響力を与え、関東・奥州の統一を次第に現実のものとしつつあったのである。

ところが、その三カ月後の六月二日、本能寺の変が勃発し、信長・信忠《のぶただ》父子が横死した。

その結果、とりわけ旧武田領国は大混乱に陥った。織田軍の攻勢で、滅亡寸前まで追い詰められていた越後上杉景勝《かげかつ》は、いち早く北信濃に侵攻を開始した。また、信長に押さえつけられ不満を抱いていた北条氏政《うじまさ》も、織田との同盟を事実上破棄し、上野国の滝川一益攻撃に踏み切った。さらに、伊賀越えで命からがら三河に帰国を果たした家康は、明智光秀を討滅し、清須《きよす》会議を主導した羽柴秀吉、そして柴田勝家ら織田家宿老《しゅくろう》衆の許可と合意のもと、甲斐・信濃の計略に着手した。かくて、旧武田領国をめぐる争乱（天正壬午《じんご》の乱）が勃発したのである。

上杉景勝の南下と北条氏直の上野・信濃侵攻

武田遺領の支配を開始した河尻、毛利、森、滝川、木曽らは、信長横死を知った各地の国衆、一揆の蜂起や、上杉氏、北条氏の攻勢に直面した。このうち、森、毛利、滝川は任地を放棄して本国に逃げ帰ることができたが、河尻は、六月一八日、甲斐の一揆勢に殺害された。また、木曽も筑摩・安曇郡を維持できず、本領に帰還している。

織田家臣の多くは、信濃・上野を脱出する際に、各地の国衆の人質を確保して、本国を目指した。その結果、美濃に最も近く、中山道が通る場所に本領があった木曽義昌のもとには、彼らが同行させた信濃各地の国衆の人質が集まることになったのである。義昌は、この人質を入手することと引き換えに、織田家臣らに領内の通行を許したのであった。

上杉景勝は、北信濃の諸将を取り込み、川中島四郡をほぼ従えると、上杉家に匿《かくま》っていた小笠原洞雪斎《どうせつさい》（武田信玄に追放された信濃守護小笠原長時の弟）を擁立し、深志《ふかし》城と筑摩・安曇郡（小笠原氏旧領）の簒奪《さんだつ》を成功させ、木曽義昌を本領に追いやった。

一方、北条氏直《うじなお》は滝川一益を放逐すると上野国の諸将を従え、大軍を率いて信濃に侵攻。佐久・小県郡の諸士を続々と従属させた。しかしただ一人、依田信蕃《よだのぶしげ》だけは徳川家康に従属することを選択し（信蕃は武田氏滅亡後、家康に匿われていた経緯がある）、北条軍の攻撃を一身に受けながらも、三澤小屋に籠城して徳川軍の来援を待つこととなる。

北信濃と西信濃を制圧した上杉氏と、東信濃を制圧した北条氏は、川中島で対峙したが、結局、決戦は不発に終わった。北条氏直が、士気が旺盛な上杉軍との決戦を回避し、甲斐制圧に転進する決断を下したからである。このとき氏直は、上杉軍への押さえとして、真《さな》田昌幸《だまさゆき》を本領に残留させた。

一方の上杉景勝は、織田信長と結んで天正九年（一五八一）以来、叛乱を起こしていた新発田重家《しばたしげいえ》の活動が活発化してきたとの知らせを受け、信濃での作戦を切り上げ、越後へ帰還した。これ以後、景勝はしばらくの間、信濃へ出陣することができなくなる。このため信濃における上杉・北条両氏の影響力は低下することとなった。

家康の甲斐・信濃計略

家康は、甲斐・信濃侵攻を前に、秘かに匿っていた武田遺臣や国衆の当主らを本領に帰還させ、地域の武士を徳川方の味方にするよう指示した。その結果、信濃国伊那郡では、下条頼安《しもじょうよりやす》が伊那衆の調略、また依田信蕃も同佐久郡に帰還して地域の国衆を味方に付けることに成功した。また、甲斐では都留《つる》郡を除く地域の武士らは、徳川方に味方する者が多数を占めた。

こうした成果を待ち、家康は七月八日、甲斐に進出した。徳川方は、穴山衆らとともに、甲府盆地の各地で北条氏に味方していた土豪らを殲滅《せんめつ》し、家康は甲府に在陣、大久保忠世《ただよ》ら七軍（七手衆）を諏方に派遣した。また、重臣酒井《さかい》忠次《ただつぐ》は、三河から信濃国伊那に進出し、下条頼安の案内で、小笠原貞慶《さだよし》（長時の息子、洞雪斎の甥）らとともに北上し、伊那郡全域の制圧に成功した。その後、貞慶は筑摩・安曇郡の奪取に向けて進み、酒井・下条らは諏方に進んで、七手衆と合流し、高島城に入り独立を回復した諏方頼忠《よりただ》の説得に努めた。

貞慶は、小笠原旧臣の支持を受け、叔父洞雪斎を深志城から追放し、本領回復を達成した。ところが、同行していた奥平信昌《おくだいらのぶまさ》（家康の娘婿）に不信感を抱き、徳川方に成果を奪われるのではないかと疑い、徳川方から北条方へと転じてしまった。貞慶の離叛を受け、小笠原一族で伊那郡箕輪《みのわ》（福与《ふくよ》）城主だった藤沢頼親《よりちか》も徳川方から北条方に転じてしまった。

また、諏方頼忠も、優勢な北条方に味方することを選択し、徳川軍と戦闘状態に突入した。これを知った北条氏直は、大軍を率いて諏方に進み、徳川軍の殲滅を目論《もくろ》んだのである。驚いた酒井、下条、七手衆らは、酒井、七手衆が甲斐に後退して家康本隊と合流し、下条、奥平は伊那飯田城に撤退して、それぞれ北条方と戦うこととなった。

徳川・北条の戦い

北条氏直の大軍は、八月六日、甲斐の北部に侵攻し、本陣を若神子《わかみこ》城（山梨県北杜《ほくと》市）に置いた。北条軍は若神子を中心に七里岩《しちりいわ》台地上の各地に点在する城砦《じょうさい》に陣を敷いた。これに対して徳川軍は、武田勝頼が最後に築いた新府《しんぷ》城と能見《のうけん》城（韮崎《にらさき》市）を中心に、北条軍の進路を塞《ふさ》ぐ場所に所在する城砦を押さえ、敵の侵攻に備えた。だが北条軍は二万（一説に四万)、徳川軍はわずか八千ほどで兵力差は歴然であった。しかも北条方は、都留郡全域を制圧しており、岩殿《いわとの》城、笹子《ささご》峠、御坂《みさか》城などの要所を押さえ、徳川方の背後を狙っていたのである。家康は、前後に敵を抱える危険な状況下にあった。

このとき、甲斐の各地にある城砦は、徳川・北条両軍による改修が行われたと推定されている。

数では圧倒的に劣る徳川方であったが、家康は、地の利を知悉《ちしつ》している武田遺臣を積極的に作戦に投入し、獅子吼《ししく》城(江草小屋)、小尾《おび》小屋(和田の狼煙台《のろしだい》)などを攻略して北条軍の補給路を遮断させ、さらに信濃佐久郡に進んで孤軍奮闘を続けていた依田信蕃と合流させた。

焦った氏直は、八月一二日に徳川軍の背後に布陣する御坂城の北条氏忠《うじただ》ら一万人に甲府侵攻を命じたが、氏忠軍は、徳川方の鳥居元忠《とりいもとただ》らに撃破され、ほうほうの体《てい》で御坂城に逃げ帰った(黒駒《くろこま》合戦)。その後も北条軍は、笹子峠の北条軍が大野砦を、都留郡の北条軍が本栖《もとす》城を、伊豆山中城の北条軍が沼津三枚橋城を、それぞれ攻撃したが、いずれも徳川軍に撃退され、次第に打つ手がなくなっていった。

天正壬午の乱の終結

情勢が次第に有利となった徳川方は、北条軍の戦闘継続能力を奪うべく、信濃の補給路遮断を画策する。その決め手として、家康は、真田昌幸への調略を計画、依田信蕃と加津《かづ》野《の》昌春《まさはる》（昌幸の実弟）を通じて徳川方に寝返るよう誘いをかけた。

北条方に身を置いていた昌幸ではあったが、彼は混乱のなか、実に落ち着いて情勢に対応し、織田氏に奪われていた上野国吾妻《あがつま》郡（岩櫃《いわびつ》城など）と利根《とね》郡（沼田城）などを自力で回復することに成功していた。

だが昌幸は、関東の要所である岩櫃城や沼田城を、北条氏が黙って真田氏に安堵することはないと考えていたようだ。混乱が収まれば、昌幸は間違いなく北条氏の脅威に直面することになることを十分に承知していた。

そこで、吾妻・利根郡の仕《し》置《おき》と軍勢の配備がほぼ完了したところで、家康の誘いに応じ、一〇月中旬、北条方から離叛したのである。この結果、真田軍は依田信蕃らとともに佐久・小県郡の北条方をつぎつぎに撃破し、碓氷《うすい》峠を封鎖して、北条軍の補給路遮断を成し遂げた。この結果、兵糧に窮した氏直は作戦の続行をあきらめ、一〇月二九日に家康と和睦、同盟することで合意した。

このとき、家康と氏直は、①北条氏は占領していた甲斐国都留郡と信濃国佐久郡を徳川方に渡す、②徳川氏は、北条氏の上野国領有を認め、真田昌幸が保持する沼田・吾妻領を引き渡す、③北条氏直の正室に、家康息女督姫《とくひめ》を輿入《こしい》れさせ、両氏は同盟を締結する、との条件で同盟を結ぶこととなった。こうして武田遺領をめぐる争奪戦は終結した。

だが、この天正壬午の乱は、様々な禍根を残した。まず、信濃では徳川方への従属を肯《がえ》んじない武士がなおも佐久・小県郡で抵抗を続け、戦乱は翌年以降も断続的に続く。また、小笠原貞慶、藤沢頼親、諏方頼忠らも徳川方と断交したままであり、彼らをどのように徳川氏に帰属させるかも家康の課題として残された。

また、家康が北条氏と同盟を結んだことで、上杉氏は家康を警戒、敵視することとなり、まもなく対立関係にまで至る。そして最大の問題となったのが、真田昌幸の処遇であった。北条軍との戦いを優位に進め得たのは、昌幸の帰属と活躍があったればこそであった。その昌幸に、上野国の所領を北条氏に明け渡すよう説得することは困難であった。

のちに家康は昌幸の説得に失敗し、合戦を交えるなど宿怨の間柄となり対立を深めていくのである。

以上のような天正壬午の乱が残した禍根は、ついに秀吉の天下統一が達成されるまで収まることはなかった。

（平山　優）

対談・6章　天正壬午の乱と徳川・北条の城

対談でめざしたこと――

　武田勝頼《かつより》が滅亡し、織田信長が本能寺の変で横死した天正一〇年（一五八二）は、戦国史でもまれにみる激動の年となった。信長死後、旧武田領国をめぐって、上杉景勝《かげかつ》・北条氏直《うじなお》・徳川家康が激しく争ったのが、天正壬午《じんご》の乱である。

　この争乱は、甲斐・信濃・上野・駿河が舞台となった。各地の国衆は、外から攻め込んできた三大名に、味方したり、敵対したり、あるいは離叛したりと、めまぐるしく立場を変えながら、生き残りを図ろうともがく。そのため、三大名もこうした国衆への対応に苦慮し、戦局の変動に直面する。

　こうした争乱の特徴を踏まえつつ、寡兵の家康がなぜ北条の大軍とまともに戦うことが可能であったかを、戦場となった新府《しんぷ》城、能見《のうけん》城をはじめ、勝頼が築いた城の特徴と有効性を踏まえて議論が進む。また、甲斐に残る、北条氏による城改修の痕跡にも話題が及び、最後は、真田昌幸の居城として知られる上田城が、なぜ築かれたのかについても言及する。

信長の死によって起こった織田領の混乱

千田　天正壬午の乱は平山さんの専門中の専門ですね。

平山　天正壬午の乱と名付けた張本人でもあります（平山優　二〇一五『天正壬午の乱増補改訂版』、初版は二〇一一年）。

千田　学界でも用語としてすっかり定着しました。

平山　織田信長が武田勝頼《かつより》を滅ぼし、武田領を飲み込んで織田氏の勢力が東国に拡大しました。当時、小田原の北条氏は信長・家康と同盟を結び、従属の意向を示していたこともあって、関東は信長の従属下に置かれます。北関東、東北の伊達氏や安東氏も織田氏に通好しようという動きが出ていたので、関東、東北は戦わずして平定の方向に進みつつありました。その結果、織田氏の当面の敵は上杉景勝《かげかつ》だけということになるのです。

　ところが、信長が本能寺の変で亡くなって上杉景勝の勢力が復活し、旧武田領、つまり新織田領に北から攻め込んでくるのです。北条氏は武田氏滅亡後の論功行賞と国割から締め出されたこともあって、織田氏や家康と手を切り、攻め込んできます。関東から信濃を経由して甲斐に侵攻します。徳川家康は、羽柴秀吉、柴田勝家ら織田氏の宿老衆《しゅくろう》たちの承認のもと、東の新織田領を防衛するために甲斐、信濃に出陣。北条・上杉氏と徳川氏の戦いになったというわけです。

東の織田領争乱の天正壬午の乱に続いて、西では天正一一年（一五八三）の賤《しず》ヶ岳《が たけ》の戦いが起こります。天正一〇年という点で見れば、山崎の戦いと明智の滅亡となりますが、大枠で、東西の局面から織田領の混乱という視点が必要だと思います。信長が倒れたのはあまりにも急で、織田氏の権力継承の態勢が整ってない状況でした。

千田

平山 甲斐と駿河、信濃、上野の違いを見ましょう。甲斐は武田氏の国衆が穴山梅雪《あなやまばいせつ》を除いてほぼ壊滅してしまいます。地域の核になる領主は不在となり土豪たちが統合されることなく残っている状況です。それに対して武田側に占領された経緯がある信濃、駿河、西上野では国衆たちは、ほぼ無傷で残っていました。一部、庵原《いはら》郡の朝比奈《あさひな》信置《のぶおき》や岡部正綱《まさつな》は信長に殺されたり、追放されたりしていますが、その他はほぼ無傷です。地域の核になる国衆が残っていて、徳川氏につくか、北条氏につくか、上杉氏につくかで合従連衡《がっしょうれんこう》が始まるのです。

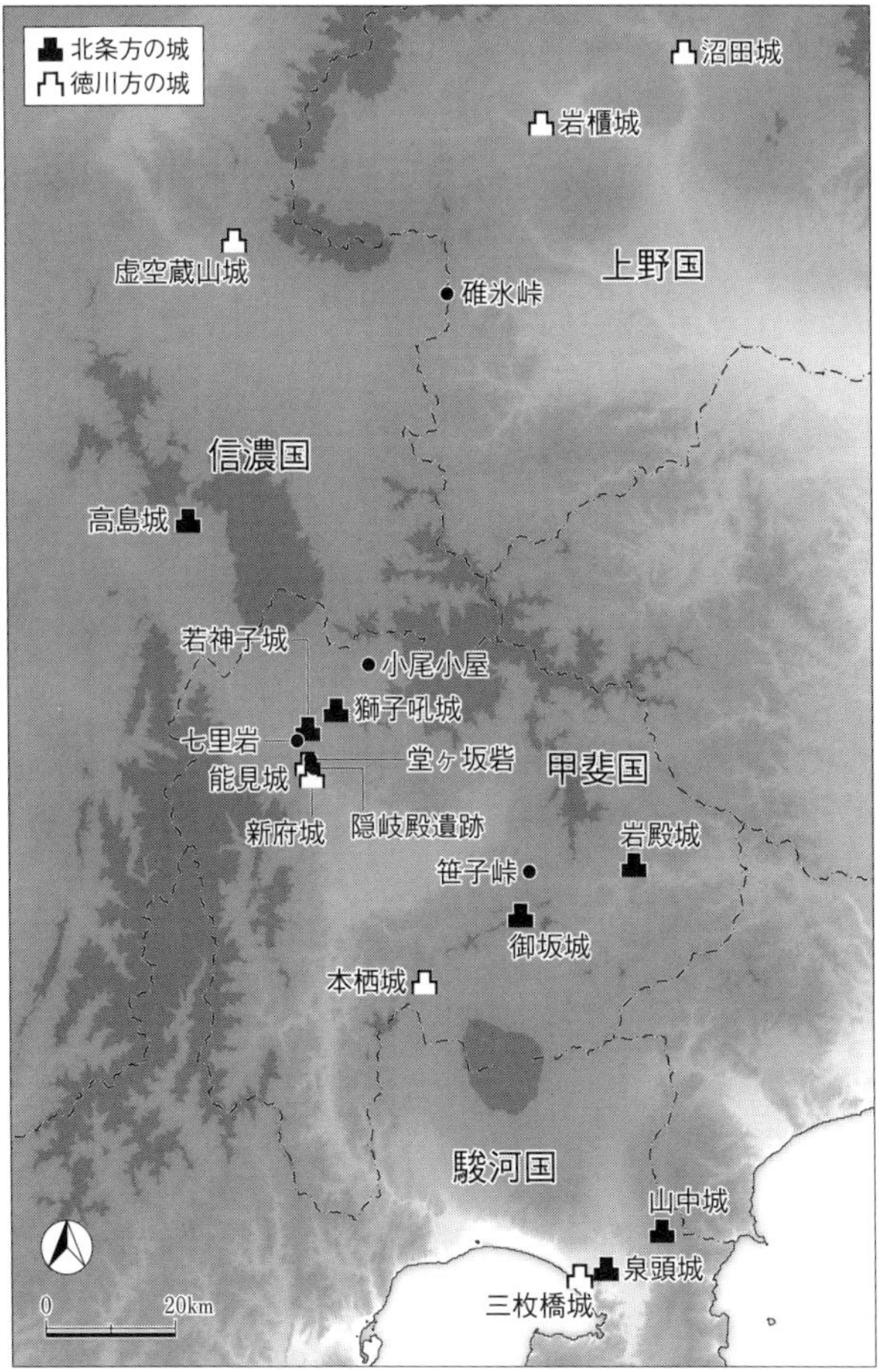

天正壬午の乱諸城位置関係図

千田　家康にとって試練であったし、地域の領主たちにとっても究極の選択ということですね。

平山　甲斐・駿河・信濃・上野の城郭の跡を見る上で注意すべきは、天正壬午の乱で改修の手が入っている可能性があることです。特に甲斐国内の城の遺構は純粋に武田氏の時代の縄張《なわば》りとは限りません。徳川方と北条方が手を入れている可能性が高いのです。代表的な例をあげれば、徳川方が入った山梨県韮崎《にらさき》市の能見《のうけん》城や新府《しんぷ》城、北条方が入った山梨県北杜《ほくと》市の若神子《わかみこ》城と山梨県笛吹《ふえふき》市の御坂《みさか》城です。このあたりをどう評価していくかが研究上の課題です。

千田　城郭研究の面からは、勝頼没後に武田氏が滅亡して以後、城の改修は凍結されたとみなしたために、現状の城跡から武田氏の城づくりはこうだとの認識が長く続きました。

平山　研究が進展しないのは、武田氏の滅亡から天正壬午の乱が終結するまでの約半年間、どこまでが武田氏で、どこからが徳川氏、あるいは北条氏による改修なのかが不明なためです。新府城跡の発掘調査が行われていますが、勝頼の造作なのか、徳川方の改修なのかを判断するのは難しいと聞いています。

千田　六カ月ぐらいの差はもちろん、一年、二年の時間差でも、純粋な考古学の方法だけで誰が城を改修したかを見極めるのは非常に難しい。曲輪内で見つかる火災の痕跡をある合戦に結びつけて、この火災は勝頼のときに起こったと推定し、その後につくり直した構造物だから、徳川方のものだとか、北条方によるものだとか、解釈は可能ですが、火災は合戦以外でも起きますからね。共伴した土器の編年などで一年、二年差や半年差の区別がつくかといわれたら、それでは難しい場合が多い。平山さんも携帯電話を毎年買い替えないでしょ。戦国時代の武将も毎年、お茶碗を買い替えない。だから遺物の年代＝城の改修年代と考えてはいけないのです。

平山　特徴的な土器や瓦などがほかの地域からもちこまれた場合は、区別がつく可能性はあります。たとえば新府の城下町がどこまでできていたかという議論がありますが、新府城のすぐそばに、隠岐殿《おきどの》という小字があり、道路建設時の発掘調査で武家屋敷が出てきました。隠岐殿屋敷、隠岐殿遺跡などと呼ばれていますが、隠岐殿は真田《さなだ》昌幸《まさゆき》の弟の真田隠岐守信尹《のぶただ》の呼び名と一致するところから、真田信尹の屋敷跡ではないかといわれています。さらに焼けた跡があり、出土したかわらけは信州系のものので、上田地域で出てくる土器の特徴が表れています。であるので、真田信尹の屋敷跡と推定されています。

千田　土器（かわらけ／はじざら）はその地域の特徴が出ますから、わかりやすいですね。

躑躅ヶ崎の館を意識した勝頼の新府城

平山　問題は新府城本体や能見城をどう考えるかです。代表的な城を取り上げながら家康の作戦や北条氏の作戦を考えてみましょう。

新府城の本丸は発掘調査が続けられ、新たな発見がありました。二〇二〇年のことかと思いますが、本丸の北の入り口を発掘したら門の礎石が出ました。一帯には焼けた痕跡があって、その上に土盛りしたことがわかりました。

私はかつて新府城には家康の手が入っており、どうやら勝頼時代のものはすべて焼け跡として崖下に落として片付けられ、何も残っていないのではと思っていました。ですが、発掘現場を見たとき、土を盛った下に勝頼時代の遺構がパッケージされているようだと感じました。さらに本丸からは築地《ついじ》の跡が出ています。

千田　奇跡的な発見ですね。土盛りをしてくれたことで、徳川氏の手が入った時期と勝頼の時代が見分けられるというのは。ところで勝頼は新府城移転の際は頑張りましたね。

平山　勝頼は信州諏訪《すわ》方面から甲斐に向かって敵が攻め込んでくる可能性を想定して、七《しち》里岩《りいわ》の台地の端に新府城をつくりました。さらに北西側を仕切るように能見の山があり、これを利用した能見城を築城し、大軍の来襲を抑える。この作戦が非常に有効だったと敵であった家康が証明することになります。家康の新府城の再利用はどの程度だと考えていますか。

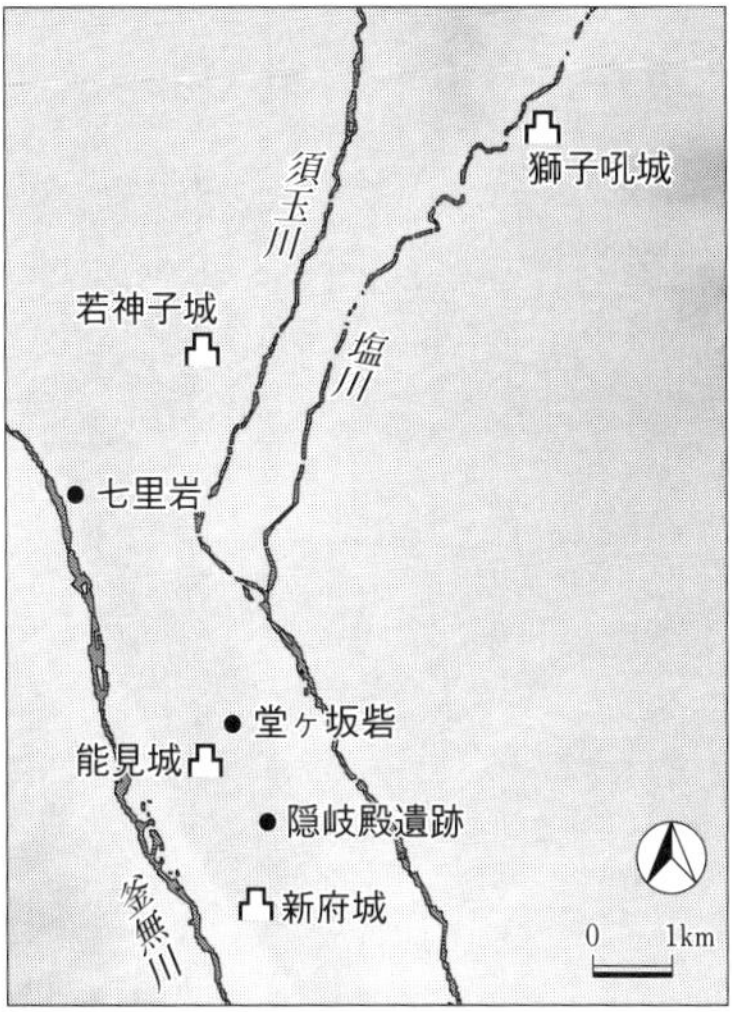

若神子城周辺の諸城位置関係図

千田　現在見えている城の骨格部分は勝頼のときのものでよいと思います。勝頼は城に火を放ったので、その後に入った家康は火事場を整理した程度の使い方ではなかったかと。

平山　本丸から築地の跡が出ていますがどう考えたらよいでしょうか。周囲を土塁で囲み、中に居館を建てるのが普通ですが、新府城本丸ではさらに仕切りの築地を建てていました。囲みの中に勝頼の館を立てるのは、関東の小田《おだ》氏の小田城の形式に似ています。

千田　非常に格式の高いつくり方です。

平山　伝統ある守護という、武田家の格式を意識したと私も思います。数野《かずの》雅彦さん（山梨文化財研究所研究員）は館城《やかたじろ》と呼んでいます。ただ搦手門《からめてもん》の跡は出てきますが、不思議なことに大手門の跡は出てきません。

千田　城の土木工事（普請）は完成していたわけですよね。

平山　普請は相当行われたようですが、作事がうまくいってない。

千田　本丸の発掘調査が進み、御殿がどうだったかがわかってくると全体が見えるようになるでしょう。最新の発掘成果にもとづけば、本丸の御殿の造営は進んだけれど、門はまだ途中だったということでしょうか。

平山　さらに調査が続けば、勝頼の城の分析もある程度はできるようになると期待しています。

ただ、家康の時期の建物の痕跡はあまり出てこないと考えています。というのは当時の陣小屋は組み立て式で持ち運びして、ただ置いているだけです。天正壬午の乱で徳川方の城として勝頼の縄張りは大幅な改善がなされた痕跡があまりないとすれば、焼け跡の片付けはある程度して上に土を盛って、その上に臨時の構築物をつくったぐらいでしょう。

柵の痕跡などが出れば、それは武田氏ではなくて徳川氏の本陣として活用された新府城の痕跡ではないかと考えています。

千田 柵の痕跡が出てくれれば、その可能性は大きいでしょう。新府城は格式を整えた武田氏の城づくりの行き着いた姿でした。家康は改修したでしょうが、勝頼の新府城が非常にいい城であったことがベースにあります。

能見城改修で備える家康と障子堀で守る北条氏の若神子城

平山 家康が最も重視し、改修、増設をしたのは能見城のほうだと思います。現在のＪＲ穴山駅のあたりから能見城まで、台地を横切って堀をめぐらせています。勝頼時代のものか、徳川方が掘ったか、難しいところです。『家忠日記』によると、北条氏との対陣中、徳川方はずっと堀を掘っています。

また、能見城の北東隅にある堂ヶ《どうが》坂砦《さかとりで》は徳川方がつくったと考えられますが、基本的な構想は勝頼時代にあると思っています。

千田　新府城周辺の城下町の計画などはあったでしょうし、新府城を中心に城や砦を固めて配置するのは、構想としておかしくはないです。

平山　長く新府城の調査に携わった山下孝司さんは、能見城は、徳川氏が築いたものではないかとおっしゃっています。徳川方が大幅に手を入れて増強したのは間違いありません。徳川方の主力は能見城に張り付いているので、若神子から押し出してきている北条方はなかなか手出しができません。徳川方は敵を睨《にら》みながら城を構築しているのです。

千田　戦をしながら城を改修した経験があるから、家康の家臣たちは小牧《こまき》・長久手《ながくて》合戦でもみごとに小牧城を敵前で改修できたのですね。

平山　北条方の城でいえば、北条氏の本陣があった若神子城は三つの連合体から成り立っているのですが、発掘調査により障子堀《しょうじぼり》が出てきましたので、北条方が手を入れたのは間違いありません。武田系の城で障子堀は見たことがありません。西で障子堀があるのは、大坂城ですよね。

千田　大坂城にはありますね。豊臣大坂城の障子堀は大手馬出しの堀に認められ、築造時期は秀吉の最晩年から大坂冬の陣の直前と考えています。いいものは何でも取り入れる秀吉の豊臣家らしいです。

平山　甲斐国内で障子堀があるのは若神子城だけです。北条方が大なり小なり手を入れたか、若神子城は小さかったので、勝頼が短期間に大規模な改修をしたか、そのどちらかです。北条系の城でいえば、史料から判明するのは御坂城で、城跡は高い峠にあり、立派な土塁と堀を備えます。武田氏の時代にも何らかの軍事施設があったでしょうが、北条方は防御の施設をここに設けた。北条方の文書に御坂城普請の文言を記す史料があり、これは北条オリジナルの縄張りだといっていいでしょう。

千田　横堀の使い方や設計がいかにも北条氏という感じです。北条氏の城の典型例ともいえます。

平山　北条氏の城の類例としては他にどんな城がありますか。

千田　横堀を使うのは北条氏では一般的です。御坂城は非常に出来がいいです。発掘された神奈川県の河村《かわむら》新城（神奈川県山北町）に似ています。河村新城もみごとな深い障子堀を備えます。高い山の上にありますが、雨が降ると堀内の仕切りの土塁が雨水を堰き止めて、水堀のようになります。横堀をうまく使いながら堀の対岸土塁の上を城道にして、その道が直角に折れて馬出しを通して奥の曲輪に入っていく。惚れぼれするつくりです。

平山 河村新城は富士山の噴火で埋まっていましたね。

千田 さて、能見城を前線にして若神子城が対峙する。これが徳川・北条激突の状況でした。

平山 北条方の軍勢は三万ともいわれ、七里岩台地の上に展開していました。あの台地から降りないと甲府方面の徳川方の背後に回り込めない。回り込むために北条方が城をつくりながら前に進まざるをえません。しかし、徳川方はそれをつぎつぎと潰していきます。徳川方は駿河から甲斐への補給と連携ができていたため、背後からの攻撃を気にする必要がなかったからです。

武田氏滅亡の際に穴山梅雪が家康に寝返ってしまったので、勝頼は家康のような動きを取ることができませんでした。

千田 ここでも補給が戦略を支える基本ということですね。家康にとっては本拠地からだいぶ離れたところでの戦いです。

平山 北条方にとっては有利です。御坂城で徳川方の背後を取り、津久井《つくい》衆が岩殿《いわとの》城を接収して笹子峠《ささご》まで出てきていました。都留郡《つる》を北条方が占領していて、本栖《もとす》方面に進んでくる。本栖城は徳川方が九一色衆《くいしき》を味方につけてかろうじて守っている。いつ駿河に通じるルートが取られるかわからない、家康は危険な状況です。

千田　駿河への道を取られてしまうと、家康は退却せざるをえない状況です。

平山　ところが北条氏はすべての戦で負けます。意外に知られていないのは、家康が駿河と伊豆の国境の沼津を徳川氏の将来を決するとても重要な場所だと考えていたことで、勝頼がつくった三枚橋城や周辺の城に、なけなしの徳川氏の軍勢を入れていました。相対する山中城や泉頭《いずみがしら》城など、名だたる城を有していながら、北条氏はそれらの城を突破できないのです。北条氏は戦が弱いのです。

策の不備か詰めの甘さか、戦に弱い北条氏

千田　北条氏は氏康《うじやす》のころまでは強かったですよね。なぜ北条氏は勝ち切れなかったのですか。

平山　初動ミスだと思います。北条氏は関東全域を支配したいと考えていました。本能寺の変を知り、最初に北条氏が動いて上野に入る。北条氏は上野を支配したのち、そ

の隣の信濃に入る。上杉氏を押し出して信濃を制圧しようとするわけです。先に甲斐を攻めれば、徳川氏が攻勢に出る余地はきわめて少なくなったでしょう。甲斐を制圧してから信濃、上野と進めばよかったのです。

千田　あぁなるほど。そうすれば地侍たちは北条氏の味方についたのに。家康はそれに救われたということですね。

平山　家康は薄氷の勝利でした。

千田　家康は旧織田領を守るという名目であっても、信長の家臣が大軍で助けに来てくれるという状況ではないですよね。

平山　清須《きよす》会議が終わったすぐあとで、織田信雄《のぶかつ》、信孝《のぶたか》兄弟と秀吉や柴田勝家は家康を救援しに行かなければならないという話になります。事実、織田信雄からは援軍が出ています。家康はその援軍を受け取って、沼津の戦線の補強に回しています。

千田　しかし、さほどの数の援軍ではありません。

平山　織田方が総力を挙げて援軍を派遣しようとしたら、内輪揉《も》めが始まり、賤ヶ岳合戦に流れ込むような内紛が起こり、それで援軍派遣が中止になります。織田信雄と織田信孝が家康に「援軍派遣に行けなくて申し訳ない、だから北条と和睦を結んでくれ」と申し入れ、家康は和睦を結ばざるをえなくなる。数回に及ぶ小競《こぜ》り合いや黒《くろ》駒《こま》合戦などの本格的な衝突も含めて、徳川方は戦に全部、勝っていたし、真田昌幸と依田信蕃《よだのぶしげ》が懸命に佐久《さく》の北条方を制圧して補給を遮断してしまったので、戦局が好転していたというのが一番大きな理由ですが、北条方は圧倒的優位だったはずなのに勝てずに終わりました。

家康の援助でつくった上田城を手中にした真田氏

千田　真田氏もいい働きをして、北条方との講和の条件を含めて歴史を動かす大きな役割を担っています。

平山　真田氏は本能寺の変による信長の死で上杉が南下してきたとき、初めは景勝につきます。ところが北条氏が碓氷《うすい》峠を越えて佐久になだれこんでくると、北条方につきます。北条軍が徳川軍と対決するために甲斐に転進していくと、上杉氏が追撃してくるのを防御するためといって本領に残留するのです。ところが、景勝は新発田《しばた》氏の反乱があるので、それ以上深く進めずに越後に帰ってしまいました。自由になった昌幸が、信長に取り上げられた旧領の岩櫃《いわびつ》と沼田を調略して取り返す。取り返し

上田城本丸の東大手門（千田嘉博撮影）

て守備固めをしたのを見計らって昌幸は家康方に寝返るのです。

千田　真田氏はすごいですよね。真田氏の城の上田城の築城に関してもいろいろな評価があります。

平山　天正壬午の乱が終わってのち、北条方と徳川方が和睦して、さらに同盟を結びます。この瞬間、上杉景勝は徳川氏を敵と認定するのです。景勝は御館《おたて》の乱を通じて北条氏が大嫌いになりました。その北条氏と手を結んだということで徳川氏を憎むわけです。その過程で徳川氏と上杉氏の最前線が上田になりました。上杉方は虚空蔵山《こくぞうさん》城を中心とする城をつくり、徳川方が虚空蔵山城を攻める。その過程で真田氏を守り、上杉氏を抑えるために つくり始めたのが上田城です。

千田 上田の町を虚空蔵山城から見下ろすと、上杉氏がそこまで来たかという感じがします。あれだけ高ければ、簡単には降りてこられないでしょうが、緊迫した情勢はよくわかります。

虚空蔵山城は天文二三年（一五五四）、上杉景虎と村上氏が繰り広げた激戦の地でした。上田盆地と坂城《さかき》盆地を区切る地点で、麓を千曲川《ちくま》が流れ、要の場所であるのがよくわかります。上田城は真田氏が独力でつくったのではなく、家康の援助を得てつくった城ですね。

平山 上田城は上田市立博物館の元館長の寺島隆史氏が、徳川氏がつくった、徳川氏の城だと提唱しています（「上田築城の開始をめぐる真田・徳川・上杉の動静」二〇〇八）。もともとは徳川氏が北条氏と和睦したときの条件で、上野沼田と岩櫃は北条氏の領地とするという約束により、北条氏に引き渡さなければならなくなったのです。しかし真田昌幸は沼田と岩櫃を自力で取ったと主張します。家康からもらったものではない、といい、家康と昌幸の関係はギクシャクしてきます。天正一一年に上田城

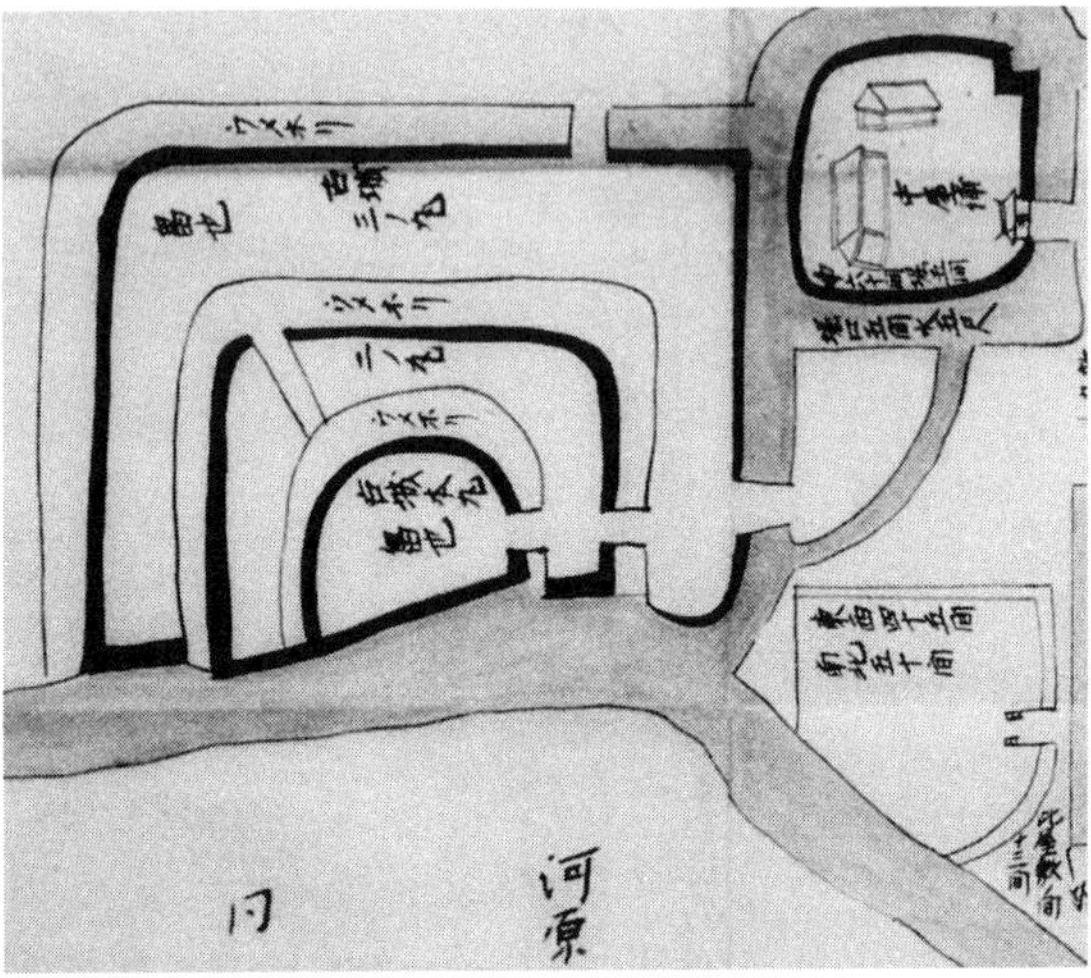

「元和年間上田城図」部分（上田市立博物館蔵、提供）

を築城したとき、沼田城、岩櫃城と引き換えに与えるといったが、真田氏は上田城ももらって知らん顔した、というわけですね。

二〇一六年のNHK大河ドラマ「真田丸」の放映時に真田研究はものすごく進みました。二〇二三年の大河ドラマ「どうする家康」でも家康研究が進みましたね。天正壬午の乱についての著書を出版したのが二〇一一年で、そのとき述べた内容を修正する必要はないと考えていますが、その後、戦況が相当、詳しくわかるようになりました。

千田　昌幸のときの上田城の状態がどうだったかはまだわからないですね。関ヶ原合戦の後に壊され、その後、元和八年（一六二二）に入った城主仙石《せんごく》氏が復興したものが現在の上田城です。復興前、真田信之《のぶゆき》の時代の絵図（「元和年間上田城図」真田家御事蹟稿附図、上田市立博物館蔵）はありますが、実態はよくわかってないです。

平山　その絵図には「ウメホリ」とあります。絵図を見ると曲輪《くるわ》が全体的に丸いのです。現在は四角ですが、仙石忠政《ただまさ》覚書（寛永三年五月五日付、原五郎左衛門宛）には仙石氏が曲がったところは直したと記されています。大まかな縄張りはそれほど変わっていないのでしょうが、中世城郭の形状に近く、全体的に丸く堀や曲輪を備えていたのではないでしょうか。寛永の絵図（「上田城構之図」上田市立図書館蔵、上田古地図・絵図デジタルアーカイブ）に「御天主跡」と印があるのは、現在の上田城の本丸の一段上がったところにあたりますね。織豊期の城郭で本丸の内側に天守がつくられる事例は多くないでしょう。

千田　文禄期（一五九二～九六）、蒲生氏郷《がもううじさと》の時代の会津《あいづ》（若松）城には本丸の中に天守があり、事例がないわけではありません。

平山　上田城では縄張りの端に天守があったものを、仙石氏が大改修して、天守跡を埋め、本丸を拡張した結果、天守跡はかつての隅から本丸内に位置することになったのではないでしょうか。

千田 今後のレーダー探査などで真田氏時代の堀跡が解明されるかもしれないので、みんなが知りたい真田時代の上田城が見えてくるかもしれないですね。

平山 仙石氏の時代に曲がったところをまっすぐに直したとしたら、削るか盛り土をするかです。それによる地盤の強弱などからもわかってくるでしょうね。

千田 金箔瓦などが発掘調査で出土していることもあり、真田信幸時代の上田城はかなりの城だったと想定されます。家康からもらった後、豊臣大名にふさわしい城になっていったのでしょうね。

平山 文禄時代に手を入れていると思います。様々な分析手法による調査、文献との照合が進み、多くのことが明らかになっています。喜ばしいですね。

7章　小牧・長久手合戦と徳川の諸城

小牧・長久手合戦の背景と推移

織田体制の混迷

天正一〇年（一五八二）六月二七日、織田信長・信忠《のぶただ》父子死後の織田政権のあり方を決める清須《きよす》会議が開催された。そこで決められたのは、①信長・信忠の後継者は三法師《さんぼうし》（信忠の嫡男、のちの秀信《ひでのぶ》）とすること、②幼主を羽柴秀吉・柴田勝家・丹羽《にわ》長秀《ながひで》・池田恒興《つねおき》・堀秀政《ほりひでまさ》の宿老衆《しゅくろう》が合議で支えること、③三法師の後見は、信雄《のぶかつ》・信孝《のぶたか》がともにつとめること、などが決定された。こうして、三法師を頂点とする「織田体制」（信長死後の新体制のこと）がスタートする。

ところが、美濃を与えられ、岐阜城主となった織田信孝は、三法師を抱えて離さず、信雄との対立が激化した。そこで秀吉は、一〇月二七日、信雄を三法師の「名代」とする織田家家督に擁立し、清須会議にもとづく「織田体制」を維持しつつ、主導権を握った。

これに反発した信孝・柴田勝家と、信雄・秀吉との抗争が激化し、天正一一年（一五八三）についに賤ヶ岳《しずがたけ》合戦につながり、信孝・勝家は滅亡した。賤ヶ岳合戦後の仕置《しおき》は、秀吉主導で進められ、信雄の影はほとんどなかった。秀吉は、織田領国の再編成も行い、自身は五畿内を掌握し、大坂本願寺跡に大坂築城を始めた。そして、秀吉が「天下」の運営に乗り出したのである。

信雄と秀吉の決裂

天正一一年（一五八三）六月、秀吉は、「天下人《てんかびと》」の政庁である安土城から三法師を出し、坂本城に移して庇護下に置いた。そして、信雄を領国伊勢・尾張・伊賀の統治者として本国に帰国させ、「織田体制」の事実上の簒奪《さんだつ》に動いたのである。同年一一月、秀吉は、信雄に大坂城への出仕を求めたといわれる。これは、秀吉に信雄が臣従することを意味した。これにより、両者の関係は悪化した。

天正一二年（一五八四）二月、秀吉は、紀州根来《ねごろ》・雑賀《さいか》攻めのため、信雄にも参陣を要請した。すると、信雄は、家臣吉村氏吉らを参陣させると返答したらしい。これが実現すれば、秀吉は世間に織田氏を臣従させ、自らが織田氏にかわる「天下人」となることを明示することができる。

だが、信雄にはその気はさらさらなかったらしい。秀吉に返答した直後、信雄は徳川家康との謀議に入った。当時、信雄（織田家督）と家康は、信長以来の同盟関係にあったからである。家康は、伊勢長島城の信雄のもとに使者を送り、秀吉との対決に向けた密約を交わした。

そして三月六日、織田信雄は、宿老岡田重孝（尾張星崎城主）、浅井新八郎（尾張刈安賀《かりやすか》城主）、津川雄光《かつみつ》（義冬《よしふゆ》、伊勢松ヶ島城主）を長島城内で謀殺し、秀吉と断交した。この三人は、対秀吉外交を担う取次役であったが、信雄は、彼らは秀吉に内通していると考えていた。

秀吉との取次役でもあった三宿老を成敗したことで、織田信雄は秀吉に宣戦したこととなった。家康は、ただちに信雄支持を表明し、織田・徳川連合軍と秀吉との合戦の火蓋が切られたのである。

小牧・長久手合戦始まる

信雄と秀吉の決裂により、織田家臣は秀吉方と信雄方に分裂し、「織田体制」は事実上崩壊した。小牧《こまき》・長久手《ながくて》合戦とは、信雄が秀吉を打倒して「織田体制」を再編するか、秀吉が「織田体制」を名実ともに解体させ、新たな羽柴政権を樹立するかの岐路となったわけである。

双方ともに、相手の背後にいる大名や一揆などに呼びかけ、合戦を優位に進めようとした。秀吉は、安芸毛利輝元《てるもと》、越後上杉景勝《かげかつ》、常陸佐竹義重《さたけよししげ》ら「東方之衆」、木曽義昌《きそよしまさ》（信濃国衆）らを味方とした。一方の織田・徳川方は、北条氏政《うじまさ》・氏直《うじなお》父子（家康の同盟者）、越中佐々成政《さっさなりまさ》、土佐長宗我部元親《ちょうそかべもとちか》、北畠朝親《きたばたけともちか》（伊勢国司北畠具教《とものり》の弟）、近江信楽《しがらき》の多羅尾光俊《たらおみつとし》・光雅《みつのり》父子（甲賀《こうか》衆）、近江国石部《いしべ》一揆、紀州根来・雑賀衆、名草《なくさ》郡の国衆、紀伊保田安政《やすだやすまさ》、丹波蘆田時直《あしだときなお》らを味方とした。

両軍の戦闘は、三月九日、伊勢で始まった。秀吉方は、信雄の領国伊勢に侵攻し、南伊勢をほぼ手中に収めた。そのため、家康も清須城に入ると、信雄とともに伊勢に出陣しようとした。

ところが、去就を鮮明にしなかった美濃池田恒興、森長可《もりながよし》が秀吉方に帰属し、三月一三日、突如尾張犬山城を攻略したのである。信雄と家康は、一四日に小牧山を本陣とすることに決め、軍勢を尾張に展開させた。小牧山は、かつて織田信長が本拠とした城跡であり、家康は、榊原康政《さかきばらやすまさ》に命じて、大改修を実施させた。

小牧山城に向けて南下を始めた森長可に対し、三月一七日、徳川軍はこれを羽黒《はぐろ》で迎撃

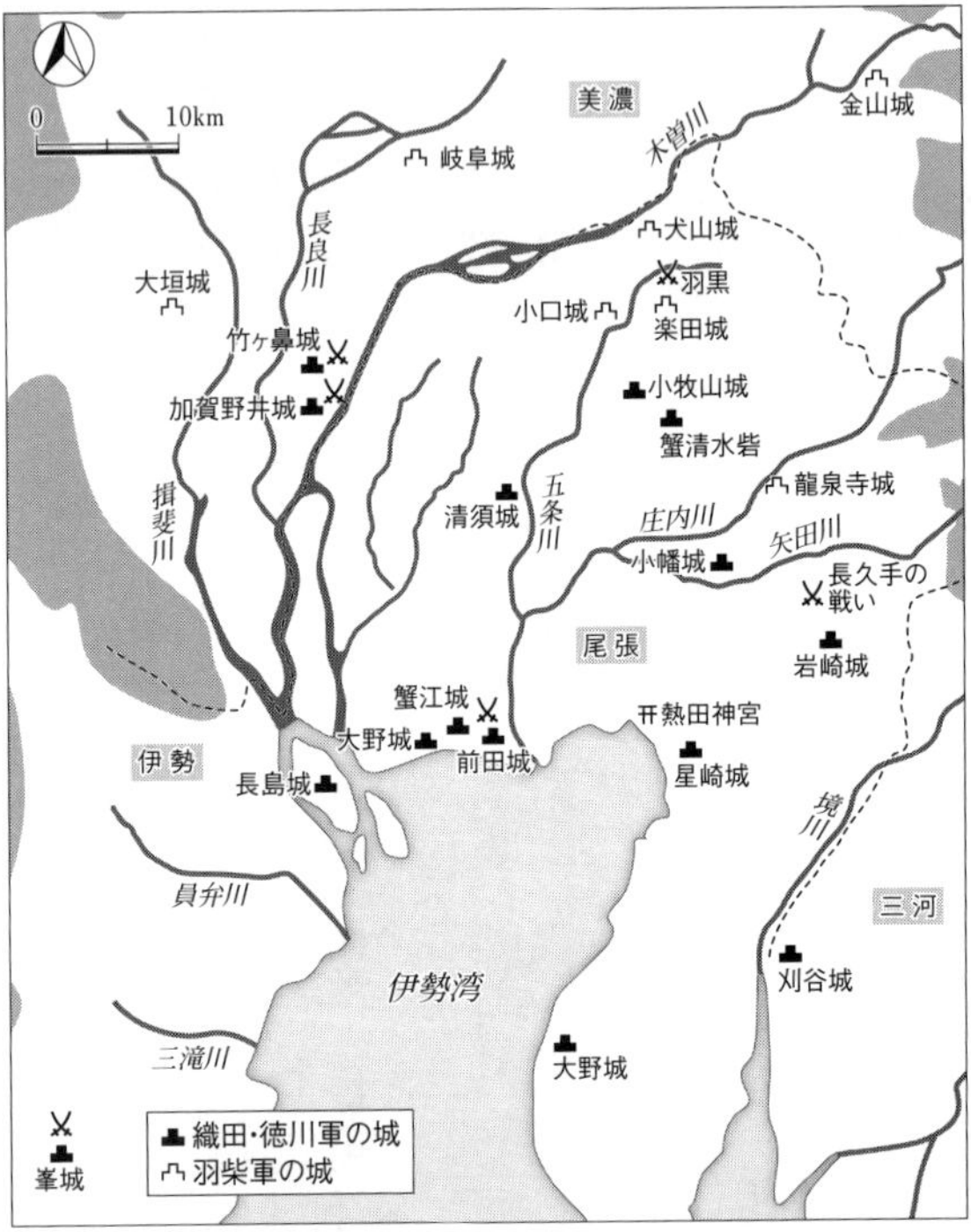

小牧・長久手合戦諸城位置関係図（あいちの歴史観光推進協議会「お城観光ガイドブック百花城乱いざ、城愛の国あいちへ」〈参考：長久手市『長久手市郷土資料室 平成29年度特別展図録小牧長久手の戦い～戦国を駆け抜けた者たちここ長久手で～』〉より、一部改変）

し、撃破した（羽黒合戦）。また、秀吉が出陣した間隙を衝《つ》いて、紀州根来・雑賀衆らが大坂に向けて進軍を開始し、岸和田で秀吉方と交戦した（岸和田合戦）。この合戦で、根来・雑賀衆は敗退し、大坂は危機を脱した。

三月下旬までに家康は、秀吉方の南下を防ぐべく、小牧山城を基点に東に向けて、蟹清水《かにしみず》砦、北外山《きたとやま》砦、宇田津《うたづ》砦、田楽《たらが》砦を築き、これらを縄手道《なわてみち》で結んで、防禦を固めた。一方の秀吉方も、楽田《がくでん》城を秀吉本陣とし、小牧山城と敵方城砦《じょうさい》に向けて、岩崎山砦、青塚《あおつか》砦、田中砦、二重堀《ふたえぼり》砦を築き、岩崎山砦から二重堀砦までを結ぶ、全長二キロ、高さ四メートル、幅二・二メートルにも及ぶ土塁を築いたという。これに対抗して徳川方も、小牧山城麓から田楽砦までを結ぶ土塁を築いたと伝わる。このため、両軍は、四月二日に小牧山城下の姥ヶ懐《うばがふところ》で衝突（姥ヶ懐合戦）があったほかは、まったく手出しができなくなり、戦線は膠着《こうちゃく》した。

長久手合戦

先に動いたのは秀吉方であった。秀吉方の池田恒興らは、家康の本国三河の守りが手薄であることから、別働隊を編制し、三河侵攻（中入《なかいり》と呼ばれる）を献策したという。秀吉はこれを認め、三好秀次《みよしひでつぐ》（のちの関白豊臣秀次）を大将に、池田恒興・元助父子、森長可、堀秀政ら二万四千人を四月六日夜に楽田から出陣させた。もし家康がこれに気づき、小牧山城を出て後を追ったら、ただちに追撃する手筈となっていた。

一方の家康は、八日に別働隊の動きを察知すると、夜に入り、秀吉に気づかれぬよう秘かに小牧山城を出陣した。徳川軍六千余、織田軍三千余は、小幡《おばた》城を経て、四月九日、別働隊に追いついたのである。

別働隊の先頭池田恒興、森長可らは、丹羽氏重《にわうじしげ》が守る岩崎城に攻めかかり、これを陥落させた。この岩崎城攻防戦で別働隊の動きが止まった。最後尾にいたのが秀次軍である。白山林《はくさんばやし》に在陣していた秀次軍に、徳川軍先陣が襲いかかった。このため、秀次軍は大混乱に陥り、長久手方面に敗走した。

秀次軍の敗北を知った堀秀政は、長久手の檜ヶ根《ひのきがね》に布陣し、攻めかかってきた徳川方を撃退したものの、家康本隊が出てきたのを見て驚愕《きょうがく》し、撤退した。長久手に到着した池田・森軍は、徳川軍の猛攻を受け、池田恒興・元助父子、森長可らが戦死して壊滅した。

家康は勝利後、ただちに長久手から離れ、小幡城に撤収した。秀吉の大軍に捕捉されぬようにするためである。別働隊の敗北を知った秀吉は、軍勢を率いて竜泉寺《りゅうせん》城に出陣したが、本多忠勝《ほんだただかつ》らに行軍の邪魔をされ、到着したときには、すでに家康は小幡城から小牧山城に引き揚げた後であった。秀吉も、四月一〇日に楽田城に戻っている。

秀吉、信雄を追い詰める

秀吉は、小牧山城から家康を誘《おび》き出すべく、五月には加賀野井《かがのい》城、竹ヶ鼻《たけがはな》城などを攻め、六月初旬までにはこれを制圧した。だが、家康は動かなかった。すると、今度は一転して、秀吉方は、伊勢湾から尾張に攻勢を仕掛けてきた。

六月、秀吉方の滝川一益《かずます》が、尾張蟹江《かにえ》城（留守居前田種定《たねさだ》、城主佐久間信栄《さくまのぶひで》は伊勢に出陣中）に調略を仕掛け、前田一族を寝返らせたのである。一益は、九鬼《くき》水軍に守られ、蟹江城に入った。蟹江城が敵方になったため、織田方は、清須城と伊勢長島城との連絡が遮断されてしまった。そこで、家康は信雄とともに反撃に転じ、九鬼水軍を撃退し、六月二三日には、前田城を奪回し、二九日に蟹江城を開城させた。滝川一益は降伏し、伊勢に退去した。

秀吉は、伊勢戸木《へき》城（三重県津市）を攻略し、いよいよ信雄の本拠長島城に迫った。その後、両軍は伊勢や尾張の防衛を固めるための城普請を各地で行っている。

小牧・長久手合戦の終結と豊臣政権の成立

その間、秀吉は、一〇月二日、朝廷より叙爵、少将昇進の勅旨を伝えられ、無位無冠の「平人」からの脱却を果たした。そして、一〇月二〇日には、大坂から近江坂本に入り、伊勢土山、神戸《かんべ》を経て、一一月七日に安濃《あのう》に着陣し、長島城を窺う構えを見せた。これを知った家康は、信雄救援のため、清須城に入り、石川数正《かずまさ》・酒井《さかい》忠次《ただつぐ》らを伊勢に派遣している。

しかし、秀吉自らが大軍を率いて桑名に迫る事態となったことで、信雄は和睦を決断し、秀吉との交渉を開始した。一一月一一日、伊勢桑名の矢田川原《やだがわら》で、秀吉と信雄の会見が行われ、和睦が成立した。だが、これは事実上、信雄の降伏にほかならず、信長以来の「織田体制」の再建は幻となり、秀吉政権成立に弾みがつくこととなった。

一一月一六日、家康は、信雄が秀吉と和睦したことを受け、岡崎に帰還した。これにより、小牧・長久手合戦は完全に終結したのである。そして、一一月二八日、秀吉は朝廷より天下人の立場を認められ、従三位権大納言に叙任され、官位でも織田信雄（正五位下左近衛権中将）を上回った。

秀吉と家康の関係は、とりあえず和睦はしたものの、対立は解消されず、いつ衝突が再燃するかわからぬままとなっていた。天正一三年（一五八五）に入ると、秀吉は、関白に任官され（七月）、天皇より「豊臣」姓を賜り、豊臣政権樹立を公的に認定された。それと並行して、秀吉は、家康に上洛（臣従）を求め、これを拒否する徳川方との間で、再戦の危険性が高まった。両者の緊張は、天正一四年、信雄が家康を説得することで次第に解消に向かい、同年一〇月、家康が上洛し、秀吉に臣従することで終わりを迎えた。これ以後、徳川家康は、豊臣政権のもとで重要な地位を占めていくのである。

（平山　優）

対談・7章　小牧・長久手合戦と徳川の諸城

対談でめざしたこと——

信長死後の体制を決定した清須《きよす》会議にもとづき、秀吉は織田信雄《のぶかつ》・信孝《のぶたか》と協調しながら、柴田勝家らとともに織田家宿老《しゅくろう》として活動していく。だが、主導権を握ろうとする信雄・秀吉と信孝・勝家の抗争が激しくなり、賤《しず》ヶ《が》岳《たけ》合戦へと発展する。これを勝ち抜いた信雄・秀吉であったが、今度は双方の対立が顕在化する。

「織田体制」を自らの手中に収めたい信雄と、それに代わる自らの政権樹立を目論《もくろ》む秀吉との対立が表面化し、それは天正一二年（一五八四）三月、両者の決裂で頂点に達した。こうして始まった信雄と秀吉の対決が、小牧《こまき》・長久手《ながくて》合戦である。このとき、徳川家康は信長以来、織田氏と同盟関係にあったため、信雄に味方し、秀吉と戦うこととなる。

戦いは、織田信雄の領国尾張・伊勢を中心に展開するが、とりわけ尾張を舞台にした戦いでは、織田信長が築いた小牧山《こまきやま》城を家康が大改修し、両軍が数多くの城砦《じょうさい》を新築、修築した。

小牧山城の大改修や、いくつもの城砦構築が行われた背景には、何があったのか。話題は、城のしくみや、尾張の地形などにも及び、白熱していく。

信長の死で信雄と秀吉の後継者争いが激化していく

千田 小牧《こまき》・長久手《ながくて》合戦も家康にとっては厳しい戦いでしたね。

平山 織田の天下から羽柴秀吉が離脱する分岐点となった合戦です。信長の次男、織田信《のぶ》雄《かつ》が秀吉を屈服させて、織田の天下を再編成するのか、それとも秀吉が信雄と徳川家康を屈服させて秀吉の天下を仕立てるのか。秀吉対家康ともいわれますが、実は織田政権の内輪もめなのです。

千田 小牧・長久手の前段として賤《しず》ヶ《が》岳《たけ》合戦がありました。そこで柴田勝家が敗れ、天下争いから脱落します。

　秀吉は本能寺の変（天正一〇年〈一五八二〉六月）の後、第一の実力者となりますが、秀吉は名目的には織田政権の重臣であるため、秀吉は信雄を立てるわけです。

平山 信雄に家督を継がせたのは秀吉でした。信長と信忠《のぶただ》没後、織田家の後継者と遺領配分を決めるため、織田家家臣の柴田勝家、丹羽《にわ》長秀《ながひで》、羽柴秀吉、池田恒興《つねおき》の四人が清須《きよす》城に参集した清須会議で、信忠の子の三法師《さんぼうし》が正統な継承者と決定されました。ところが、信長三男・信孝《のぶたか》は岐阜城で三法師を抱えて離さなかったため、三法師が成長するまでは信長次男の信雄を織田家の家督とする秀吉の案に丹羽長秀、堀秀政《ほりひでまさ》ら織田家の宿老衆《しゅくろう》が賛成しました。その後、信雄、信孝と織田家宿老衆の分裂が賤ヶ岳の戦いへと発展します。

賤ヶ岳の戦い後の論功行賞は秀吉が行いました。そのため秀吉の求心力は高まり、織田領の再編で、畿内の一等地を秀吉が取ってしまい経済力も軍事力も秀吉が圧倒的に強くなる。そのことに信雄が気づき、秀吉を抑えようと、津川雄光《かつみつ》・岡田重孝・浅井新八郎の三人の家老を秀吉に内通したかどで成敗します。その前には秀吉は根来《ねごろ》攻めを計画して、信雄に参陣してほしいという要請を出していました。信雄がこれに応じると秀吉の下につくことになるので断り、両者は完全に袂《たもと》を分かつことになりました。

千田　信雄は秀吉にとって主家筋に当たりますから、うまくやらねばというところですね。信雄との関係をどうしていくか。信雄を立てると、トップには立てないことになります。信雄は天下を治められたとは思いますが、信長の下、実力でのし上がってきた秀吉と対抗するのは難しかったでしょうね。

平山　信雄が三家老を斬って秀吉に敵意をあらわにしたことで、秀吉は主家への反逆の汚名を着ることがなくなりました。信雄は秀吉が織田の天下をほしいままにしている、という理屈で攻めようとしますが、三家老を成敗して秀吉を攻める、というのは結果的に信雄への求心力を低下させてしまいました。

千田 外交担当の家臣を成敗するのは外交的には断交ですからね。形の上では信雄のほうから宣戦布告したことになりますね。

平山 秀吉はうまく信雄が手を出してくれたと思ったでしょうね。信雄は家康と綿密に打ち合わせし、これで行こうと三家老を処分すると同時に家康は動きます。

千田 間髪入れずに、ですよね。

平山 天正一二年（一五八四）三月六日に三家老を長島城で成敗するのですが、七日には家康が信雄の援軍として浜松から岡崎に来て、徳川軍が九日には尾張に来る。とても早い動きです。

千田 信雄が三家老を斬ったことを知り、驚いて動いたのではなく、事前に示し合わせていたのですね。

三家老を斬る案は家康の作戦でもありました。その後の展開に関係しますが、双方が外交戦略で各地の大名たちを味方につけようとしますが、必ずしも信雄や家康に賛成が集まらない。

平山　西の毛利氏が秀吉に援軍を送ったのがかなり大きな影響を及ぼしました。毛利氏が秀吉方に味方し援軍まで出すのは、織田・徳川連合軍にとって非常に厳しい状況です。北陸の佐々成政《さっさなりまさ》は家康方ですが、越後の上杉景勝《かげかつ》、加賀・能登の前田利家は秀吉方で、身動きがとれない。越前には丹羽長秀もいます。

千田　佐々成政は加賀には攻め込みますが、それ以上は動くに動けません。

平山　あまり注目されませんが、信濃の国衆も秀吉がゴボウ抜きにかかり、家康方の木曽《きそ》義昌《よしまさ》が秀吉方にひっくり返ります。特に信濃は美濃と尾張に展開する家康の横っ腹に当たります。

千田　秀吉のほうが外交力や、まわりを味方につける政治力は上回っていたということでしょうか。

平山　信雄は伊賀、尾張、伊勢の三カ国をまとめきれていません。特に九鬼《くき》嘉隆《よしたか》が治める志摩や叔父の織田信包《のぶかね》らがいた南伊勢のほとんどが、秀吉方につく。家康は秀吉軍が伊勢から攻めてくると想定していました。信雄の家臣、佐久間《さくま》正勝《まさかつ》（佐久間信栄《のぶひで》）が入っていた亀山《かめやま》の峯《みね》城が攻略され、家康は信雄のいる伊勢長島に行こうとしますが、尾張と美濃の境の犬山城を秀吉方についた池田恒興と森長可《もりながよし》が攻め落として、戦局が伊勢から美濃・尾張へと移り、秀吉も主力を伊勢から美濃方面に移します。

小牧山城へ本陣を移し戦へ備える家康

千田 小牧・長久手合戦の前半のところで、信雄領の伊賀や伊勢の戦線であっという間に防衛線を突破されてしまいます。領国内部の問題に帰因することでもあったのですね。

平山 特に伊勢はそうですね。池田氏と森氏が犬山城を攻め落とし、清須を窺う状況になったので、家康も信雄も本陣を小牧山《こまきやま》に移して、北から南下してくる秀吉方に対抗する作戦に変更されます。

千田 戦域・戦線が大きく変わりました。

平山 お互いに城と砦《とりで》をたくさんつくって陣地戦を小牧山・楽田間で展開していきます。

千田 伊勢が主戦場であれば、伊勢の人たちがどれだけ信雄に従って秀吉方と戦うことができたか。

平山 秀吉は尾張の半分ほどを攻略して再び伊勢から圧力をかけ、信雄を追い込み、屈服させます。

千田　尾張は織田氏の本領中の本領で途中にいくつもの城があり、秀吉は一気に清須を攻めるわけにはいかず、逆になかなか難しいというところもありますね。そこで家康が小牧山城を改修します。

平山　家康が小牧山城を先に取ったのは大きかったですね。

小牧合戦布陣図（前掲「お城観光ガイドブック百花城乱いざ、城愛の国あいちへ」より、一部改変）

千田　犬山城と小牧山城は目と鼻の先でお互いが見える至近距離にあり、その間は真っ平な場所が広がります。森氏や池田氏が小牧山城を取っていたら……。

平山　だからこそ酒井忠次《さかいただつぐ》たちが、森氏が南下するのを防ぐべく犬山付近にまで展開し、羽黒《はぐろ》合戦で森を撃退します。そのため、早い段階で小牧山城は敵に奪い取られる危険性が減りました。

千田　羽黒合戦は大きかったですね。池田・森の軍勢は南に出てこられなくなりました。

平山　池田・森の軍勢は犬山城と羽黒砦を確保して、しばらく前に出てこない。その間に家康と信雄が本陣を小牧山城とし、小牧山城の大改修工事を始めます。

石垣の城から土づくりへ家康が改修した小牧山城

千田　小牧・長久手合戦からはるか後に、家康が天下を取ったことは、小牧山の史跡保存の歴史に大きく影響しました。江戸時代に尾張徳川家は小牧山を「御留山《おとめやま》」にして柵を立て、庶民は入れなくなりました。家康の大切な聖跡として番人を置いて守ったことで、城跡として保存されるようになりました。信長が築き、家康が本陣とした小牧山城ですが、「城」はつけずに「小牧山」として昭和二年（一九二七）に史跡になりました。
史跡であるにもかかわらず、山頂に天守型の武道館がつくられ、現在その建物は歴史資料館になっています。太平洋戦争後に、市役所が史跡の中に建ったり、小牧中学校を建設したりしましたが、現在は市役所も中学校も史跡外へ移転し、それを転機に発掘調査を行い、史跡整備することになりました。小牧市は継続的な発掘調査を行い、信長の時代の小牧山城、家康のときの砦としての小牧山城の調査が進みました。

平山 小牧山城の研究は千田さんの最初期の仕事ではありませんか。

千田 そうです。当時、小牧山城は美濃を攻めるための単純な砦で城下の町はないというのが通説でした。当時は城の発掘調査成果はまだなかったので、様々な資料にもとづいて、城の南に計画的な町があり、城と町がセットになった信長の城下町と論文に書きました（千田嘉博　一九八九「小牧城下町の復元的考察」）。まだ埋蔵文化財包蔵地に指定されていない場所を城下町と論証したので物議を醸しました。しかし論文を発表した一八年後についに小牧市は重い腰を上げて発掘調査を行い、論証したとおり、小牧山の麓に城下の町の遺跡があることが証明されました。

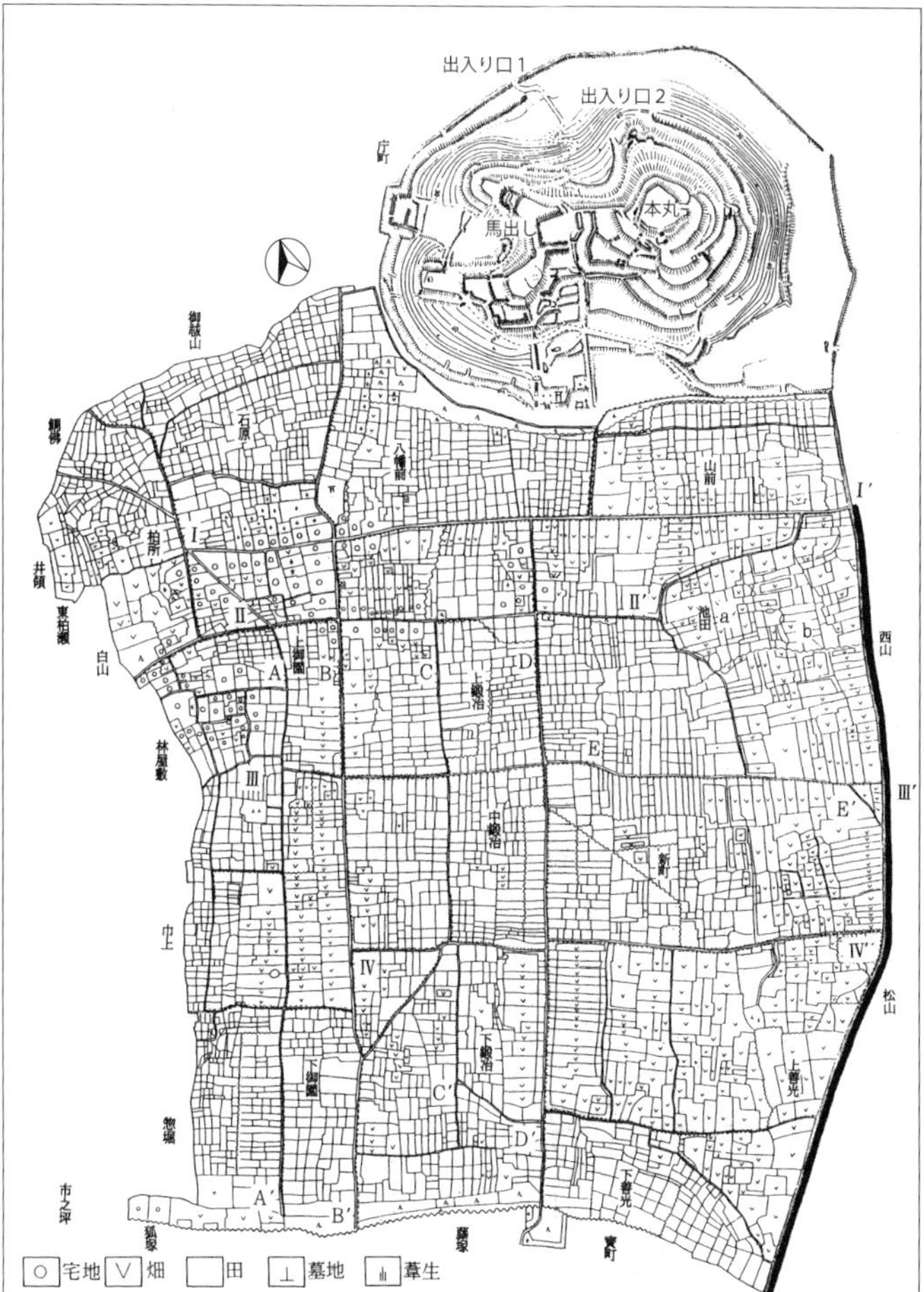

小牧城下町 明治17年（1884）地籍図と縄張り図を合成（千田1989より）

家康が小牧山を砦にしたとき、南側には城下の町が残っていたのです。発掘調査によって、小牧・長久手合戦に関する遺物、この時期に使われていた陶磁器が城下の町で見つかりましたので、城は廃城になりましたが、町は残っていたとわかります。

平山　小牧は美濃に抜ける交通の要衝です。

千田　ここから岐阜城も、犬山城も見える。戦略上の要地です。

平山　水運にもいい場所ですね。

千田　『信長公記』にも、清須から川船で小牧山に行くことができるので、ここならいいと信長の家臣たちが引っ越したとあります。現在は高速道路のジャンクションがあって、やはり小牧は交通の要地です。家康があの地を取ったのも、周囲を含めて立地をよく理解していたからだと考えられます。城は土づくりから石垣の城へと発展するのですが、小牧山城は信長の時代に尾張で最初につくられた石垣の城でした。その小牧山城を家康は場所によっては石垣を壊したり、埋めたりして、土づくりの小牧山城に改修しました。そのため城の発展のセオリーに反して、小牧山城は石垣の城から土づくりの城へと変化した、全国的にも稀な変遷をたどった城です。発掘

小牧山城山麓の巨大な横堀。大軍が姿を隠して容易に進めた（千田嘉博撮影）

以前にも石垣が露出しているところがあったのですが、信長か、家康かと論争されてきました。発掘調査の結果、家康がつくった小牧山城の土塁の中から埋められた石垣が出てきて、信長のときは石垣の城で、のちに家康が大規模な土木工事を施して土の城としたと確定しました。

小牧山城は山全体を取り囲む巨大な横堀を備えていています。山の中腹に本丸の中心部を据えて、さらにもうひとつの横堀がありまず。本丸から山中の横堀を越えて出る馬出《うまだ》しもあります。信長の時代につけられた南側の城下から上る大手道は家康のときにつけ替えていて、中腹の横堀の西側を南側から上がって馬出しを経て本丸に入ったと考えています。

武田流の馬出しを活用したつくりにし、中心部を整え直していたのです。

平山 山麓には武家地がありましたよね。小さな堀みたいなもので仕切られていたようですが、埋められてしまったのですか。

千田 家康は山麓の巨大な横堀と土塁線をつくるときに、元の武家屋敷の外側、信長時代の堀のラインを使ったようですが、それを壊して、巨大な横堀を掘って、広大な空間にしました。信長時代の家臣屋敷の土塁や堀は壊して埋め、大きな駐屯地と物資集積の大空間をつくりました。戦後、小牧中学校の造成時に、校庭をつくるために米軍の重機を借りて平らに均《なら》してしまいました。そのため、信長の時代の武家屋敷を仕切っていた堀の一番底だけがかろうじて残る程度です。井戸があったのは判明しましたが、すべて削ってしまったので、信長時代も、家康の時代に膨大なスペースをどう使ったかの痕跡もなくなってしまっています。

平山 毛利家に残っている陣立図《じんだてず》（山口県文書館蔵「尾州小牧陣図」）から、小牧山城周辺は湿地帯であることがわかります。田んぼが深くて足が取られると書かれています。だから秀吉方の陣のあった犬山方面から小牧山城の真正面に近づくのはきわめて難しいですね。

千田　守るには非常にいいところです。家康や秀吉も、東に向かって防塁線をつくり、砦を展開していきます。濃尾平野全体の西側は広大な場所が開いていますが、家康は小牧山城の東側で秀吉軍を食い止め、秀吉はそこを突破しようとしたというのが両軍の戦略のポイントになっていました。地形との関係で、山に近づいていて、軍勢を動かしやすいということだったのでしょうか。

平山　それが長い間疑問でした。実は小牧の南にある藤島《ふじしま》から始まる段丘崖が、小牧山城のすぐ西に続いてきています。さらに、小牧から続く段丘崖は、まっすぐ北へ伸びてその果てにあるのが犬山城です。つまり、段丘崖に阻まれ、軍勢が東西へ移動することはそれほど簡単ではないことがわかります。しかも、小牧山の北側の段丘崖が狭まるところに青塚砦《あおつかとりで》が置かれ、楽田城《がくでん》、岩崎山砦もこの段丘崖の上にあります。毛利家の陣立図を見ると、秀吉方の陣の西端は青塚砦であり、秀吉軍も段丘崖に阻まれて、この中でしか軍勢が展開できないことがわかってきました。

千田　だから小牧山城の東側が両軍の焦点になったのですね。

秀吉、家康とも交通の要所を押さえた付城の展開

平山　小牧山城の周辺はとても狭く、しかも湿地帯なので敵が入ってこない。木曽街道を経て城の南にまわりこめば清須道につながり、清須城に接近できるのですが、織田・徳川方は、それを防ぐために砦を連ねていくのです。それに対して秀吉方も岩崎山砦を起点にして、二重堀砦《ふたえぼり》などを東に向けてつくって対抗するのです。

千田　この段丘崖がわかると、双方の砦が展開した土地のヒミツがよくわかります。

平山　しかも、秀吉方の砦はほとんど古墳を再利用しています。

千田　濃尾平野には高いところがなく、古墳は利用しやすいです。秀吉方の砦については、名古屋市蓬左文庫《ほうさ》の絵図でわかるところがありますよね。

平山　小口城《おぐち》も古墳を再利用してつくっています。

千田　文字史料から小口城は、天守とまではいえませんが独立した櫓《やぐら》を備えていて、攻撃拠点として力を入れていたのがわかります。もとは地元の館城《やかたじろ》があったのでしょう。櫓の手前の曲輪内に堀を食い込ませて土橋でつなぎ、その入り口も小さな土塁で囲んでいて、非常に技巧的です。さらに川も利用して集落を含み込んだ壮大な惣構《そうがま》え

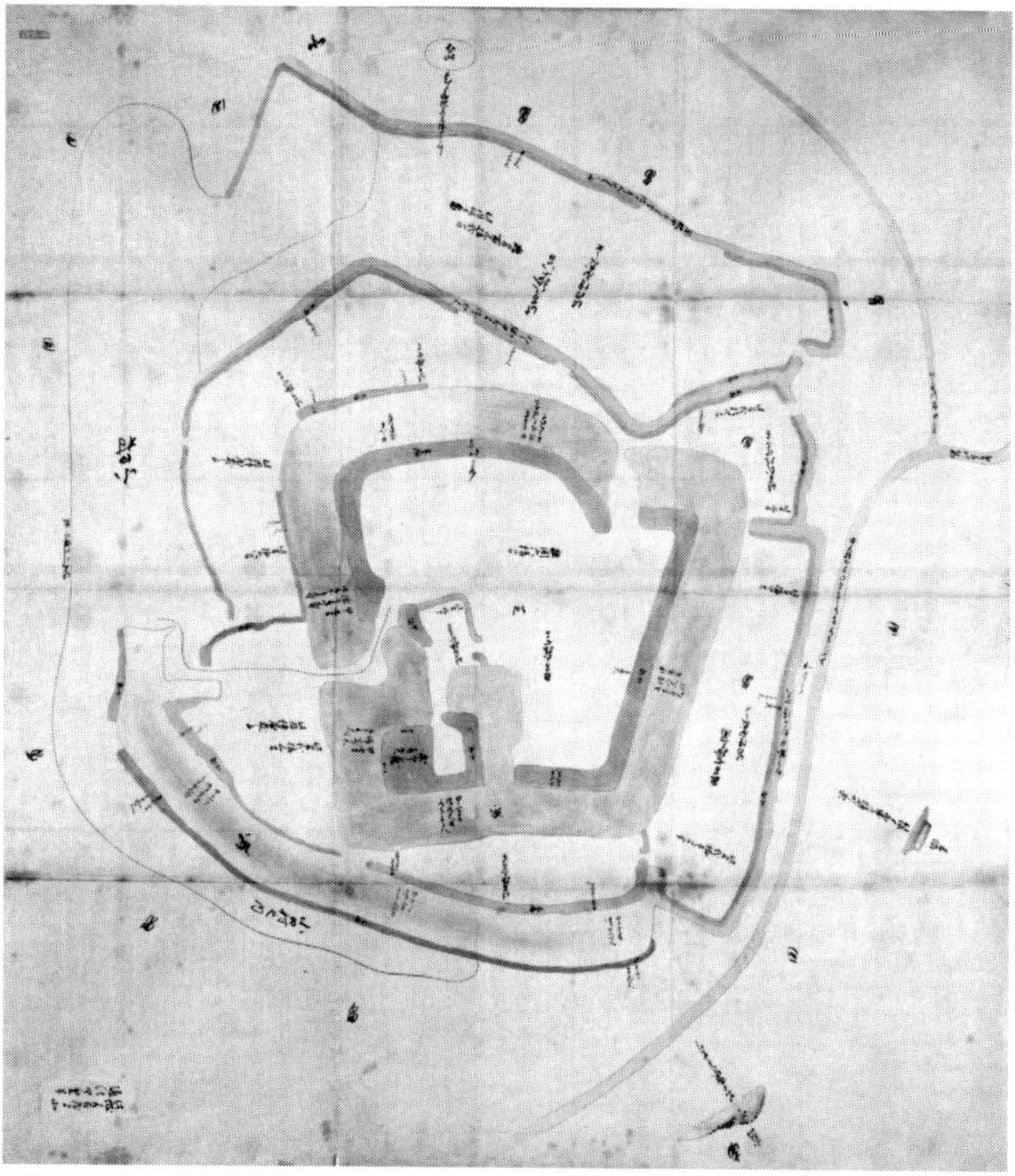

「丹羽郡小口村古城絵図」（名古屋市蓬左文庫蔵）

を構築しています。多くの軍勢が駐屯できました。米軍の撮影した戦直後の空中写真を参照すると、堀跡が明瞭に残っています。砦というより城ですよね。小口村はまわりが低地で、この周囲全体を押さえ込んで、小口村以外の場所は抜けられないようになっていました。蓬左文庫の絵図にも小口村に街道を描いていて、その部分をしっかり押さえているのが見えます。

平山　まわりは水田だらけですね。楽田城も堀の跡からすごく大きいのがわかりました。小牧山城周囲の交通路に着目すると、清須から小牧に至る清須道は、小牧山城下の東で木曽街道に合流します。それを北上すると犬山に続く犬山街道と木曽に向かう木曽街道の分岐点が楽田です。楽田追分ともいいます。小牧山から一宮《いちのみや》に一宮道が通っていて、これを守るために段丘崖の西側に砦がつくられています。これに対抗するために小口城などがつくられました。段丘崖をひとつの線にして東西では戦線の性格が違うとみたほうがいいと思います。

千田　布陣図だけを眺めると、こっち側は手薄とみて、なぜここへ攻めていかないのかと思われますが、実は大軍が動けない地形であったことと、双方が街道を含めて交通の要衝を押さえあっていたのがわかります。一宮から南へ下がっても、北は岐阜へ行くと双方とも簡単には突破させないということになるのですね。小牧・長久手合戦、その前の賤ヶ岳合戦もそうですが、城を戦略的に使いながら戦いを展開していく。城が鍵を握った戦いですね。

平山　秀吉が岩崎山から二重堀に向かって、数キロに至る土塁をつくりました。同じように織田・徳川連合軍も土手をつくりました。土手をつくって砦をつなぎ交通を遮断する戦いのやり方は、いつごろから出てくるのですか。

千田　三木《みき》城攻めのとき、秀吉はまわりに付城《つけじろ》をつくって囲みます。堀と土塁の長城も築いています。鳥取城攻めでは、さらに完璧に堀と土塁で囲みました。このあたりがひとつの転機になっていると思います。秀吉は改めて土木工事を城攻めに応用した名人だと感じます。

平山　信長は土塁を結んでの戦いはやっていましたか。

千田　古いところでは、岩倉《いわくら》城攻めのときには柵をつくったと『信長公記』に出てきますが、具体的にどれほどのものかはわかりませんし、鳥取城攻めのようなしっかりしたものではないと考えられます。やはり秀吉のころから出てきたようです。

平山　家康が秀吉と同じやり方で戦うのは、高天神《たかてんじん》城攻めからです。その次に、天正壬午《じんご》の乱の能見城《のうけん》の大改修。この二つは家康が自身の経験則から出た考え方や技術による戦いのやり方だと思います。

千田 軍勢が多くなっただけでなく、戦いの仕方や戦略に大きな転機があるようですね。小牧・長久手合戦では、砦は今まで想定されていた以上に役割が大きいことがわかりました。小牧・長久手合戦は睨《にら》み合いのときの期間が長かったですが、双方のつくった土木工事の投入量とつくっているもののクオリティの高さは以前にはなかったものです。

平山 お互いに濃尾平野の湿地帯の通りやすいところの道を押さえるべく、そこに砦や城を配置して、そう簡単には通り抜けられないようにする。秀吉も正面突破をあきらめて、長久手合戦で敗れたのをきっかけに、竹ヶ鼻《たけがはな》城、加賀野井《かがのい》城など木曽川と長良川に挟まれるところを南に下り清須の背後に回りこもうとする。松ノ木城などを攻めれば、信雄と家康が出てくるだろう。しかし全然、出てこない。最終的に元に戻り伊勢から攻めることになります。

地形が双方に大きな影響を与えた小牧・長久手合戦

千田　吉村家の文書（大阪城天守閣蔵）に面白い記述があります。吉村氏が信雄に、最前線の松ノ木城に援軍を送ってくれというと、まずは外構え（惣構え）をあきらめて退去しろといわれる。それでいよいよ秀吉が近くまで攻めてきたら、もう外構えは放棄したから、援軍を送っても入れない。鉄砲と弾薬を送るから自分で頑張れと。信雄さん、あなたが放棄しろといったじゃないかと、吉村氏は怒ったに違いありません。当時の戦いのリアルがわかって興味深いです。

平山　吉村氏は最後までよく信雄についていきましたね。

千田　いつ秀吉方に寝返ってもおかしくないですよね。家康にも援軍を送ってくれと頼んでいますが、家康もつれない返事をしています。

平山　動いたら負けだとわかっていたのでしょう。

千田　結局、そういうことだったのですね。

平山　松ノ木城がやられたとしても、長良川と木曽川をさらに南に下ってくることが難しいという状況なので、松ノ木城を助けるために大きな犠牲を払うより、我慢して相手の様子を見たほうがいいという判断だと思います。

千田　大局的な戦略としては正しいですね。

平山　よくわからないのは、長久手合戦時の秀次《ひでつぐ》を主将とする軍勢の動きが遅いことです。

千田　しかも各部隊の距離が割合、離れています。

平山　移動を迅速にするためなのか。わざと家康と信雄を引っ張り出そうとデモンストレーションをしているのか。たぶん後者だろうと思います。

千田　『愛知県史』の調査中に、家康たちが小牧山から出てくれば即座に通報しろと秀吉が命じていることなどが改めて指摘されていますので、秀吉はとにかく、家康が小牧山城から出てきてしまえば野戦で勝負がつき、勝てると思ったのでしょう。

平山　あれだけの軍勢が動けば見えないわけがないですからね。それにしても、家康が秀吉方に察知されずに、小牧山城を出陣したことや、長久手で勝利したあと、すばやく小牧山に戻れたのはすごいです。途中、本多《ほんだ》忠勝《ただかつ》が敵を家康に近づけないようにしたことがありましたが、家康はついていました。家康は武田氏と戦ってきたから戦に慣れていたのだろうと思います。

千田　秀吉軍が大軍だったために軍勢がばらけ、うまく連携できずに戦えなかったように見えます。少数で戦っている家康方はよくまとまって、秀吉の攻撃をかわして小牧山城に戻ってくるまで満点ですね。

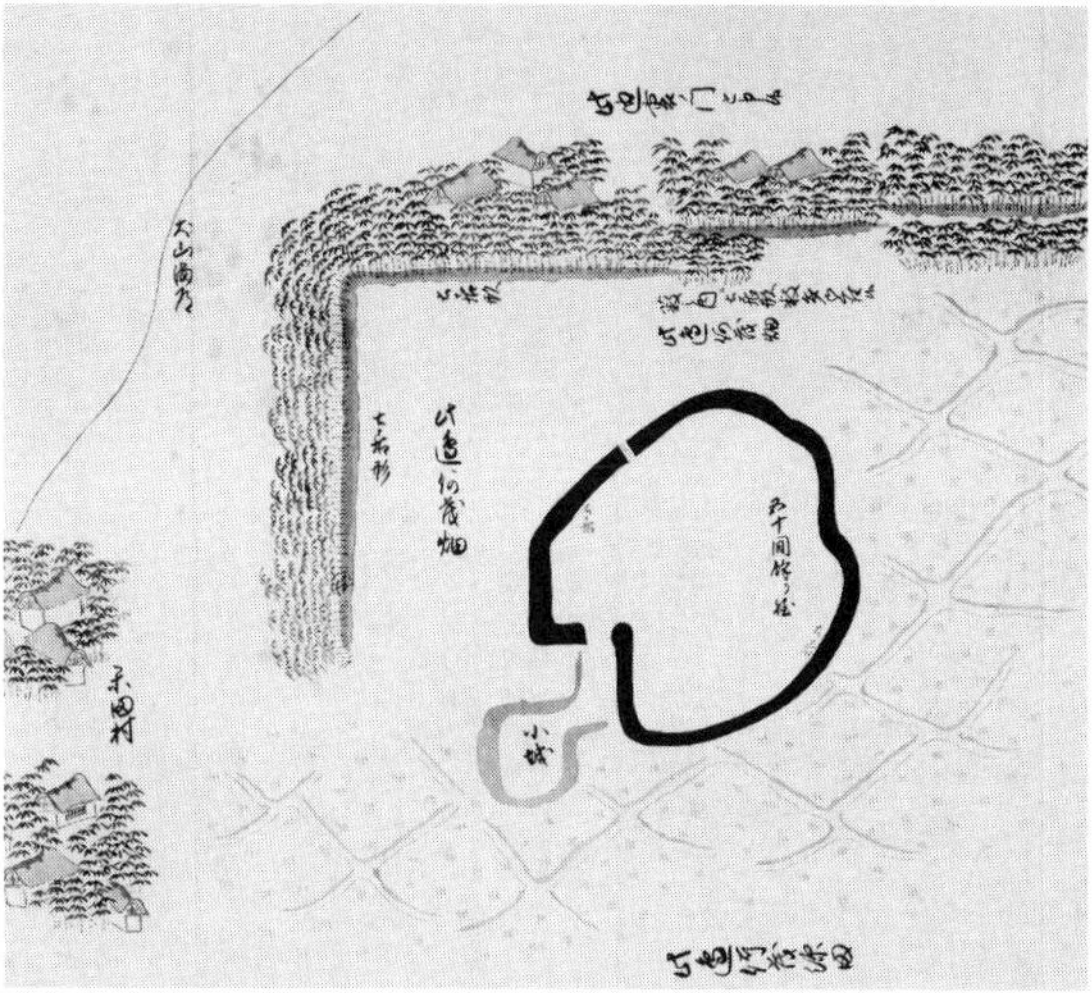

「丹羽郡楽田村古城之図」（名古屋市蓬左文庫蔵）

平山　家康が小牧山城から長久手に向けて移動を始めたのは夜だとされているのですが、よく秀吉らに気がつかれませんでしたね。

千田　山麓に掘った横堀底を使って脱出したとしか思えません。家康が小牧山城を改修し、山麓南東側にできた横堀を越えて外へ出る枡形《ますがた》を最終的に再改修していたのです。枡形を通って横堀の外へ出るのではなく、枡形内部を横堀底まで掘り窪めて、外から見えないようにして城内から横堀底に連絡するように改造していました。枡形へ入ったら、横堀の底へしか行けない。秀吉に気が付かれないうちに枡形から、横堀の底へつなげるルートをつくって場外へ出撃できたのです。この秘策によって秀吉に気が付かれずに家康は、小牧山城を脱出できたと考えています。

平山　史料からは、どうやって脱出できたか、よくわからないので困っていました。

千田　他の場所は現在も道路として使われており、家康が小牧山城から城外へこっそり出る秘密の通路を特別につくったのはまちがいありません。

平山　秀吉の本陣になった楽田城跡には学校ができ、痕跡となるものも取り壊されてしまっていますが、地元では天守があったと伝わります。あの城の縄張《なわば》りの特徴はどんなところがありますか。

千田　楽田城は非常に規模の大きな城でした。蓬左文庫に残されている絵図や明治時代の地籍図を見ると、惣構えまで含めて、秀吉が入るのにふさわしい、前線の最も重要な拠点であったとわかります。土づくりですが立派です。天守はなかったと思いますが、楽田城にも物見の櫓を設けていたでしょう。

　小牧・長久手合戦は、基本的に陣地戦の様相を呈していますが、砦のほとんどは遺構が残っていません。たとえば秀吉軍が築いた田中砦も三ッ山古墳群を利用してつくりましたが、縄張りがどうであったかは現状ではほとんどわからないです。

平山　青塚にあった青塚砦の絵図は残ってないんですか。

千田　青塚城はよい絵図はなかったと思います。発掘調査をして、現在は前方後円墳「青塚古墳史跡公園」として整備され、砦の様子はますますわからなくなっています。

小牧・長久手合戦は、双方がともに睨み合う陣地戦になりましたが、前提として地形の問題、段丘崖、濃尾平野などどこがどう高くなっていたのかを見極める必要があります。ただ現地に行ってもわかりません。ですが、家康にせよ秀吉にせよ、地形が小牧・長久手合戦において大きな意味をもち、陣地の配置や、戦いの膠着《こうちゃく》をもたらしたことなど、戦い方の理由が隠されているのがわかったのは大きな発見でした。

平山　史料を読みながらずっと考えていたことが現地に行ってやっとわかりました。城は道と地形と、そして川、もしくは沼などの存在を抜きにしては考えられません。現地に行って地形を見ないとわからないですね。

千田　それを理解して、古文書をもう一回ちゃんと読む。合戦も城も周囲の広い地形、戦い方の理由を理解した上で考えることが大事ですね。

平山　そうすれば、布陣図や縄張り図を読み解くことができ、城と戦法の整合性が見えてくるかもしれないですね。

8章　駿府城の考察

城郭考古学者を目指すあなたへ――駿府城の考察

考古学は歴史研究に不可欠

今このページを読んでくださっているあなたは、合戦や城、そして歴史と文化に深い関心をもっているに違いない。歴史を知れば、目先のことではなく、長期間の視点から物事を捉えられる。先人の選択と行動に学んで、よりよく生きられる。戦国の城を好きになれば、一般的にはただの山や森と思われているところに残る地面の凸凹を訪ねて、楽しめるという、奇跡を起こせる。知れば知るほど、訪ねれば訪ねるほど、教養が身について、思慮深い人間に一歩近づける。

日々流れていく人の営みの記憶は、そのままでは消えていく。しかし誰かが研究して、時の流れの中から重要なものをすくい取り、紡ぐことで、歴史ははじめて歴史になる。そして歴史を研究していく方法はいくつもある。

歴史の研究で文字史料がある古代以降は、主に紙や板などに書いた文字を手がかりとして歴史を研究してきた。いわゆる文献史学である。それに対して、人類がつくり、利用した様々な道具である物質資料をもとに歴史を研究するのが考古学である。茶碗や瓦《かわら》などの遺物、竪穴《たてあな》住居や古墳《こふん》、城などの遺構が研究の手がかりである。

日本では長い間、縄文時代など文字史料のない時代を研究するのが考古学だと認識してきた。しかし各地に残る戦国大名の城跡から地域の歴史や武将が究明され、歴史を体感する史跡として整備や活用が進んでいるように、多数の文字史料がある中世や近世、そして近・現代であっても、考古学は歴史研究の方法として有効である。

現代の考古学は、中世や近世の城跡や城下の遺跡を調査することが一般的になった。さらに城を史跡として保存・整備して活用するために発掘を行うのも当然のことへと変わった。考古学の研究範囲は、中世・近世を越えて広がっている。明治時代の鉄道遺跡である東京都の旧新橋停車場跡と高輪築堤《たかなわちくてい》跡、沖縄県の首里《しゅり》城の地下にある大日本帝国陸軍・第三二軍司令部壕は、考古学が近代史・現代史の研究に、どれほど大きな役割を果たせるかを、みごとに証明している。

城郭考古学を学ぶには

それでは城などの文字史料が豊富にある時代の遺跡を研究するときに、考古学は物質資料を研究するのだからと主張して、土器や建物跡、石垣などに沈潜すればよいのだろうか。そうではないと思う。考古学の研究方法を軸にして、文字史料や絵図・地図資料についても、広く理解することが必要である。

こうして物質資料の研究からわかったこと、文字や絵図・地図資料からわかったことを、総合的に検討して歴史の真実に迫るのが城郭考古学である。各地で講演をさせていただくと、将来は城郭考古学者になりたいと声をかけてくれる小・中・高校生、大学生に出会う。たいへんうれしく思っている。

城郭考古学者になるには、まず考古学をしっかり学んでほしい。弥生時代の集落も、戦国時代の城も、発掘調査の基本は変わらない。そして城を資料に歴史を研究する情報を得る方法は発掘だけではないので、まだ発掘されていない城や館を訪ねて、地表面から城を読み解くことも身につけるようにしたい（いわゆる縄張り調査）。

そうした勉強の上に、考古学を専攻した同級生が履修しなくても、古文書を取り扱い読めるようになる講義や実習、絵図・地図資料を取り扱って理解する講義も受講して、多視点で城を考えられる知の技法を学ぶように務めてほしい。さらに可能であれば、建築史の講義を受けて、発掘で見つけた柱穴の跡や柱を支えた石の基礎（礎石）の上に、どのような御殿や櫓《やぐら》、門が建っていたかを考えるポイントをつかんでほしい。発掘遺構と建造物の関係がわかれば、どこを発掘して、どんな痕跡をつかんだらよいかも一層見えてくる。

大学の考古学専攻、文献史学専攻に入学すれば、先に列記した分野を自動的に学べると思っていてはいけない。考古学専攻の学生は、通常、古文書の読み方を教わらないし、文献史学専攻の学生は、発掘調査を教わらない。学問はどんどん細分化しているので、意図して関連分野を横断的に学ぶ必要がある。つまりこうした学びの先にある城郭考古学は、細分化した歴史研究の方法を、城を中心にして分野横断して学融合研究する方法なのである。

誤解を招かないように記すが、関連分野すべての専門家になるということではない。考古学の関連分野の研究に関心をもち、それらの基本を理解して、総合的な視野をもつ専門家を目指そうということである。狭いけれども深い専門の視点とともに、総合的な視野を備えれば、城跡を守り活かす整備と活用を適切に実施できる人になれる。

考古学だけではだめ

この後に平山さんと対談で述べているように、静岡市による駿府《すんぷ》城の発掘調査が、最初の成果発表で、歴史的位置づけを大きく間違ってしまったのには理由がある。その理由は、考古学による物質資料研究の視点だけで分析・評価をして、同時代の一次史料の記述を見落とすという、文献史学をはじめとした関連分野からの研究の視野を欠いていたことにあった（千田　二〇二四）。

結果として、誤った駿府城の発掘成果を行政が発表し、それを、朝日新聞社をはじめとした報道機関が無批判に報じたことで、多くの人を惑わせることになった。今、新聞社は発行部数の減少で危機的な状況にある。テレビ局もCM収入の減少に苦しんでいる。報道機関の人員削減が進んで、新聞社にもテレビ局にも文化財に精通した記者はいなくなった。

そのため新聞社もテレビ局も、市役所や県庁が用意した記者クラブ提供資料の内容を、そのまま書き写しているのではないかと疑いたくなる報道を見かける。発掘成果に関しては、報道機関による適切な批判や検証が機能していないのが実状といってよい。行政の文化財専門職員・学芸員は、市長や知事の思惑ではなく、城を発掘した学術研究にもとづいて、専門家にふさわしい評価と情報発信をしてほしい。

さて、駿府城の歴史は、平山さんとの対談でも語り合ったように、駿河国・遠江国の守護・今川氏の駿河府中、今川館にさかのぼる。今川館の正確な位置は判明していないが、一九八二年の発掘調査で堀などが見つかり、江戸時代の駿府城の二ノ丸あたりにあったと推測されている。大永六年（一五二六）に今川氏親《うじちか》は領国支配の基本法「今川仮名目録」を、東国ではじめて制定し、天文二二年（一五五三）に氏親の子・義元が二一条を追加整備したように、今川氏は定めた法にもとづいて領地を治めた。

義元の時代には文字史料から「義元館」「氏真館」をはじめとしたいくつかの館城が分立して、今川館を構成した様子が読み取れる。これは尾張国の守護所・清須や（千田二〇一三）、能登国の守護所・能登府中（七尾市）と同様の、守護城下町に共通した都市プランで、今川館のまわりには家臣の館や寺社が建ち並び、宿老や奉行人は駿府に常駐した。

天文一八年（一五四九）～永禄三年（一五六〇）にかけて松平元康（徳川家康）は、今川氏の「人質」として駿河府中に暮らし、義元のもとで武将としての教育を受け、築山殿《つきやまどの》と結婚して、今川一門に準じる扱いを受けた。

永禄三年に今川義元が桶狭間合戦で戦死すると、今川館は義元の子・氏真が支えたが、三河からは徳川家康が、甲斐からは武田信玄が今川領に攻め込み、永禄一一年（一五六八）

に信玄に攻められて今川館は焼亡した（平山　二〇二二）。その後、駿河国は武田氏が支配したが（平山　二〇一七）、武田氏が滅亡した後の天正一四年（一五八六）に徳川家康が本拠を浜松城（静岡県浜松市）から移して、織豊系城郭としての駿府城の築城を開始した。その様子は家康に仕えた松平家忠《まつだいらいえただ》の日記『家忠日記』（竹内理三編　一九八一『増補續史料大成　家忠日記』臨川書店）に詳しいが、石垣を築き、大・小天守がそびえた天正期の家康駿府城が、天正一七年（一五八九）までに完成した。天正期の家康駿府城は、信長流の金箔瓦《きんぱくがわら》が輝く豪華な城だった。

天正一八年（一五九〇）に家康が江戸へと移ると、駿府城には豊臣大名が入った。慶長一一年（一六〇六）ごろから大御所《おおごしょ》になっていた家康は、駿府に移ることを計画して慶長期の家康駿府城の工事を進め、慶長一二年に家康が江戸から移った。慶長二〇年（一六一五）に大坂夏の陣で豊臣家を滅ぼした家康は、翌元和二年（一六一六）に駿府城で没した。七五歳だった。

（千田嘉博）

対談・8章　駿府城の考察

対談でめざしたこと――

征夷大将軍《せいいたいしょうぐん》を息子の秀忠《ひでただ》に譲り大御所となった家康が終《つい》の棲家《すみか》として選んだのは駿府《すんぷ》城であった。かつては今川義元の居館・今川館があった地ともされている。家康はここで幼少期を人質として過ごすことになった。しかし、家康（当時は松平元康）は人質としての生活ではなく、今川家でさまざまな影響を受けた。武将としての振る舞いや、上に立つ人間としての心構えなど、その後の生き方を決定づけたかもしれない。

義元は信長に討たれ、今川家は滅亡、それに続く戦乱で社会は混乱したが、家康は戦国の世を終わらせ江戸に幕府を開府、最後に築いたのが駿府城であった。

駿府城は、それまで戦のための城をつくってきた家康の思いの変化も垣間見え、信長、秀吉の先人の知恵をふんだんに取り入れ、他の大名たちにも影響を与えた。

駿府城があった地は、現在は静岡市の中心部で、一時、県立美術館の建設のため、今川館の遺構ともされる数々が壊される可能性があった。家康は今も静岡の人たちに愛され、静岡駅前には「徳川家康公像」と家康の幼少期の姿を表した「竹千代君像」がある。そして二〇二〇年、竹千代を見守るかのように、甲冑姿の「今川義元公像」を設置した。駿府城は進行中の大規模発掘調査で判明してきたことも多い。先駆的な領国経営を実行してきたとされる義元と太平の世をつくり出した家康の関係を考慮しながら、駿府城について考える。

秀吉対策として築かれた駿府城

平山　駿府《すんぷ》城は戦国大名・今川氏の館跡につくられましたが、今川館だった場所と現在の駿府城がどこまで重なるか、まだわかっていませんね。

千田　堀などが調査で見つかっていますが、今川屋敷の本体なのか、そのまわりにあった堀をめぐらした上級の家臣の屋敷なのか、不明です。

平山　一九八〇年代初頭、駿府公園（現・駿府城公園）内において静岡県立美術館の建設を着工しようとしたとき、庭園や堀の跡が発見されたことに端を発し、静岡大学名誉教授の小和田《おわだ》哲男《てつお》さんらが保存運動をし、今川氏の時代のものを残そうとしました。遺物は今川氏の時代のものでしたが、遺構が今川屋敷本体と特定できず、周辺の家臣の屋敷の可能性もあるとのことでした。今川氏時代の駿府館の位置はいまだ判然としませんね。

千田　駿府城跡には、家康がつくった天正期（一五七三－九二）の駿府城の遺構があり、慶長期（一五九六－一六一五）以降の大御所・家康の駿府城の遺構もあります。今川氏の時代の遺構を考古学的に調査するとなれば、それら上層の遺構を壊して発掘する必要があります。そして駿府城の周囲には市街地があり、堀や城の構造がわかるほどに発掘調査を実施するには、大規模な開発がなければ無理です。こうした制約はありますが、現在の駿府城跡の下に今川館があるという理解です。

平山　戦国期の駿府と天正一三年（一五八五）以降、つまり徳川以降の駿府の町の姿はまったくわからないですからね。ところで、家康が駿府に城をつくったのは、秀吉対策だと考えています。

千田　それ以前の家康の城は浜松城ですよね。浜松は拡大した家康の領域で考えると、かなり西に寄っていますし、何より小牧《こまき》・長久手《ながくて》合戦以降、尾張などが秀吉方についてしまい、秀吉の領地に近接していました。

平山　『当代記』天正一五年（一五八七）二月条によれば、駿府城の普請は天正一三年から始まったが、上方、特に秀吉が不快感を示したので、工事を始めていたものの、進捗させなかった、天正一五年からは急ピッチで造営を進めるようになったとあります。しかし、『家忠日記』には、天正一三年八月一四日条に「駿河府中普請」とあって、このころから駿府城に関する記事が出始めます。同書には秀吉対策として駿府築城が計画され始め、いよいよ始まったと記されます。翌閏《うるう》八月二三日条に「御屋敷普請出来候」とも見えます。「屋敷」という言葉に「御」がついているので、たぶん、家康の屋敷を指すのでしょう。普請を始めてかなり早い段階で、家康が住める居住スペースができていたのではないでしょうか。

千田　対秀吉のための家康の新戦略と、駿府城の本格的な普請とは大いに関連があると思います。

石垣を備えた天守をつくった家康

平山　『当代記』がいうように、天正一三年に普請が始まったのは確かですね。その規模はいまひとつ、つかみにくいですよね。

千田　『家忠日記』に見える駿府城の石垣関係の記述を拾っていくと、天正一五年二月五日条に「御かまへ二のくるわ堀普請候」とあり、同じく二月一三日条に「城普請出来候、石取候《いしとりそうろう》」と出てきます。天正一三年閏八月に「御屋敷」ができ、天正一五年三月三日に「石垣の根石をき候」とあり、天正一五年一一月四日条に「二のくるはの石かけ候」とあります。屋敷があるのは本丸でしょうから、その周辺の工事も進み、石垣工事まで終わっていたということでしょう。天正一五年までに二ノ丸その他、周辺の工事も本格化したという流れではなかろうかと思います。

平山　『家忠日記』には、石垣に関する記述は意外と遅く出てきますね。天正期の家康の駿府城をどう評価するかにもよりますが、家康が秀吉政権に従属したことで、秀吉の石垣の技術を積極的に導入できたと考えたほうがいいのでしょうか。それとも従来からその技術は徳川氏がもっていたと考えるべきでしょうか。

千田　近年の研究では、秀吉から技術援助のようなものがあって、家康は城の石垣をつくれるようになったと考える人もいますが、家康領だった三河の山城などに一五七〇年代から八〇年代の石垣をもつ城がいくつもあることを考えると、家康も技術をもっていたのだと思います。駿府城に入る前の浜松城も富士見櫓《ふじみやぐら》の下に重積みの古い石垣の石積みの基礎がしっかり残っています。算木積《さんぎづ》み石垣のつくり方が見られるようになるのは、天正末年から文禄・慶長ごろ、一五七〇年代からで、重積みはそれ以前の工法ですから、天正一〇年代、あるいはもっと古くてもおかしくないです。信長時代の技術相を見せる石垣が点々とあり、家康自身が石垣をつくれなかったとするとつじつまが合わない。つまり、信長がすでに石垣の城をつくっていますので、それほど遅れずに家康は石垣をつくることができたと思います。天正初期の五カ国

（三河、遠江、駿河、甲斐、信濃）の領主時代の家康段階の石垣は、秀吉の大坂城の石垣と比べると、少しうまくないところがあります。駿府城の石垣は角《かど》の石の横に大きな築石《つきいし》（角脇石《すみわきいし》）がなく、小さな間《ま》詰《づ》め石のようなものだけで隙間を埋めて大きな石を上に積んでいます。秀吉が技術援助をして信長、秀吉と受け継がれた穴太《あのう》の技術を伝えたと考えると、石垣の様相から見て矛盾が出てきます。

平山　城を総石垣にする必要はなく、一部を石積みにしているものもあるでしょうからね。

千田　家康自身、畿内に何度も合戦に行き、安土城にも行っています。本能寺の変のときにも上洛していて、石垣の城を見たはずで、自然と石垣の城をつくるようになった。現在の浜松城も総石垣ではなく、大事なところを石垣にしたことから始めていたのです。

天正期の駿府城天守台石垣・北西隅角部（静岡市『駿府城址天守台の発掘調査』より）

平山　二ノ丸の完成前に本丸ができているはずですが、本丸に石を積んだという記録が見えないので、二ノ丸の造営のころから石を積み始めたものと思います。

千田　『家忠日記』天正一六年（一五八八）五月一二日条に「てんしゅのてつたい普請あたり候」と出てきます。このころ天守の普請を開始したのだと思います。

平山　「せいを入とて候」と続けて記されているので、天守の普請をがんばるようにと読めますね。

千田　さらに、翌年の天正一七年（一五八九）二月二日条には石垣普請、二月一一日「小伝守てつたい普請に当候」とあります。二月一九日条には「石くら根石すへ候」と見えますが、これは石蔵の根石《ねいし》でしょう。つまり小天守は石垣で囲んだ地下階（石蔵／穴蔵）をもつ小天守と読むのがよいと思います。この段階で大・小二つの天守が連結した天守群をつくっていたことになりますね。

平山　最初に本丸に屋敷をつくり、二ノ丸の造営には石を積み始めたけれども、本丸の大改修も同時に行ったということなのでしょうか？

千田　記述ではそういう流れになります。この天正一六、一七年は、各地の大名が石垣の城をつくって全国的にも石垣の城が広がるころで、家康だけが豊臣政権から何か特別に技術的な援助をもらえなければできなかったと家康の技術力を低く見る必要はありません。駿府城の天正期の家康の天守台は、大天守と小天守が連結する形だと『家忠日記』からも発掘成果からもわかってきましたし、その後、慶長期には「巨大天守台」と静岡市が誤認している「天守曲輪《くるわ》」の遺構が見つかっています。

平山　駿府城にはその後、中村一氏《かずうじ》が入ってきますよね。中村一氏の天守台造営の評価も議論があると思いますが。

千田　『家忠日記』の記述から、天正期に家康が天守を建てていたことは確かだと思います。静岡市は、これにまったく触れずに、天正期に見つかった天守台は中村一氏が築いたと発表したのです。

その後、駿府城の発掘調査報告書（『駿府城本丸・天守台跡――駿府城公園再整備に伴う発掘調査報告書』二〇二二）では、家康が天正年間につくった天守台だとしていて、発表は矛盾しています。家康が天守をつくりはじめ、天正一八年に城主となった中村一

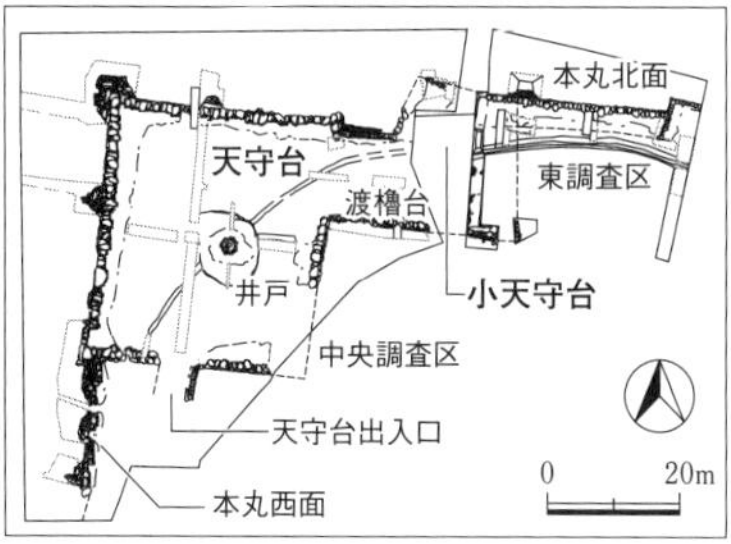

天正期天守台全体図（静岡市『駿府城跡天守台の発掘調査』より）

氏がさらに工事を進めて完成させたのか、家康の段階ですでに完成していたのか、いずれかの理解となるはずです。発掘調査では金箔瓦が出土し、天守の上物をつくったのは中村一氏で、金箔瓦の城にしたと評価していますが、これも矛盾がありま す。出土した金箔瓦には、安土城の信長流の天主と同じ、凹《へこ》んだほうに漆を接着剤として金箔をつけ、巴《ともえ》の紋様が黒く浮き上がる金箔瓦がありました。秀吉の金箔瓦はそれを逆転させたもので、巴の紋様など凸側に金箔を貼りました。中村一氏が秀吉の命で豊臣の力を見せつけるために金箔瓦を葺《ふ》いたのでしたら、秀吉流の金箔瓦だけが出土しなければおかしい。それなのに信長流もあるというのは説明がつきません。駿府城の天守で信長流の金箔瓦を発掘で見つけたということは、家康の天守は屋根まで完成していたと考えはじめて理屈が通ります。

平山　今のところ中村一氏が独自につくった天守は存在しないと考えるほうが自然だと思います。

金箔瓦包囲網説は破られた

千田　中村一氏が秀吉の命で天守を建て、金箔瓦を駿府城に導入したと思いたい人は、金

大名屋敷御成門軒先の金箔瓦（国立歴史民俗博物館蔵「江戸図屛風」左隻第３扇中上）

平山　箔瓦で輝く豊臣の城包囲網で家康に圧力をかけていたとする金箔瓦の包囲網説を取る立場から、引くに引けないのかもしれません。

一九九〇年代に私が提唱したことでもあるのですが（平山優　一九九三）、江戸に移った家康領のまわりに金箔瓦を葺いたたくさんの城を並べて領主が家康にプレッシャーをかけたという説（秀吉による家康包囲網＝金箔瓦による豊臣系城郭のネットワーク）についてですが、このころは発掘調査も限定的で、得られていた情報も少なかったのです。現在では東北地方から九州・宮崎県や長崎県まで金箔瓦の豊臣期の城が発掘調査で見つかっています。瀬戸内地方の発掘成果から見ても、どの城も金箔瓦を葺いている状況で、家康にプレッシャーを与えるためという解釈は成り立つ余地がないと、今では思っています。豊臣政権の「見せる城」は権威の象徴で、特定の人間を包囲するためではないと思います。それに家康自身も安土城を訪ねていますから、金箔瓦を見て家康が恐れ入ることはなかったと思います。明暦の大火（明暦三、一六五七）で焼けてしまいましたが、それ以前の江戸城下では、大名屋敷の門に金箔瓦などを施した御《お》成門《なりもん》が立ち並んでいたことが、「江戸図屏風」にも描かれていますし、記録からもわかります。９章で見るように江戸城下の大名屋敷跡からも金箔瓦が出ていますので、家康は金箔瓦を使わなかったとするイメージは史料的にも資料的にも否定されるところですね。関東に転封された家康は再び駿府に戻ってくる。最初は駿河の泉頭《いずみがしら》城で隠居しようと思ったようですが、沙汰止みになって、駿府に落ちつくことになり、また大改修が行われるのですよね。

政治の拠点へと家康の意識の変化が見える

千田　それが現在の駿府城です。のちの名古屋城や兵庫県の篠山城《ささやま》、さらにその後の大坂城といった、徳川氏の天下普請の原型となった城です。四角い形を基本にして曲輪を重ね、武田氏から学んだ馬出《うまだ》しを巧みに取り入れています。

ただし、駿府城には従来型の馬出しはなく、馬出しの両サイドに切り込んで入っていた堀を省略して、石垣で囲ったコの字形の空間をつくり、それを越えた先を進むと直角に曲がり、堀や橋あるいは土橋を渡って奥の曲輪に至り、さらに本丸へと入っていく。これまでの馬出しを一歩進めた、非常に大型化して効率化した馬出しを城内に巧みに取り入れていきます。篠山城も本丸周囲の馬出しはこの構造で、徳川氏の大坂城でも大手門の桜門の先と北側の山里丸《やまざとまる》の先を出たところが同じ設計なっています。

また、駿府城の石垣を見ると、江戸時代の修理で変更があったとはいえ、外郭の石垣に天正期にさかのぼるような古いものはないと思います。石垣は切石を整然と積んでおり、慶長期の駿府築城は大規模工事だったとわかります。家康は、古い城を増改築したのではなく、駿府城を一新したという印象を受けます。

平山　天正期の石垣を埋めて新たに積み直したのか、それとも全部取り壊して積み直した

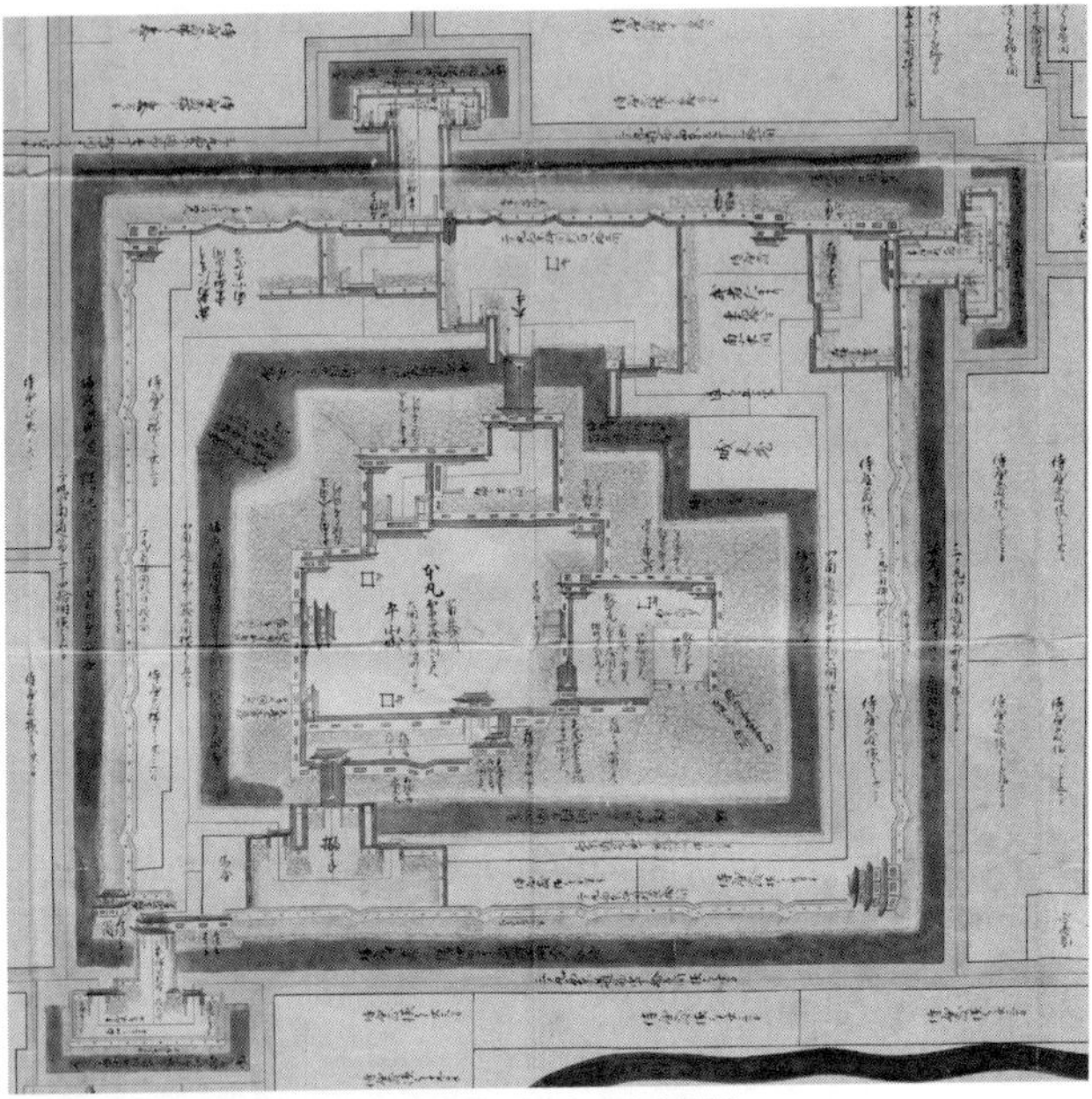

「丹波篠山城之絵図」『正保城絵図』（国立公文書館蔵）

のか。

千田　発掘調査が大規模に進んでいて、慶長期には、天正期の大天守台、小天守台を完全に埋めて上部を壊し、それを完全に中に吸収する形で巨大な「天守台」があったとされています——ただし天守台という評価は誤りで天守曲輪というべきです——。ほぼ同じ場所に全部取り壊して、新たに天守をつくっていました。

非常に大規模な改修といえます（千田 二〇二四）。

平山 織豊期の天守は曲輪の隅につくりますよね。

千田 慶長期の駿府城では本丸の北西の端につくっています。

平山 織豊期の城の系列と考えてよいということですね。

千田 はい。この慶長期の天守は、日本最大の天守と静岡市は主張していますが、中央に天守が建ち、まわりに隅櫓《すみやぐら》と多《た》聞櫓《もんやぐら》を配置した天守曲輪で、独立したひとつの曲輪になっていました。日本最大の天守と説明するのは誤りです。

慶長期の駿府城は家康の城づくりの転機になったと考えていいと思います。

松江歴史館所蔵の『極秘《ごくひ》諸国城図《しょこくしろず》』のうちの「江戸《えど》始図《はじめず》」（慶長一二〈一六〇七〉～一四年ごろ）、「今江《いまえ》戸《ど》図《ず》」（明暦

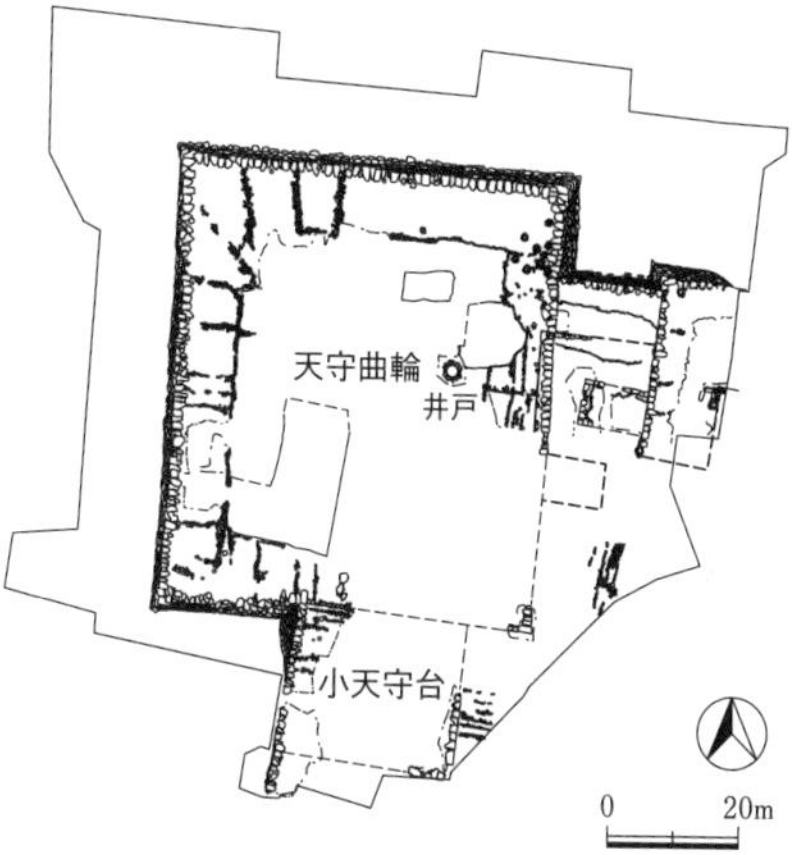

慶長期天守台全体図（静岡市『駿府城跡天守台の発掘調査』より、一部改変）

三年〈一六五七〉以後）を見ると、家康の江戸城は連立式の天守をもった城で、天守が本丸を大幅に圧迫していたため、のちに御殿空間を拡大するように江戸城は変わっていきました。駿府城はかなり単純化した形の天守曲輪をもち、駿府城の後に築いた名古屋城では天守曲輪を廃止して南北に天守を連結させています（連結式天守）。名古屋城は、大天守の西側空堀内に突出したもうひとつ小天守をつくり、なるべく空間を圧迫しない形にしようと当初設計で決めて、工事も始めましたが家康は中止しました。戦いにおける最強の城から、大きな本丸御殿の敷地を確保した政治の拠

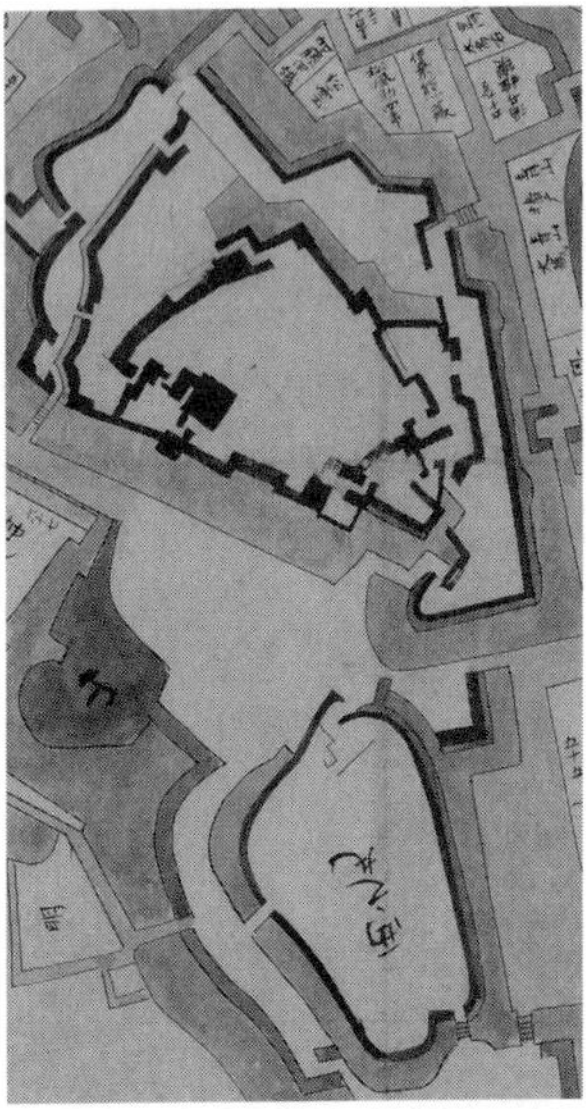

慶長12〜14年の江戸城（松江歴史館蔵『極秘諸国城図』「江戸始図」、部分）

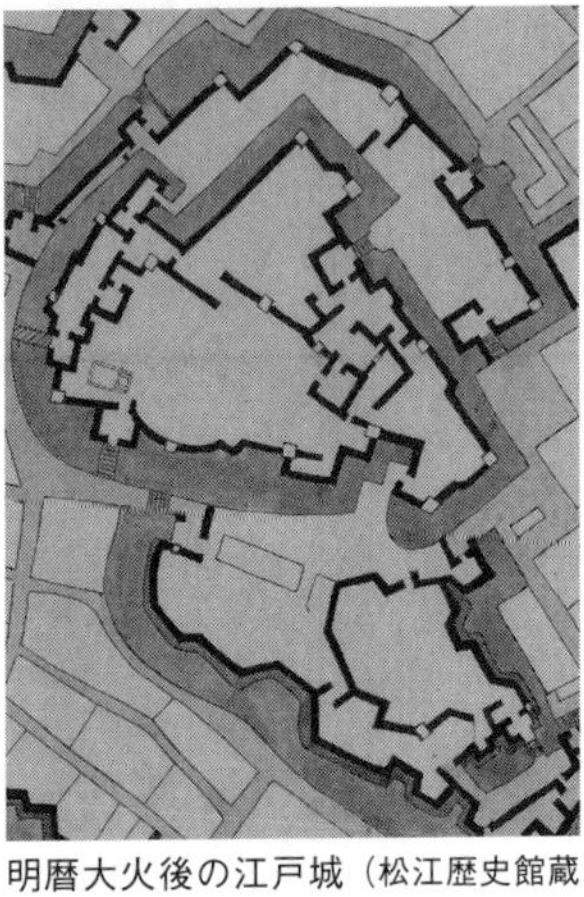

明暦大火後の江戸城（松江歴史館蔵『極秘諸国城図』「今江戸図」、部分）

点としての城へと、家康の城づくりの意識の変化が見えます。徳川秀忠がつくった徳川の大坂城では、名古屋城の天守の形をさらに省略したものになり、この構造が今、見られる明暦の大火以降の江戸城天守台の形にもなっています。家康の天守まわりを簡略化する決断が、二代将軍、三代将軍、四代将軍と受け継がれていったのです。政治の拠点として、城の軍事と政治の機能のバランスをどう取るかと模索する家康の出発点となったのが、慶長期の駿府城だとわかります。

幼少期を過ごした駿府こそ、終の棲家

平山　そう考えていくと、駿府城は家康の政治的な立場の変化を経て成り立ったのだと思えます。ひとつは天正一三、一四年の動きで、秀吉との軍事的な緊張を背景にして、浜松から同盟国北条の支援の得やすい駿府に拠点を移して、東海道筋の城の改修を行っていく。そして秀吉に従属した天正一四年以降は、豊臣大名の城として天正の駿府城が完成していく。これが、中村一氏の段階ではそのまま引き継がれ、豊臣の時代が終わる。そして、家康が天下を取って駿府に隠居する段階で天下普請として、大幅なつくり替えをして、今日の駿府城ができあがっていく。慶長期の駿府城は新

しい技術をふんだんに取り入れた、実験的で先駆的な城として設計されたということですね。

千田　まったくそのとおりです。

平山　駿府城は家康在城時に火事で焼けて、再建しますね。

千田　大工頭《だいくがしら》の中井正清《まさきよ》がすぐに駆けつけたという話がありますね。家康にとって駿府城とは、古くは今川義元の人質暮らしで辛い目にあったというイメージで語られますが、二度にわたって城をつくる。家康にとっては転機の城になりました。家康は駿府がすごく好きだったのですね。

平山　今川時代がよかったので、最終的には駿府に帰ってきたのだと思います。

千田　義元は家康をいじめてないですよね。一門同等に扱い、最高の教育を施し、織田家の人質時代よりは、かなり幸せだったでしょう。

平山　ずっと幸せだと思います。人生で一番落ち着いた、いい時期だったのでは。

千田　幼少でしたから、直接自分で戦うこともなかったですし。高度な文化にふれて学び、気候もいいところです。きっと幼いころの幸せな記憶とともに駿府への想いがあったのでしょう。

平山　人は嫌な思い出のある場所に帰ってこないものですよね。家康の人格形成とか基礎的な教養を身につけたのがこの駿府だったのでしょう。家康はのちに薬マニア、医者顔負けの薬剤師になりますが、そのような文化へ関心を抱いたり、『吾妻鏡《あずまかがみ》』などを愛読するようになったりしたのも、駿府にいたときからだと考えています。武家政権の始まりの鎌倉幕府の成功と失敗を学んでいく姿勢をずっと貫いたのではないかと思います。

千田　家康は東のほうに目を向け、東の可能性を早くから意識していたと思いますが、駿府という場所がそれにはよかった。西からの文化も来ているけれど東との接触が非常に濃厚で東の世界も見える。今川家は西の文化を取り入れ、東にも立脚し、独自の分国法も制定して自立性を保っていました。若き家康がその地で暮らした意味は大きかった。

平山　大きな影響を受けたでしょうね。そして、駿府は交通の要衝であり、京と江戸のほぼ中央に位置しています。それより西では西国の外様《とざま》との関係がどうしても視野に入ってきます。そこは息子に任せるべく、名古屋や和歌山に配置し、自分は駿府に隠居したのだと思います。

千田　静岡市では、今川義元もそうですが、家康は非常に大きな存在として意識しています。今日の静岡につながる町をつくったのは家康だと考える静岡の人の思いがよくわかります。

9章　江戸城と城下の整備

江戸城と城下の整備――「江戸始図」を読み解く

「江戸始図」の発見

徳川家康の江戸城は、長い間、謎に包まれてきた。しかし二〇一七年に島根県松江市の松江歴史館が発表した「江戸始図《えどはじめず》」は、徳川家康の江戸城を考える、きわめて大きな手がかりになった。この絵図を所蔵していた松江歴史館は、松江松平家ゆかりの史料を伝え、「江戸始図」を収録した『極秘諸国城図《ごくひしょこくしろず》』も所蔵品のひとつである。古くは『極秘諸国城図』を松江城天守内に展示していたこともあったが、現在は、重要な史料として松江歴史館で保管している（松江歴史館　二〇一八）。

『極秘諸国城図』は全国に及ぶ七四城の絵図集で、付属文書に元禄五年（一六九二）の記述と「此主　山岡景□」の記載があるので、元禄五年までに成立し、松江藩に仕えた軍学者と推測される山岡景□が所持した城絵図集と位置づけられる。そして『極秘諸国城図』は、藩主が軍学を学ぶ際の資料として、松江藩に仕えた軍学者・山岡景□が編纂したと推測してよいだろう。

また「此主　山岡景□」の記載があることから、藩庫に収めた正本《しょうほん》ではなく、山岡氏が手元に置いた控え図と位置づけられる。藩主が軍学を学ぶために編纂した同様の城絵図集には、岡山池田家の『諸国古城之図』『諸国当城之図』、加賀前田家の『諸国居城図』などが知られる。

各藩の軍学者は藩主の参勤交代《さんきんこうたい》に従って江戸に集まり、それぞれが所持した城絵図の情報を交換し、筆写してコレクションの充実をはかった。『極秘諸国城図』には図中に「小佐」「稲信」などの註記をもつものが認められ、絵図の収集や調整に関わった人物名かと思われる。絵図の封紙《ふうし》に、城絵図を見せてはいけないこと、やむをえず見せるときは、誓詞を取ることを固く守るように記していて、山岡氏は各藩の城の絵図集を、秘匿すべき情報と認識していたと判明する。この点もたいへん興味深い。

平山優さんが時代考証を務め、千田が真田丸城郭考証を務めたNHK大河ドラマ『真田丸』は、二〇一六年に放送された。『極秘諸国城図』には真田信繁（幸村）が築いた真田丸の絵図「大坂　真田丸」も採録していた。そこで真田丸の絵図を調べるために、松江歴史館を訪ねた。その絵図調査で『極秘諸国城図』が採録したほかの城の絵図を確認するなかで「江戸始図」も熟覧させていただいて驚いた。

「江戸始図」が、幻の慶長期の家康江戸城を描いた絵図であったからである。しかも「江戸始図」は、城壁や櫓台《やぐらだい》・天守台の石垣を黒線で、土手や切岸《きりぎし》(曲輪周囲の人工の急斜面)を緑色で、堀を水色で、城道を黄色にそれぞれ彩色して、明快に示す。家康の江戸城を解明するための、きわめて重要な絵図だと瞬間的に確信した。すばらしい絵図資料との出会いである。

家康の江戸城を描いた絵図には、これまで「慶長江戸図」(東京都立中央図書館蔵)がよく知られていた。この絵図ももちろん重要な絵図である。ただし本丸の石垣や枡形《ますがた》の描写にゆがみがあり、ゆがみを補正しないと城のかたちを整合的に読み取れない。しかし「慶長江戸図」の描写を適宜補正してゆがみをなくし、合理的に城のかたちの解釈を進めると、都合よく絵図の描写を改変して論じている疑惑を免れない。

さらに「慶長江戸図」は石垣と建物の描写を区別しない。だから、このラインは石垣を示し、このラインは御殿を示すと解釈していくことはできるが、これも推測の上に推測を重ねて絵図を読み解くことになり、研究の精度を客観的に高めるのが困難だった。それに対して「江戸始図」は軍学系絵図なので御殿などの描写を意図的に省いた上に、正確な描写で曲輪や塁線、城道を示したので、家康の江戸城のかたちを読み取り、歴史的位置を考えるには、誠に適した絵図だった。

なお「江戸始図」は、現在は伝えられていない祖図《そず》を縮小して写して成立したものである。基本的な描写内容は「慶長江戸図」と類似するが、本丸御殿を描かないこと、大名屋敷名の記載などに差異があり、両絵図の祖図は異なっていたと考えられる。「江戸始図」の描写は縮小していても精緻で、祖図はかなり大きく、情報量の多い絵図であったと推測される。

江戸城にそびえた連立式天守

「江戸始図」が描いた江戸城本丸北西隅に、四角く黒く塗りつぶした部分があり、ひとまとまりの囲郭《いかく》を構成しているのを見つけられる。これら巨大な四角形が連なった表記は、石垣による天守台と小天守台を多聞櫓《たもんやぐら》で有機的に結んだ姿と分析できる。つまり慶長期の家康江戸城は、大天守と小天守を多聞櫓によって結んだ連立式天守を備えていたと評価できる。

連立式天守とは、一つの大天守と三つの小天守を多聞櫓によってつないだ最も複雑な天守形態であった。囲郭の中央には、大天守と小天守、多聞櫓で守った空地を備えた。連立式天守は本丸のさらに上位空間に位置づけられ、独立した要塞「天守曲輪」をつくり出した。現存する天守では、兵庫県の姫路城、愛媛県の伊予松山城が連立式天守である。「江戸始図」の描いた連立式天守を、現在の地形図上に投影すると、家康江戸城の連立式天守の規模は、姫路城や伊予松山城を圧倒した巨大さだったと推測できる。家康江戸城の連立式天守は、まさに史上最大の天守群だった。静岡市は、慶長期の家康駿府城が、江戸城の天守を超えた史上最大の天守だったとしているが、本書の8章駿府城の考察で明らかにしたように、静岡市の駿府城天守の理解は、天守台と天守曲輪を混同した結果であり、明らかな誤りといわなくてはならない。

最大だから偉い、最古だからすごいという指標に頼って遺跡や城跡の価値を押し通そうとする手法は、単純な事実誤認である上に、旧石器捏造《ねつぞう》事件とも同根の、悪しき考古学の意識の踏襲である。静岡市は評価の誤りをすみやかに正すべきだと思う。

天下の実権を取っても油断しなかった家康

連立式天守を備えた江戸城は、たとえ本丸が落ちてもなお天守曲輪が機能して戦い続けられた。家康は江戸城を最強の軍事要塞として築城した。確かに慶長五年（一六〇〇）の関ヶ原合戦など、家康の負けられない戦いは、江戸に移ってからもうち続いた。そして関ヶ原合戦に勝利し、征夷大将軍となった家康が、その後も油断していなかったのを「江戸始図」は物語る。

家康は天正期の家康駿府城で、大天守と小天守を連結した天守群を実現していた(静岡市教育委員会 二〇二二)。慶長期の家康江戸城の連立式天守は、天正期の家康駿府城の天守設計の発展と考えて、整合的に理解できる。織田信長の安土城天主や、豊臣秀吉の大坂城天守が本丸より上位の詰丸《つめのまる》にあり、基本的に単立した天主/天守であったのに対し、天正期の家康駿府城の天守、慶長期の家康江戸城の天守は、いずれも強力な軍事拠点としての実用性を一層濃くもっていた。天主/天守のシンボル性を重視した信長・秀吉に対して、家康は、より使える軍事的実用性のある天守を志向した。

天守の実用性という視点から、慶長期の家康江戸城天守の意匠を考えると、家康の天守は富士山と並んで雪の峰にそびえ、夏も雪のように見えて趣があると、『慶長見聞集』が伝えるので、白漆喰層塗り籠めの外観であったのがわかる。白漆喰層塗り籠めの壁は、当時最も火災に強い外壁の仕様だった。やはり家康の江戸城には美しさだけでなく、実用性が伴った。

家康江戸城の連続外枡形と連続馬出し

天守以外にも注目すべき描写が「江戸始図」にはある。本丸南側の大手口は、鉤《かぎ》の手形に石垣を屈曲させた「外枡形《そとますがた》」を、五つ連続していたと読み取れる。また本丸北側の出入り口には三連続の馬出しを確認できる。外枡形は織田信長の安土城、豊臣秀吉の大坂城の主要門が採用した天下人の格式を備えた西日本に由緒がある出入り口のかたちだった。

一方で、江戸城本丸から北に出る出入り口は、本丸を出て堀を渡ると半円形の広場があり、広場を経由して左右に分かれて進むプランになっていた。このように城門前の堀を渡った先に広場を置き、左右に分かれて外へと接続した出入り口を「馬出し」と呼ぶ。

そして江戸城本丸の北側の出入り口は、馬出しを三つ連ねた、三連続馬出しになっていた。馬出しは関東の北条氏、甲斐の武田氏が一六世紀半ばごろから用いた、東日本に由緒がある出入り口のかたちだった。つまり慶長期の家康江戸城は、西日本由来の外枡形、東日本由来の馬出しを統合した、まさに城づくりの視点から見ても、みごとに天下統一の城を達成していた。

（千田嘉博）

対談・9章　江戸城と城下の整備

対談でめざしたこと――

家康は江戸へ行くことになったのは秀吉に命じられて江戸へ転封したなどの説があるが、その理由は明確にはなっていない。ただ、家康は江戸を、かつて北条氏が支配していたこともあり、東国の中でも重要な地であると理解していたと考えられる。江戸に移った家康は城と町づくりを始める。

城づくりのほか、家康が力を入れたのは江戸の城下町の整備であった。頻繁に氾濫《はんらん》していた利根川《とねがわ》の付け替え、町への飲料確保のため大規模な水道工事も行った。螺旋《らせん》状にめぐらされた堀に沿って町は拡大していく。このような大規模な土木工事を可能にしたのは、土地の権利をもつ人や組織がそれほど多くなく、権利がない場合もあり、自由に開発できたこともある。さらに江戸を移ることを決意したのは港を整備すれば、将来にわたって発展が見込めると考えたからでもあった。

江戸城下はある程度の装飾を許し、この地を首都としてふさわしい姿にすべく、町を華やかなものにしていった。また、町から見える江戸城天守は白の漆喰《しっくい》で浮かび上がるようであったという。それは同時に江戸に人を呼ぶ戦略ともいえるだろう。城の外装も時代に伴い変わっていったが、明暦の大火（明暦三、一六五七）以降、江戸城天守は再建されることはなかった。

天下泰平の世に移行する時代の江戸城の変化や城下発展を支えた技術、江戸の町民の心意気について考える。

江戸に自ら移転し、思いどおりの町づくりをする家康

千田　いよいよ家康、江戸へ、となります。

平山　江戸城は何段階も拡張工事が行われました。家康の時代では前半と後半とに分けたほうがいいでしょう。家康は天正一八年（一五九〇）に関東に移封され江戸城の普請が始まりますが、将軍宣下《せんげ》（慶長八、一六〇三）を受けたその年から家康は天下普請を始めます。これをひとつの区切りにして、前半と後半に分けて論じるのがよいと思います。

千田　天正一八年、秀吉が小田原攻めのさなかに、家康に江戸はどうだと転封を勧めたといわれますが、確たる史料はありません。

平山　転封の時期や理由は実はよくわかっていないのです。

千田　秀吉に勧められたというより、家康自身の選択だったのだと思います。天正一八年、家康が入ったとき、江戸は鄙《ひな》びた漁村のような場所だったといわれてきましたが、最近の研究では、すでにそれなりの都市だったとされていて、江戸に対する評価が変わってきています。

平山 江戸湾（現在の東京湾）という内海を掌握する重要な場所であり、対岸が里見《さとみ》氏の領国なので、北条氏にとっては小田原、品川と並んで非常に重要な拠点であったのは間違いないでしょう。戦国期の江戸城には北条氏重臣の遠山《とおやま》氏が入って統治していました。当時の江戸城はみすぼらしい城ではなかったと思います。

千田 秀吉が攻めてくることを考えて、関東の北条氏系の城はそれなりの改修をして整えています。江戸城も城として劣ったものではなかったでしょう。太田道灌《どうかん》の時代からの歴史があります。具体的なことはわかりませんが、北条氏系の土づくりの城であったと考えられます。寺があり、城下町があり、交通の要所に位置していました。

平山 江戸城が築かれた当時は武蔵野台地の先端に位置し、台地の先は日比谷入江《ひびやいりえ》が広がっていました。江戸城を眺めるとなぜ本丸がこんな高い場所にあるのかと思いますが、潮見坂《しおみざか》などの名称から、そこに江戸城を置いた理由がよくわかります。

江戸城へは海路を進んで品川から台地に上がって、現在の赤坂・六本木から進むルートであったのを、海岸線沿いに進むように付け替えたのは家康の時代になってからでしょう。

千田 谷を削った土で日比谷入江を埋めるなど大規模な工事を行っています。江戸のまち

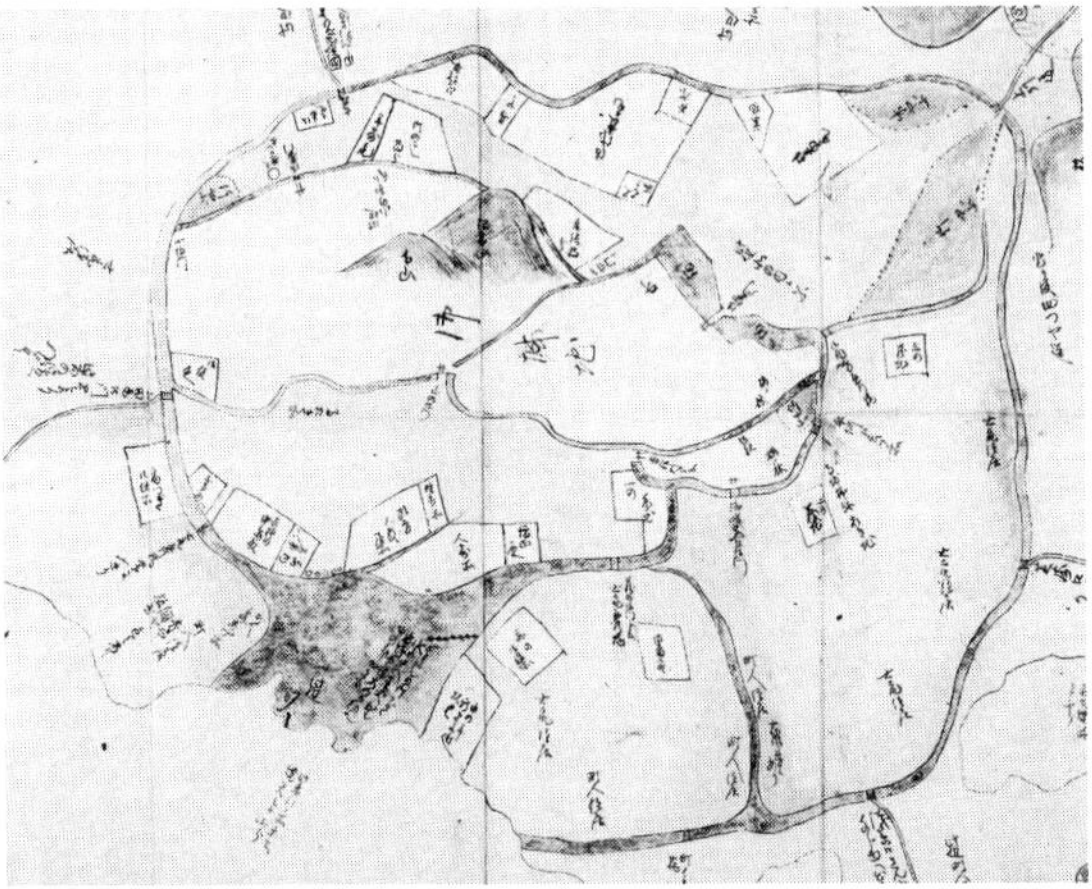

別本「慶長江戸図」。図の左下、塗りつぶされた部分は日比谷入江
（東京都立中央図書館蔵）

づくりは当初から相当な規模になるとのイメージを家康はもっていたということですね。

平山　存命中には完成しなかったのですが、家康は江戸を大坂並み、あるいはそれ以上の都市にしようとしていたようです。まちづくりの課題は利根川《とねがわ》の問題、それと飲料水の問題だったと思います。この二つを同時に解決する方策が家康の江戸のまちづくりの大きなポイントでしょう。

千田　家康が江戸に入るころには全国で複雑な城がつくられるようになっていましたが、その背景には測量の技術や土木技術の発達がありました。急激に発達した城づくりの高度な技術を江戸のまちづくりに転用した。家康は最新技術を採用したと考えられます。

織豊系先端城郭と東国の土の城のいいとこ取り

平山 北条氏の時代の江戸城は太田道灌《どうかん》以来の姿であったと思いますが、道灌時代の縄張《なわば》りからどのくらい違うものとなったのでしょうか。

千田 江戸城は非常に研究が難しい城です。江戸時代初めにできた城、たとえば熊本城は、加藤清正の子の忠広《ただひろ》が増改築を行っています。加藤氏の改易《かいえき》後、細川忠利《ただとし》が入ってからも改修しています。ただし原型を保ったままの増改築で、全体の形が大幅に変わったわけではありません。ところが江戸城は幕府の城であるため、法に縛られずに増改築を続け、家康の時代の江戸城の姿はほぼ残っていません。残っていたとしても断片化しています。

8章で見たように、近年、島根県松江歴史館で見つかった「江戸始図《えどはじめず》」「今江戸図《いまえどず》」からは、本丸の中に姫路城のような大天守と小天守を連立させた、当時としては最も複雑な連立式の天守群をもった城であったと判明します。南の大手筋、現在の富士見櫓《ふじみやぐら》の脇のところへ出てくる道が本来のメインルートだったようです。これは熊本城のような、信長以来の外枡形《そとますがた》をいくつも重ねたつくりになっています。それに対して本丸の北側は、絵図を見ると馬出しを横方向に三つ展開した、明らかに武田流の城づくりの形になっています。また慶長期の江戸城本丸周辺は石垣でがっちり固められていますが、鉢巻《はちまき》石垣や腰巻《こしまき》石垣など、桜田門から北側では現在も二段の石垣が残っていて、土と石垣のハイブリッドは東国の城の特徴を示しています。

平山 道灌濠――現在の西の丸と吹上《ふきあげ》を分けている堀――があり、さらに本丸の中にも堀があったという人もいますが、いかがでしょうか。

千田 その可能性はあると思います。江戸城はもともと土づくりの城でした。本丸はまわりと比べて高所にありますが、北条氏の時代よりかなり拡張していると考えられ、もともとあった堀を再利用したり、埋めたりした部分があると思います。

　家康の江戸城は、研究上で織豊系城郭と呼ぶ、西日本の信長流の城づくりを受け継いでいる一方、東国の城づくりの伝統も受け継いで、馬出しを巧みに縄張りの中に取り込んでいました。西と東のいいところを合わせた、城の天下統一でした。

平山 天正期には、現在の赤坂、つまり武蔵野台地に向かって城下が展開し、日比谷入江

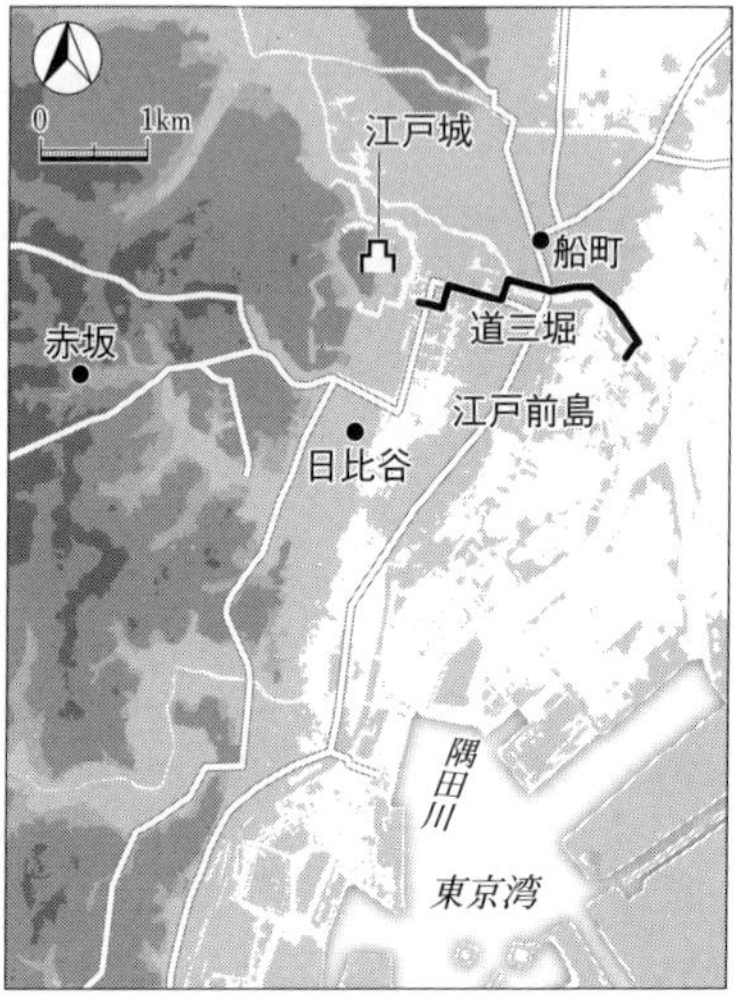

日比谷入江、江戸前島の位置関係図（国土地理院地図の標高データを利用して作成）

の先に半島のように出た江戸前島《まえじま》とその向かいの船町《ふなまち》との二つの港に大量の船舶が停泊する「海の城」だったと考えています。

千田　そして最終的には「の」の字のように、ぐるぐると螺旋《らせん》型の堀がめぐる構えをもつ城下町となっていました。堀は守りの役割を果たすと同時に城下の中をめぐる水路でもあり、海と陸をつないで物資を運び届け、搬出する役割を果たしました。

会津若松城下町など、城下町の多くは城を中心に周囲を大きな堀で囲みます。これを惣構《そうがま》えといいます。江戸の城下町は堀で都市を囲むのですが、先に述べたように城の堀を起点に螺旋状にぐるぐるっと右回りで最終的には堀を三重にしました。

「慶長江戸図」。中央の江戸城の堀から外側へ江戸の町を取り囲むように堀がつながっている（東京都立中央図書館蔵）

惣構えで一定の範囲を囲んでしまうと、都市が発達すると武家屋敷や町屋が入りきらなくなります。それでは都市プランは崩壊してしまいます。江戸のように螺旋でめぐらせると、町が拡大したら螺旋の先をさらに延ばしていけばいいのです。堀が螺旋状になっているだけでなく、ところどころで隅田川と接続し、江戸湾にも直結して船であちこちから入っていけます。堀が物資輸送ルートにもなり江戸の都市機能の骨格にもなったのです。

本丸と西の丸の二つの核をもつ天正期の江戸城

平山　天正期の江戸城の縄張りは現在ではまったくわかりませんが、今の本丸を中心とした場所にあり、西の丸の皇居側とは川で隔てられていたと推定されます。現在の皇居の吹上御所や新宮殿一帯と戦国の江戸城の中心は、空間的には重ならないとされています。天正期の西の丸一帯はどんな場所だったと考えたらいいでしょうか。

千田　これまで戦国期北条氏の小田原城の中心は、現在天守が立つ近世以降の本丸ではなく、山の上の八幡山古郭《はちまんやまこかく》で、北条氏の時代に城は軍事的な部分と日常の部分との使い分けをしていたと説明されてきました。ところが近年の発掘調査の成果から、現在の天守が立つ本丸が北条氏の時代にも中心で、山の上の八幡山古郭は軍事部分、詰め城のような曲輪と理解すべきと評価が改められました。いずれにしても、北条氏の段階から中心部分が二つに分離して一つの城を形成していたと確認できます。

そして家康の江戸城も、本丸と西の丸、二つの核が一つの城となるよう、初期から連携していたと考えています。

平山　江戸城西の丸は「紅葉山《もみじやま》」ともいわれ、戦国期には川を挟んで二つの城空間があったとしてもおかしくないですね。浜松城も東側に引馬《ひくま》古城を置き、西に拡張していますからね。

千田　浜松城は、元来の引馬城を捨ててしまうのかと思いきや、城域にしっかり取り込んでいく。引馬城の位置は浜松城とは別な、独立した低い地点で、本体の浜松城から比べれば不利な地点ではありますが、守りを固めた武家屋敷として活用します。

白漆喰で五重の慶長期の江戸城天守

平山　家康は慶長期に江戸城天守を建てました。城下町が整備された日本橋から道三堀《どうさんぼり》をまっすぐ抜けて天守が真正面に見えるように都市デザインが施されたと都市計画の専門家は主張しています。

千田　家康は天守の展望を考えていたでしょうね。秀吉の大坂城も城下の主要街路であった高麗橋通から天守への展望（ビスタ）が通るようになっていました（宮本雅明　一九八六「櫓屋敷考〈下〉」）。家康も築城にあたって城の見せ方を考えていたと思います。家康の場合、もとの城があったとはいえ、慶長期以後の江戸城造営は、新築なので理想的なビスタを実現できたでしょう。

平山　現在、江戸城の天守を復元しようという案が出ていますが、どこまで根拠があるのでしょうか。

千田　いくつかの記録に天守の規模の記述があります。それによれば家康の天守が五重だったとわかりますし、柱についても記述がありますが、復元図はほぼ想像図です。また江戸城の天守は富士の峰と並んで白くて美しい（「家康公興せらる、江城の殿守は五重鉛瓦にてふき給ふ、富士山にならひ雲の嶺にそひえ夏も雪かと見えて面白し」）と当時の記録（『慶長《けいちょう》見聞集《けんもんしゅう》』）に出てくるので、白漆喰の壁だと判明します。

平山　姫路城のような城があったように描かれていますね。

千田　時期的には姫路城のほうがわずかに早いのですが、姫路城は江戸城とコンセプトを共有していたと考えています。

公儀の城としての江戸城へ姿を変えていく

平山　天正の普請が始まりますが、家康はほとんど江戸にいませんね。

千田　畿内常駐ですね。

平山　家康は豊臣政権の重鎮で江戸にはほとんど滞在していません。江戸不在の間、江戸城普請はどうなっていたのか。史料がほとんどありません。

千田　ほかの武将は遠く畿内にいても国元の普請についていろいろと細かく指示する文書がありますが、家康にはそのような史料がありません。

平山　将軍宣下を受ける慶長の直前まで家康がどう造営したか、よくわからないですね。秀忠《ひでただ》は江戸にいましたが、かなりの期間は上方に常駐して、許可をもらってから江戸に帰っています。

千田　秀忠は家康に比べれば江戸にいることが多いのですが、それでも付きっきりで何か造営に携わることはできそうにありません。関ヶ原合戦の前に書状を数多く送り、西国・東国の情勢などを睨《にら》みながら、江戸城にいながら、戦う前にどれだけ味方を見つけられるか、家康はその重要性を見抜いていて、江戸から動きません。

平山　家康は関ヶ原合戦に勝利した後になっても、あまり江戸にいません。慶長期に豊臣政権の事実上のトップになってからは、ピッチを上げて江戸城の整備を進めていきますね。

千田　そして幕府を開いてから江戸城は公儀の城となるので、石垣や堀の普請をさせていきます。城にせよ石垣にせよ、コンセプトが決まっていないと、堀を掘らせることもできませんし、石を積ませることもできませんから、しっかりとした江戸城の骨格がしっかりと、立てられたと思います。しかし石垣用の石が江戸付近では取れず遠隔地から運ばせるなど、江戸城の建造は困難を極めました。

平山　日比谷入江の埋め立てがいつから始まり、いつ終わるのかを定めるのは難しいのですが、神田山《かんだやま》を切り崩して埋め始めたといわれています。

家康はよく成し遂げたなと思うのは、江戸城を水路で江戸湾につなげたことです。日比谷入江の先に「江戸前島」と呼ばれた半島状に突き出た場所があり、前島から回り込まなければ物資は江戸城にたどり着けなかったのです。この状況を打開するため、入江を埋め立てて水路を開削しました。のちに幕府の医官、曲直瀬《まなせ》道三が近くに住んだので、先に出てきたように道三堀と呼ばれるようになります。つまり、埋めながら水路を整備していく。これは秀吉と同じ手法ですよね。

千田　よく考えられていて合理的です。数々の築城工事を短期間にこなしてきたことで、工事をどうすれば完遂できるか家康自身も家臣たちも熟知していたのでしょう。

合理的でありつつ、華麗な町へと江戸が変貌

平山　慶長八年（一六〇三）の将軍宣下直後、家康は大名に動員をかけて江戸城の普請を始めます。西国の大名たちも動員しており、秀吉によって培われた諸大名の築城技術の粋が江戸城にも投入されたのでしょう。天下普請が本格化し、城普請と城下の整備が同時に進んでいったのだと思います。

千田　家康は江戸城下の街区設計で道路で囲んだ町の中央に空地があるようにしています（会所地《かいしょち》）。秀吉が天正地割で改造する前の京都の正方形の街区を復活させたのです。いにしえの京都の格式をもつ町として江戸の町をつくったのです。

平山　江戸は更地《さらち》から城下町を天下普請でつくりますが、そこに商人たちが呼び寄せられて新たな町を自分たちでつくっていきます。古くから続く村や町の自治ではなく、新興都市の町の自治というのがほかと違いますね。戦国期以来の江戸の住人たちもいたでしょうが、新たな場所で、新たな町を自らの手でつくっていく意識が醸成されていったのでしょうね。

千田　町割の歴史を見ていくと、信長が小牧《こまき》の城下町で始めた城下町プランがあります。

長方形街区《ちょうほうけいがいく》と呼ぶもので、街路で四方を囲まれた町は正方形ではなく長方形で、町家の敷地のお尻の部分をくっつけて並べて、道に面した両側の町屋がひとつの町をつくりました（両側町）。秀吉の大坂城でも採用されています。

中世戦国の京では街区が正方形にめぐったので、町の真ん中が空き地でした。町屋の間口《まぐち》が道路に沿って四面に張り付いていましたが（四面町《しめんまち》）、中央に巨大な空き地があり、共同の井戸やトイレがありました。それでは土地がもったいないと、天正期に秀吉によって町の南北方向に通りがつけられて、京都も信長の小牧城下町で始まった長方形街区となって今日に至ります。

家康は、江戸城下の中心の日本橋あたりを、信長、秀吉が否定した正方形の道路網でつくったのです。さらに天下普請で名古屋や駿府などの市街地中心に応用していきます。そこには強い意志があるように感じます。「江戸図屛風」が描いていますが、日本橋に江戸城と同じ三階建ての白漆喰《しろしっくい》の町屋をつくらせています。費用は町人もちです。それをつくれば正月に江戸城に将軍にご挨拶に行くことができる特権が与えられました。

江戸城を立派につくることと合わせて、城下町の町並みを古代宮都の格式をもち、

江戸日本橋の白漆喰の町屋（国立歴史民俗博物館蔵「江戸図屛風」左隻第２扇下）

平山　首都にふさわしい都市景観にしようとしたのは、家康がすぐれたプランナーだったことを示します。幕府の中心を江戸に置いた以上は大名屋敷を集中させる必要が生じ、膨れあがる人口を支えるべく、供給を担う都市が必要となり、商人の町も同時につくられるようになります。短期間に巨大な都市を一気につくる必要があり、家康は城下の整備までを天下普請としてやってのけてしまうわけです。

千田　改めて「江戸図屛風」を見ると、商店の軒先を連ねたアーケード街になっています。建物の外に通行できる庇《ひさし》をそれぞれの町屋が設けて日差しを避け、雨の日にも快適に買い物ができる町並みになっていました。幕府が命じたわけではなく、町人たちが独自につくり出していたのです。大きな道路側に差し掛ける屋根が連続していますが、一軒一軒、屋根の素材が違ったり、高さが違ったりしています。かつては、堺《さかい》のような町民の自治を主体とした都市こそが理想の姿で、城下町は権力者に屈服した町という評価がありましたが、城下町を改めて評価する必要がありますね。

秀吉の時代までは金箔瓦を使うなど豪勢だったのに、家康はケチで城に金箔瓦を使わなくなったといわれます。しかし「江戸図屏風」などを見ると、先に平山さんから指摘があったように、明暦の大火（明暦三年、一六五七）以前は、日光東照宮が引っ越してきたかのような絢爛《けんらん》な御成門《おなりもん》をもつ大名屋敷が並んでいます。それらが家康の時代に全部できたかどうかは別として、家康の江戸城下は質実剛健というよりは、安土桃山時代の華麗な大坂にも京都にも負けないような都市でした。

平山　加賀藩前田家下屋敷、伝佐竹家上屋敷など江戸城下の大名屋敷跡から金箔瓦も出土しています。そう考えると新首都・江戸の建設開始当初はそれなりにきらびやかであったと考えておかしくないです。

千田　特に慶長期の江戸は豊臣の大坂に負けないキラキラした都市としてできあがったのでしょう。

水道と流通網のインフラ整備も計画的に実施

平山　江戸城は慶長期に城として完成するわけですが、江戸城と江戸の町を常に悩ませていたのは飲み水の問題ですね。建設の初期の史料はありませんが、神田山を切り崩したときに、よい湧き水が小石川《こいしかわ》にあったといわれ、小石川から上水道を通したのが江戸の最初の用水で小石川上水だといわれています。家康の命を受けて大久保藤《おおくぼとう》五郎《ごろう》が開削したとされます。それでは到底足りず、神田上水が整備され、なおも不足するので、江戸城南側の赤坂の溜池《ためいけ》を使って南側の大名屋敷に供給するシステムが取られます。最終的に江戸の飲料水問題は玉川上水で解決されますが、初期のころは相当苦労していました。

千田　急速な都市拡大にインフラが追いつかなかったでしょうし、井戸を掘っても解決できなかったのは厳しいです。多摩川から江戸までの距離を運ぶのはきわめて綿密な測量や計画が必要です。上水道が通る土地は当然、誰かの土地ですから、その利害関係の調整が前提としてあります。関東一円を支配した家康でなければこれほどの大規模なインフラ整備は無理でした。

平山 武蔵野《むさしの》の一帯は大きな武家が北条氏の時代にほぼ潰れているので土地の利害関係の調整は比較的楽だったでしょう。村内の調整などはあったでしょうが。私は杉並の荻窪が実家で、すぐそばが善福寺公園です。あの湧き水が江戸の飲み水の一端になっているということは子どものころから教えられて知っていたので、あそこから千代田区の一帯までよくぞ水を運んだものだと感心します。

千田 今の技術や道具をもってしても大工事ですから、城をつくるのと同じたいへんさです。

利根川の大改修もすごいですね。地図を見ると今の利根川とは全然違うところを流れていました。

平山 利根川は江戸時代初めには江戸の城下町の中心に向かって流れていました。それを家康から家光、その後、何代にもわたって工事が続けられました。

千田 利根川の付け替えにしても関東一円を押さえていなければ、各大名の領地を通ることになるので不可能です。

平山　江戸城をつくるためには膨大な量の漆喰が必要です。実家の近くに五日市街道と青梅《おうめ》街道が通っていますが、青梅街道は武蔵国多摩郡の成木《なりき》村（青梅市成木）から大量の石灰を運んでくるために大久保長安《ながやす》が整備したといわれています。だから江戸城の白漆喰は青梅産だというわけです。

千田　家康や江戸幕府に仕えた近世初頭の大工棟梁《とうりょう》の技術書『愚子見記《ぐしけんき》』によれば、白漆喰の天守の姿について「権現様、お好みなり」とわざわざ注記しています。家康は白が好きだったんですね。

平山　秀吉は黒い漆が好きでした。

千田　まったく対照的で面白いですね。黒い城から白い城へ変わったという説がありましたが、大きな流れとしてはそうでした。白漆喰は寒冷地では冬に水分を吸って体積が膨張し、剝げ落ちてしまいますから、下見板《したみいた》でしかつくることができないために、黒っぽい城になります。

平山　信州の城もそうですね。漆喰の面積が少ないです。

千田　松本城もそうですし、上田城もそうです。

平山　瓦にも温度が影響します。信州では瓦を載せられる城と載せられない城があります。

千田　諏訪《すわ》の高島城は板張りです。諏訪では気温が低すぎて瓦が割れてしまうのですね。

平山　近世初頭の城瓦は釉薬《ゆうやく》でコーティングせず素《す》焼きなので水が染みると割れてしまう。一概に黒い城から白い城へと規定することはできず、傾向としてはいえるけれども、個々の条件によるということですね。

千田　領主の石高が小さかったら、大量の漆喰を調達したり、遠隔地から石を運んで石垣で囲むのはとてもできませんが、江戸幕府だから江戸城は全部装備しました。

政務の場を取るために天守重視から御殿へ改修

平山　家康がつくった慶長の江戸城の姿は「江戸始図」などを参考にして考えるしかありませんが、それらに描かれているのはおもに本丸です。本丸に絞って話をすると、慶長の天守を廃止して、その後、元和の天守が秀忠によりつくられます。慶長の天守を石垣の根まで破壊して新しくつくったということでよろしいですか。

千田　天守石垣の根の部分は地中に深く入っていますので、発掘すれば天正・慶長期の石垣は残っていると思います。しかし現在は皇居の東御苑で、完璧に保護しているので発掘は難しいのですが、将来調査をすれば痕跡は見つかると思います。

平山 なぜ慶長の天守を壊して元和の天守をつくる必要があったのでしょうか。

千田 理由ははっきり書かれていません。天守が燃えた事実はありませんし、戦が原因でもありません。秀忠の意志だと思いますが、ひとつには、家康の江戸城は姫路城のような連立式の天守で、本丸の中では日頃使わない部分でした。巨大な天守群が大きな面積を占めていました。御殿を拡張しようとしても天守群が邪魔になるので、政治と儀式で治める近世の将軍にふさわしい御殿につくりかえるとすれば、連立式の天守を取っ払い、大天守が単立する形とするのが合理的な判断だと思います。

平山 江戸城は全国の大名を集める政治の場でもありますね。政務の場を広く大きくするのはよくわかります。

千田 戦いや落雷で焼けたのであれば、それを機につくりかえるということもあるでしょうが、積極的な理由を考えると、秀忠は戦い重視から、政治の場としてよりふさわしい江戸城本丸御殿を整備するという意志をもったのだと思います。

平山 その後、家光により寛永の天守が建てられるわけですが、その契機も同じなのでしょうか。

千田 やはり理由は、よくわからないです。家光の寛永天守もとても立派です。近年、T

ＯＰＰＡＮが東京国立博物館の監修で高精細のＣＧで寛永の江戸城天守を復元していますが、みごとなものです。代替わりで天守を変えるような意識があったのでしょうか。

平山 寛永の天守は明暦の大火で焼けてしまいます。

千田 天守の建設は打ち止めになりました。

平山 現在に残る天守台は寛永天守とは別物ですよね。

千田 明暦の大火後、当初は復興する計画を立て、加賀藩前田家に天守台の石垣を新たに積ませています。元の石垣は火災を受けて使える状況ではなかったので全撤去して新たに石垣をつくるところまでいったのです。しかし天守は立てなかった。現在の天守台の上に天守が立ったことはないのです。

平山 寛永天守は差図まで残っていて、綿密に復元できますが、現在残る天守台とはまったく無縁のものですね。

10章　家康が築いた近世城郭

家康が築いた近世城郭

織豊系城郭論の誕生

今から五〇年ほど前の一九七〇年代に城郭考古学はまだなく、それどころか考古学の分野で城を専門にする研究者はいなかった。城の研究は文字史料にもとづく文献史学、絵図・地図資料にもとづく歴史地理学、城郭建築を中心にした建築史学のそれぞれが行っていて、分野を横断して総合的に城を捉える視点もなかった。

そして中世の山城や館の大多数は、アカデミックとしての研究対象からは漏れていて、中世の城館跡がどこにあって、どんな状況かといった基礎的な地表面観察調査は、民間学として城郭ファンが担っていた。さらに戦後のアカデミックな歴史研究は、城の総合的な研究を、長く除外した。軍事に関わる研究への忌諱《きい》の意識と、合戦や城の研究は、アカデミックな研究者が行うようなことではないと固く信じたからである。

その後、一九七九年に村田修三氏による日本史研究会の大会報告「城跡調査と戦国史研究」が画期となって、はじめてアカデミックな歴史研究として城郭研究を進める道が拓かれた（村田　一九八〇）。さて、一九八〇年代の城郭研究では、土づくりを主体にした中世の城と、石垣を主体にした近世の城との関係を、学術的につかめていなかった。別言すれば、中世の城の中から近世の城はどう生まれたのかをしっかり説明できなかったのである。

そこで千田は、信長・秀吉・家康の城を構成した出入り口や堀、石垣などの発達を、考古学における「型式学」を適応することで系統的に捉え、城を構成した出入り口や堀、石垣などがそれぞれにもった型式の組み合わせを、ひとつの有意な型式群のまとまりである「様式」として整理した。

この結果、中世の城は、信長・秀吉・家康の居城を規範とした織豊系城郭をもとに五つの段階を経て近世の城へと系統的に発達したと明らかにした。そして豊臣政権が全国の大名を豊臣大名化したことで、画一性の高い織豊系城郭が、近世城郭として全国に一斉に成立したと説明した（千田　一九八七）。

再評価される家康の城

信長・秀吉・家康の三人のうち、安土城の信長と大坂城の秀吉は、時代を牽引する豪華絢爛な城を築いた名築城家としてのイメージがある。それに対して家康は倹約家で、華々しい城を築いたというより、あまり城にお金をかけなかった武将のイメージが強い。しかし本書で平山優さんと論じてきたように、家康の城の歴史的意義の大きさが、ようやく明らかになってきた。

家康が生まれたころの岡崎城（愛知県岡崎市）の実態はわからない。しかし当時の三河国や尾張国の城館の様相から、岡崎城は館城《やかたじろ》と館が分立的に群在してできた城だったと推測される。家康が「人質」として過ごした駿河府中の今川館も、同様の形態だった。家康の城づくりの最初の飛躍は、永禄一二年（一五六九）から進めた浜松城（静岡県浜松市）への本拠の移転だった。

現在でも首都移転がきわめて難しいように、戦国時代も大名の居所を移転するのは容易ではなかった。だから居城の移転そのものが、家康の飛躍を示した。また浜松市は、家康時代の浜松城に石垣はなかったとするが、浜松城の富士見櫓台《ふじみやぐらだい》石垣は、明らかに家康時代の石垣の特色が認められる。だから家康は浜松城主時代から石垣技術をもったと考えてよい。そして、この石垣の城の技術は、同盟者の信長から学んだのだろう。

浜松城を居城とした家康は、武田信玄・勝頼と激闘を重ねた。家康は武田氏との戦いの中で、武田氏の城づくりを学んだ。それが馬出《うまだ》しだった。味方であれ敵であれ、よいものであれば、面子《メンツ》にこだわらずに合理的に考えて採用し、自分がもっと強くなるという家康の生き方は、すごいと思う。

天下普請でなぜ諸大名を圧倒できたか

先に駿府《すんぷ》城、江戸城の説明で指摘したように、家康は天守の発達にも大きく寄与した。大・小天守を橋台で結んだ連結式天守を天正期駿府城で実現し、慶長期江戸城では究極の天守群で、姫路城のような連立式天守をつくった。そして江戸城は、信長の安土城、秀吉の大坂城をはるかに凌ぐ、日本最大の城になった。

大御所になった家康は、豊臣秀頼との戦いに備えて篠山《ささやま》城（兵庫県丹波篠山市）、彦根城（滋賀県彦根市）、名古屋城（愛知県名古屋市）などの築城を決断し、豊臣氏との関係が深い大名に命じて築かせた（天下普請《てんかぶしん》）。家臣や大名に土木造成や石垣の構築を分担させる方法は、信長・秀吉の時代からあった。

天下普請を命じれば、工事費用や人足賃は大名が負担したので、反抗の可能性がある大名の力を、家康は弱めることができた。その一方で軍事機密である城の設計を、反抗の可能性がある大名に知られる問題があった。熟慮した家康は、天下普請によって最先端の城を築き、その強さを諸大名に知らしめて、江戸幕府へ謀反しても勝てないと大名たちにあきらめさせた。

築城時に家康がどんな指示をしたかがよくわかるのは名古屋城である。そして名古屋城では釘や金具などを発注する際に、入札制度を取り入れていた。家康は、いいものだったらどれだけお金をかけてよいとは考えなかった。よいものを適正価格で揃えようとした。しかも、この名古屋城の釘や金具の入札には、各地の職人も応札していた。家康は、すぐれた職人が参加できる競争環境を整えていた。

家康の発想には近代的な意識さえ感じる。確かに放漫経営の天下人では庶民が困る。家康の城づくりを概観すると、よいものを取り入れる柔軟性と決断力、無駄を省く堅実性が、家康を天下人にしたとわかる。みんなで家康のよいところに学びたい。

（千田嘉博）

対談・10章　家康が築いた近世城郭

対談でめざしたこと——

駿府《すんぷ》城や名古屋城、彦根城、篠山《ささやま》城などが家康の天下普請で築造、改修された。天下普請とは江戸幕府が主要な城の造改修を各地の大名に命じ、分担させたもので、このうち名古屋城は加藤清正、福島正則《ふくしままさのり》が手がけた城として有名であり、石垣の石には清正と重臣の銘が刻まれている。

天下普請自体は家康に限ったことではなく、信長や秀吉も行ったが、特に家康の天下普請の目的を「大坂包囲網」とする説がある。過去にあった「金箔瓦包囲網」説も含め、その蓋然性を当時の城の分布、城跡で出土する瓦の状況から検討する。

また、城跡、石切場遺跡での考古学的調査の進展が相次ぎ、石垣の技術に関しても研究の蓄積が進んでいる。矢穴《やあな》、刻印など城や石丁場《いしちょうば》（石切場）で得られる情報も増えている。

　天下普請は江戸幕府が選択した当時最新の高度な技術を用いた。参加した大名家の間で技術が伝播し、全体的に近世城郭建築の技術の底上げと平準化、さらに城づくりの技術の伝承に大きな意義があった。各地の城の石垣の修築や、近年の大災害による復興のための発掘調査で、天下普請の様子を具体的に追跡できるようになってきた。彦根城など琵琶湖周辺の諸城、名古屋城での調査成果を紹介し、城の構造と武将の思考を復元する。

天下普請で城づくりの技術が全国で平準化

平山　家康が諸大名を動員してつくらせた城としてよく知られるのが、駿府《すんぷ》城と名古屋城です。そのほか、天下普請の城はありますか。

千田　彦根城、丹波の篠山《ささやま》城があります。家康以後にもいくつか天下普請の城があります。

平山　丹波篠山城はなぜ天下普請の扱いになったのでしょうか。

千田　豊臣氏との戦いを考慮したからといわれています。中国地方から大坂へ入る大名の部隊を陸地側で防ぐのに篠山城は非常にいい場所にあります。瀬戸内側には姫路城があります。姫路城は天下普請ではありませんが、西国大名は陸側と海側のこの二つの城で監視され、二つの強力な城を突破しないことには大坂にはたどり着けない態勢をつくったのだと考えられます。

平山　藤田達生《ふじたたつお》さん（三重大学教授）などが中心になって唱えられた、「大坂包囲網」という学説があります。大坂を包囲するために家康が諸大名に瀬戸内一帯の近世城郭の建設を進めさせたとしていますが、この学説についてはどのようにお考えですか。

千田　江戸幕府は大名の築城などに規制をかけていきますが、慶長期ごろまでは各大名は

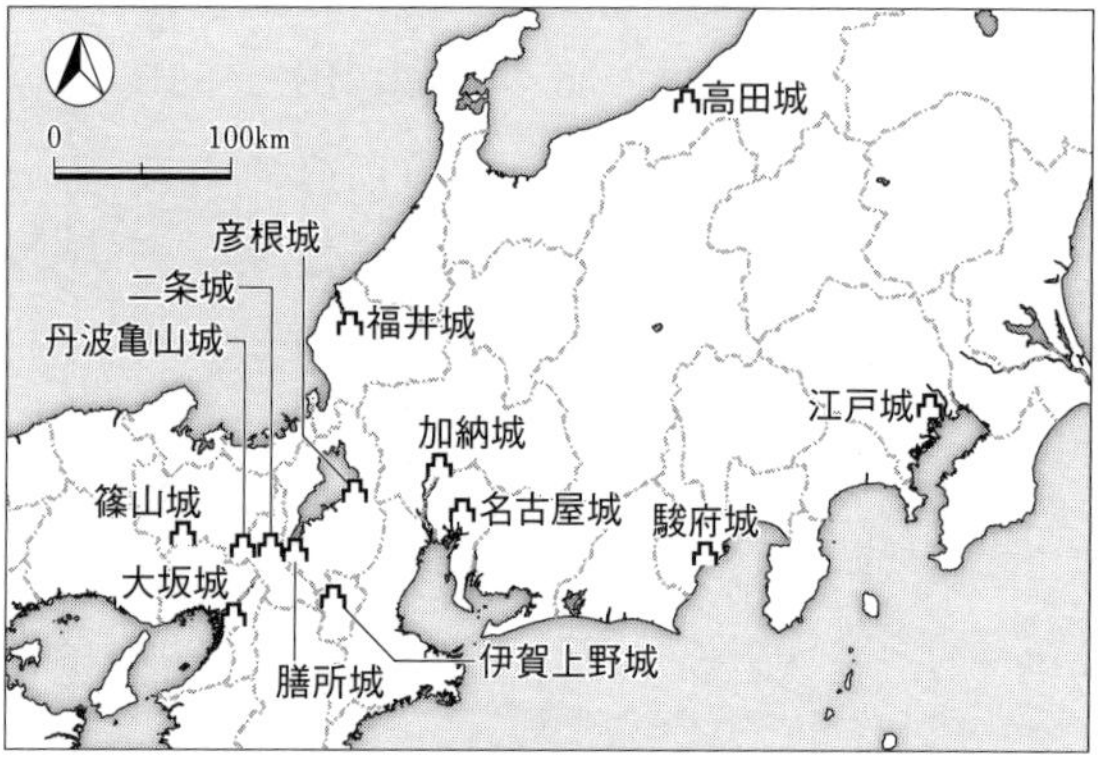

要地を押さえた慶長期の徳川の城

本拠の城と支城をたくさん保有しています。たとえば黒田《くろだ》長政《ながまさ》は筑前に入って、豊前との国境に六端城《ろくはじょう》といわれる強力な軍事要塞を張りめぐらせて防衛をしています。現実にはなかったのですが、隣国の大名が攻めてくることは起こりうるとの意識が長政にあったと考えられます。

大名の築城の背後すべてに江戸幕府、あるいは家康が介在し、豊臣氏を包囲するための築城だったと評価するのは、幕府や家康の力を重く見すぎていると感じます。

平山

秀吉の金箔瓦包囲網説と同じですね。家康が諸大名を通じて大坂包囲網をつくったとは考えられません。姫路城など要所に娘婿にあたる池田家を配置しているのは、特に西国は外様《とざま》が多い土地柄で、不測の事態に備えるためであったとみなせます。豊臣氏を滅ぼすために大名の城を配置したというのは、再考の余地があると考えています。

千田 家康が秀吉の重臣であったころは、常に秀吉に忠誠を誓い、忠実な大名でした。近代以降になって秀吉が家康を警戒してまわりに大名を配置した、あるいは家康が豊臣氏を滅ぼすために大名を動員して包囲網をつくったという考えがありましたが、修正する必要があると思います。

平山 最近、近世初期、織豊の研究者の中でも視点をフラットにもとうという意識が出てきていますね。

千田 石垣の研究に関しても三〇年前とは比べものにならないぐらい進みました。石に残る刻印の分類などから大名家を特定し、その大名家の天下普請の石垣の技術が推定されています。いつ、どのように城をつくっていたか、詳細なデータが集積されています。

従来は城に積んである石垣の表面からしか見ることができませんでしたが、現在は、石丁場（石切場）や城の石垣の石に残る矢穴《やあな》の形状を三次元で把握し、どのよ

篠山城に残る馬出し（千田嘉博撮影）

うに矢穴を彫って石を割り出しているかの変遷がわかるようになりました。その技術が天下普請を通じて全国的に平準化され、どう変わったかも追いかけられるようになっています。

二〇一一年の東日本大震災、二〇一六年の熊本地震、そして二〇二四年の能登半島地震など近年起こった大災害は城にも影響が及び、石垣が崩れてしまうことが相次ぎました。復興のための調査により、当時どんな工夫をしていたのかなど、内部構造や力学的な作用が読み解けるようになりました。石垣の崩壊は残念な出来事ですが、結果的に失われた技術が飛躍的に解明され、文化資産の復興や後世へ伝える技術として活かされるようになっています。

平山　地震災害は不幸なことですが、私たち研究者にもできることがあるのですね。ところで、丹波篠山城の天下普請を担当した大名は。

千田　一五カ国、二〇の大名に分けて担当しています。

平山　丹波篠山城の石垣のオリジナルはどのくらい残っていますか。

千田　積み直した部分もありますが、オリジナルの石垣も各所に残っています。積み直しにせよ、石は重いので新たに石をもってくるのではなく、もともと使っていた石を外して再度積む場合が多く、再加工（割り増し）してリサイクルしています。

彦根城の存在意義の変化が見られる改修

平山　古い部材を再利用するということですね。再利用といえば、彦根城は石田三成の佐《さ》和《わ》山《やま》城の部材をもってきたとよくいわれますが。

千田　佐和山城も発掘調査が行われており、いろいろわかってきました。本丸の石垣の一部は現地で見られます。本丸以外の曲輪も残っていて、規模は大きいです。東側の山麓には惣構えも備えていました。

平山　メディアを通してしか知りませんが、佐和山城の本丸や天守跡は地山《じやま》が相当削られて破壊されているという話がありますが、それはいかがですか。

千田　象徴的な「破城」だと思います。本丸の曲輪面を削っていたようです。この念入りな破壊工事は、三成の城だからとよく説明されていますが、三成の後に城主になった井伊直政《いいなおまさ》が亡くなるまでは井伊氏の城なので、敵の三成の城だから徹底して破壊したという説明は疑問です。

平山　彦根城の天下普請も西国大名が中心ということですね。

千田　彦根城は尾根先端に鐘《かね》の丸がありますが、かつて御殿はこの曲輪にあったと伝えられています。鐘の丸へは天秤櫓《てんびんやぐら》の前の空堀を通って一八〇度ターンして橋を渡り、天秤櫓を通って本丸の前に進む、非常に凝ったつくりになっています。これは山城に応用した馬出しです。武田家の城づくりから学習した馬出しを使った城づくりを彦根城にも認めることができます。反対側の西の丸の先の出丸も同じつくりで、堀切りの外側の出丸を馬出しとして機能するように備えています。戦いに備える城としてつくられたのだと実感します。

彦根城は、琵琶湖の内湖に面した水城です。現在は埋め立てられ、琵琶湖までは

彦根城（彦根市教育委員会『特別史跡彦根城跡保存活用計画書』図32をもとに作成）

遠くなりましたが、かつては琵琶湖の内湖と堀の一部が完全につながり、琵琶湖から直接入ることができました。城の西側の麓は、現在は大きな梅林になっています。この曲輪には元々は米蔵が立ち並び、堀から物資を直接引き揚げることができました。堀に開いた水門から多くの兵糧を搬入できたのです。彦根城の特徴がわかるところです。

平山　築城当初の彦根城と現在の彦根城の違いはどこでしょう。

千田　中心部は当初の姿をよくとどめていますが、大手門は位置を付け替えています。もともと大手門は西に向けて開いていたのですが、山の東麓に表御殿を移したた

彦根城天守（千田嘉博撮影）

めに逆側に付け替えたのです。現在の彦根城博物館は表御殿を復元したものです。天守は大津城の天守を移してきたもので、五層の天守を三層につくり変えています。大津城は関ヶ原合戦の前哨戦《ぜんしょうせん》ともいえる大津城の戦いで、立花宗茂《むねしげ》らに攻められましたが、京極高次《きょうごくたかつぐ》が耐えて落ちなかったので、「めでたい天守」だからと家康が彦根に移築させたといわれています。西国の立花宗茂ら超強力な西軍三万人を足止めしてくれ、関ヶ原合戦に間に合わせなかったのは大きいでしょう。本戦でこの三万人のつわものが西軍にいたら、家康は危なかったでしょうね。

平山　関ヶ原合戦の研究者により、立花宗茂らは大津城の攻略だけを命じられていて、美濃へ向かう手筈にはなっていなかったと指摘されています。一般に立花宗茂は大津城開城後も関ヶ原合戦に行けなかったといわれていたのですが、最近の研究者たちは違う解釈なのです。

千田 関ヶ原合戦は家康が急に戦を進めた感があり、西軍は軍勢が整わなかったのですよね。実現しませんでしたが、最終的には宗茂たちも美濃に進軍することになったと私は考えています。

平山 現在は関ヶ原合戦に関して、通説が全部ひっくり返ってしまい、再生の途上にあります。

千田 本当に新しい解釈が次々と提示されています。関ヶ原合戦は、戦場こそは関ケ原でしたが、濃尾平野をめぐって西軍側がどこまで東に勢力を伸ばすか、それとも東軍がそれを阻むかの勝負でした。濃尾平野を押さえるのは大事だったのでしょうね。

平山 関ヶ原合戦で石田三成の敗因のひとつは清須《きよす》城を取らなかったことでしょう。

千田 福島正則が戻ってこないうちに三成が清須城を攻めていたらどうなったか、と考えますが、それをしませんでした。

豊臣氏を意識しつつ徳川氏の考えを示した天下普請

平山　次に取り上げるべき天下普請の城は名古屋城でしょうか。加藤清正や福島正則が天下普請をやりましたね。

千田　名古屋城の天下普請に関しては史料がまとまって残り、工事などの過程が非常によくわかる城です。江戸城も中井家に本来はまとまった史料があったはずですが、全部なくなってしまいました。江戸城の修理や改築に際して関係資料を中井家から幕府へ移管したのではないかと思います。名古屋城は慶長一四年（一六〇九）に最初の設計が始まり、「なごや御城惣指図」（大工頭中井家関係資料、中井正知氏・中井正純氏蔵、大阪市立住まいのミュージアム寄託）からは先に述べたように、当初は大天守、小天守が南北に並ぶだけではなくて、西に向けて、もう一つの小天守をつくる意欲的な城にしようとしました。堀の中に小天守を突出させて、そこから外側の曲輪の御深井丸《おふけまる》に橋をかける設計になっていました。これは岡崎城が、防御正面である東海道が通る北側に向けて、本丸の前面ギリギリに天守をつくって、天守から青海堀《せいかいぼり》を超える馬出しでつないだ設計の発展形です。家康はすごいことを考える武将だと感心します。

平山　名古屋城の天守の天守台石垣西面には幻の西小天守に行くための出入り口の名残があるのですよね。

千田　熱田《あつた》台地の端から落ちた地形要因で設営できなかったと説明されてきましたが、名古屋城調査研究センターが発掘したところ、堀底につくろうとしていた幻の西小天守の側も、本丸の天守台と変わらない、きわめて安定した地盤が続いていることがわかりました。そして堀底には西小天守台石垣の基礎石（根石）を発見しました。地形の制約によるものではなく、着工したものの、最終的に家康が決断をして取りやめたと通説が覆ったのです。

平山　当初の設計どおりであればもっとすごい城になっていたでしょうね。

千田　城ファンとしては当初の設計どおりになぜつくらなかったのかと残念に思います。堀の中にもうひとつ天守が立つわけですからね。

平山　そんな城ないですよね。

千田　日本各地を見渡してもそんな城はありません。豊臣氏との戦いを見据えた名古屋城でしたが、家康は勝利を確信し、これからの幕府を中心とした世にふわさしい過剰な武装の城から適度な武装の城に率先して改めたのだと思います。江戸城の連立式天守から駿府城の単純な形態の天守曲輪へ。そして名古屋城の天守曲輪をもたない連結式天守へと、家康の城づくりのベクトルは一貫していました。

平山　名古屋城の石垣の石は、どこからもってきたのですか。

千田　石の採取にはかなり苦労しています。近いところでは愛知県小牧《こまき》市のあたりから、または岐阜からのものもあります。さらに知多半島ですね。海沿いで花崗岩《かこうがん》が採れます。

平山　小牧・長久手《ながくて》の古戦場の調査をした際に、岩崎山砦《とりで》の跡地（小牧市岩崎熊野神社境内）のあたりは山全体が石切場であるのがわかりました。

千田　小牧・長久手合戦における秀吉方の最前線の砦が残っていましたが、名古屋城の石丁場になったので、採石で山そのものが変わってしまいました。

平山　岩崎山砦の跡地は現在でも標高の高いところですが、当時はもっと高い場所で威力のある砦だったのでしょうね。

千田　現在も小牧山城の本丸の入り口の脇に巨大な花崗岩があります。これは信長が岩崎山から小牧山城にもってきたのだろうと思いますが（千田　二〇一三）、その石に矢穴が入っています。矢穴の形から名古屋城の築城のころの痕跡だとわかります。ここによい石があると石を割ろうとしたところ、だめだと咎《とが》められてもっていけなかったのです。

名古屋城は海に面していないので、石を運ぶのも一苦労だったと思います。城下町の西側に直線の人工水路を掘って海から水路で石を運べるようにしました。現在の堀川です。物資の輸送ルートに面しているので、最初の繁華街は堀川沿いにできました。築城の際には、まず運河掘りから始め、それが城下町の経済の動脈にもなる。家康は町をつくるのも上手です。

平山 秀吉も似た手法をとっていますが、家康は秀吉から学んでいるところはあるのでしょうね。

千田 秀吉も天下普請として家康に伏見城などを担当させています。11章でも述べますが伏見城の工事に関わる史料を見ると、豊臣方の代官や奉行から理不尽なことをいわれても我慢しろと。誰かが斬り殺されても耐えろと。あとで家康が秀吉側に異議を申し立ててしかるべき対処をするから、その場では豊臣方に反論するな、喧嘩や刃傷沙汰は絶対にならぬ、とにかく耐えろと家康は家臣らに書いていています（「徳川家康伏見城普請中法度」徳川美術館蔵）。工区を大名各家で分担して城をつくるのは、たいへんなプレッシャーがかかる仕事だったようです。

平山 ほかの大名との出来栄えも比べられるでしょうし、工期の早い遅いもいわれるでしょうし。

千田 名古屋城では福島正則《ふくしままさのり》が本丸の北側の石垣をつくるのですが、完成後しばらくして、石垣が下がる変形が起きました。つくり直せといわれて結局やり直したのですが、福島正則は、変形したのは自分たちのせいじゃないと泣き言をいいました（「福島正則書状」『大工頭中井家文書』中井正知氏・中井正純氏所蔵、大阪市立住まいのミュージアム寄託）。そこだけ再工事になったので福島家としては面目丸潰れです。

名古屋城築城の大工頭・中井家の史料を調べると、先に記したように釘と鎹《かすがい》をはじめ、業者に入札させて、納入業者を決めたのがわかります（前掲『大工頭中井家文書』一二八四－一二八五）。

平山 現代の入札でも家康の精神を見習ってほしいですよね。

千田 家康はなぜ、そこまでやるのですかね。秀吉はそこまでやっていないでしょう。御用商人がいて、言い値でやっていたと思うのですが、入札をして落札した業者に納品させるというのはすごいですね。

平山　きわめて合理的な考えです。

千田　そういう精神が江戸幕府を長持ちさせたのでしょうね。家康は天守のつくりをどうしましょうかと聞かれて「内住まいは無用である」と答えたとあり（「安藤重信書状」、前掲『大工頭中井家文書』四三）、天守の中を御殿のように立派にする必要はないと考えていたようです。名古屋城の天守は確かに殺風景で柱がたくさん立っていて、信長、秀吉の時代の天守とはだいぶ違います。さらに天守からつくるか、御殿からつくるかと聞かれたら、天守からつくれ、御殿はあと回しでいいといっています。これは城として住むところが不自由でも、まずは天守やそのほかのものを先につくれと明確に指示しています。

石垣技術の転機となった名古屋城

平山　名古屋城の技術で特筆されるのは何でしょう。

千田　名古屋城は石垣技術を考える際のひとつの大きな転換点になっています。特徴的なのが天守台の石垣で、これは加藤清正が積んでいることが史料からもわかります。大天守台石垣、小天守台石垣の隅石《すみいし》に加藤清正が「加藤肥後守《ひごのかみ》内　小代下総《しょうたいしもうさ》」「加藤

名古屋城大天守台石垣 北東隅石に刻んだ「加藤肥後守 内 小代下総」の銘文（千田嘉博撮影）

肥後守内 中川太郎平」をはじめとした銘文を刻ませ、自分の名前と重臣の名前を連名で入れています。石に残る巨大な銘文からも清正がつくった天守台石垣であるのが確認できる貴重なものです。名古屋城天守の石垣の隅の部分は自然石で、長い石を選んで、それを互い違いに長い短いに積む、古めの算木《さんぎ》積みの積み方をしています。実はそれより五、六年前の慶長四、五年に加藤清正が熊本城の大天守石垣をつくっていますが、熊本城は算木積みではなく、同じような長さの石を下から上へと積んだ、いわゆる重ね積みで、築城名人、石垣名人の加藤清正も、もともとは古めかしい積み方をしていたのです。名古屋城のころには後のスタンダードになる算木積みで、さらに、その後の大坂城など、隅石は切石の非常にきれいで長細いものを用いて緻密に積み上げられています。

平山　一から築城する城は名古屋城以降なくなってきますし、しかも、家康が命じた天下普請でつくられた最後の部類の城ですね。

千田　家康は駿府にいて、細かなところまで築城に関する書類や図面を出させて指示しています。家康自身の築城としても最後の城ですね。

平山　天下普請でしかも豊臣系の大名につくらせるのは、豊臣方に対する相当な抑止力になったことは間違いないでしょう。

名古屋城に御深井丸西北隅櫓（清須櫓）がありますが、清須城から移築されたものなのですか。

千田　確定はできません。建築年代そのものを検討する必要があります。建築部材の一部に清須城天守の材料を使っている可能性があります。そのまま全部が清須城の天守ということはないでしょう。

平山　この数十年でいろんな研究が進んだので判明したのですね。

千田　清須櫓は年代決定に使われていた木材の墨書があり、昭和の解体修理のときにこれを根拠にしました。そこに大工の名前が書いてあるのですが、大工は誰か不明なのです。

平山　考え直す必要があるということですね。

千田　姫路城でも昭和の修理のときに石垣などはかなり変えてしまっています。そういう点も含めて城の史料の読み直しをして、どう位置づけるかを検討する必要があります。

平山　古写真を集めて、石垣の戦前の姿とか、昭和以降の姿とかと研究していますが、今一度考えなくてはなりません。

千田　日本最古の現存天守といわれる犬山城も濃尾地震でかなり破壊されています。犬山城天守台石垣はすべて積み替えていて本来の石積みは失われています。石垣の歴史性を一から考え直す必要があります。どの城も江戸時代に石垣を何度も修理していますし、建築も修理して部材は新材に替わっています。客観的かつ学術的に捉え直して評価していかなくてはなりません。

天下普請から考える城研究の課題と意味

平山　全国の近世城郭を見ると、とりわけ昭和の修理や開発（天守再建など）については功罪がありますね。昭和の修理がなければ残っていませんし、一方でそれが行われたための問題や課題が出ています。

千田　置き換えてしまうと検証の方法がなくなりますね。石垣に関していえば、かつては文化財としての価値が認められていませんでした。

平山　石垣に価値があるといわれ始めたのは三〇年前くらいからですね。

千田　北垣聰一郎《きたがきそういちろう》氏（石川県金沢城調査研究所名誉所長）が石垣の歴史的価値について研究の道を切り拓いて確立しました。

平山　一九九〇年代に甲府城での修理において山梨県が石垣の記録と解体と再生を一貫して行うという方針を立てたことは先駆けですね。

千田　本当に素晴らしい修理でした。ここで議論している名古屋城の石垣も修理を重ねているので、石材の修理で同じ石が再利用されていることが多く、刻印石がたくさんあり、天下普請の様子を実感できます。

　ただし、刻印の研究を進めるのはよいのですが、石垣は修理もあることを忘れてはいけません。江戸時代の丁場割図が示した大名の工区の石垣がそのまま今に残っているばかりではなく、その後の石垣修理で本来は別の場所に積んでいた石垣の石が混ざって本来の位置からしばしば変わっています。史料を鵜呑みにしては正しく歴史を読みとれません。どう読み解くか石垣にも史料批判は必要です。

平山　天下普請を検討することで、城研究の課題も見えてきたように思います。

千田　天下普請は石垣づくりの城が全国に広まるのに大きな役割を果たしました。各大名は豊臣氏や徳川氏が求める城を必ずつくらなくてはなりません。示された技術に到達して、城の構造をなんとしても実現しなければならず、石垣の高い技術を各大名が習得しました。さらに、技術者の確保も重要で、高いクオリティで城がつくられ、石垣も似た感じになっていきます。天下普請によって技術が全国的に平準化したのです。

城のつくり方も平準化が進んでいきます。天守や櫓の通《とお》し柱の使い方などが典型で、よく解明されているところです。慶長のやや早い時期の姫路城は、樹齢八百年ともいわれる巨木を通し柱に使っていますが、さすがにそこまで大きな木材はなかなかないので、二階分の柱を交互に入れていくように変わります（互入式通柱構法）。そうすることで巨木を使わなくても強くて大型の建物ができたのです。また等間隔に通し柱を配置していくことで、入母屋《いりもや》づくりの屋根がある望楼《ぼうろう》型天守から、上の階に行くに従い、規則的に小さくなっていく層塔《そうとう》型天守に変わっていく変化も起きました。これは全国的な城郭建築の動きとなっていきます。そういう点からしても、天下普請は近世の城づくりに大きな意味がありました。

11章　関ヶ原合戦と徳川の城

関ヶ原合戦と徳川の城

各地の史料発見で進む再検討

慶長五年（一六〇〇）に起きた関ヶ原合戦は、近年最も活発に再検討と新評価が重ねられている戦いである。また岐阜県関ケ原町の決戦だけでなく、東北、甲信、中部、中国、四国、九州で起きていた戦いの総体をつかんで、関ヶ原合戦を問い直す研究が進んでいる。その研究は文字史料によっているが、今までは難しかった研究が実現しているのは、卓越した研究者の努力だけでなく、各地の自治体史編纂を契機に、古文書の基礎的調査が進んだことによる。古文書の文字情報が公開され、関ヶ原合戦に関わる各地の武将の動きと意図を、広く網羅的につかめるようになった。

本棚に並ぶ自治体史の史料編は、関心のない人にとっては、何の役に立つのかわかりにくい。しかしこうした地道な基礎研究があるから、新しい研究の視点が生まれ、人びとの歴史認識は一歩真実に近づく。そして、より正しい史料や遺跡の評価にもとづいて地域の歴史遺産を適切に守り、活用する道も拓ける。私たちの時代の日本社会はこれから、厳しさを増していく。そういう時代であっても目先の効率だけでなく、基礎研究を大切にする社会であってほしいと願う。

レーザ測量地図で画期を迎える城跡調査

考古学の分野でも、合戦と城の研究は大きく展開している。それが航空レーザ測量である。航空機からレーザを照射し、山々に茂る樹木の間を抜けて地表に当たって反射したデータを収集し、さまざまな分析ができるのが航空レーザ測量の利点である。

従来、城跡調査で行ってきた航空写真測量は、航空機から写真を撮影して、城の図面をつくろうとした。山に樹木が生えていなければ、航空写真測量で城の形状を適確につかめる。しかし、わが国の山はほとんど樹木に覆われている。だから予算をかけて航空機を飛ばし、大判の写真を撮影しても、見えるのは樹木の葉や枝ばかり。これでは城の構造をつかめない。

また従来は、城の測量図を製作するときに、城がある山の地形全体は航空写真測量のデータにより、航空写真では読み取れない城の細部の構造を図化するには、別途、人が手作業で測量するほかなかった。これでは高額な予算が必要で、山城の測量図も増えなかった。

そこに新しく航空機から地表に向けてレーザを照射して、詳細な三次元の地形データを取得する航空レーザ測量が実用化された。樹木のデータはノイズとして取り除き、城や周辺地形の凹凸だけを図化できる。堀や土塁、曲輪の平場、出入り口など、城の平面はもちろん、三次元の立体構造も高精度に把握できる。高精細な航空レーザ測量では、数センチの曲輪の段差も読み取れるほどである。

注意してほしいのは、ただ航空レーザ測量をしただけでは、三次元の位置情報をもった点群データを取得するだけということである。そのデータから城の構造や地形を読み取り、分析するには、最寄りの点と点をつないだ仮想平面を作成する必要がある。そうしてできた情報を読み取りやすく表示しようと、測量会社はさまざまな工夫をしている。図面を判別しやすい赤色で示す方法、違和感が少ない緑色で示す方法などがある。

私たちは航空レーザ測量によって、草木に埋もれた山城を、空調の効いた部屋で検討し、分析できるようになった。二一世紀の山城研究はインドア派でも支障がない。さらに驚くのは、合戦で軍勢が駐屯したり、臨時の陣を構築したりした痕跡も、航空レーザ測量から判読できることである。千田も天文九年（一五四〇）に起きた広島県の吉田郡山《よしだこおりやま》合戦に関わる、尼子《あまこ》軍・毛利《もうり》軍の駐屯や陣の構造を読み解いたことがある。山中に多くの軍勢が駐屯すると、エッジが決まっていない特徴的な平場・駐屯段の痕跡が残る。戦国の合戦を航空レーザ測量から分析する、まったく新しい方法が見つかった。

小早川秀秋は最初から心を決めていた

関ヶ原合戦も、航空レーザ測量をもとに分析を行っている（千田　二〇二一・二〇二四）。そして平山優さんとの対談で述べているように、従来の関ヶ原合戦の認識をくつがえす大きな発見があった。まずは毛利秀元《ひでもと》の軍勢が布陣したと伝えられてきた南宮山《なんぐうさん》について、航空レーザ測量から判読した結果、南宮山の山頂には濃尾平野を物見する小規模な砦《とりで》が二つあるが、毛利軍が山頂一帯に布陣した痕跡・駐屯段は認められないことがわかった。毛利秀元の軍勢は、南宮山の山頂ではなく、山麓周辺に布陣したと考えざるをえない。

関ヶ原合戦の勝敗の鍵を握った小早川秀秋《こばやかわひであき》が布陣したのは、戦国期から山城があった松尾山城《まつおやまじょう》だった。秀秋がいた松尾山城の本丸から関ケ原の盆地を見下ろすと、決戦場の主要部を眼下に収められる。この山城は、関ヶ原合戦の決戦を左右する要の位置にあったと実感する。従来は、小早川秀秋は松尾山城に布陣し、家臣も山城に入って駐屯したと通説では疑念なく理解してきた。

ところが航空レーザ測量をもとに分析すると、松尾山城から関ヶ原合戦の決戦場側に延びた尾根筋に、はっきりとした軍勢駐屯段があるのを発見した。対談で述べるように、秀秋は松尾山城に布陣した最初から、山を下って出撃する体制を整えていたとわかったのである。秀秋は、いつの時点で「裏切り」を決断したのか、やはり通説では眼下でくり広げられる激戦に、秀秋は逡巡を重ねたとされてきた。

しかし近年の関ヶ原合戦研究では、秀秋は最初から家康に従うことを決めていたと考える説が提示されている。そして航空レーザ測量からわかった、決戦場に張り出した尾根上の駐屯段の存在は、文字史料からの研究と同じように、秀秋は最初から家康の軍に加わる意志を固めていたのを、証明する判読結果である。

総大将御座所だった玉城

そして関ヶ原合戦の決戦では、「秀頼様衆」とされた石田三成たちは「山中」の丘陵端に南北に長く布陣した。主要な陣は石田三成陣の笹尾山、天満山周辺の島津《しまづ》義弘《よしひろ》・小西《こにし》行長《ゆきなが》・宇喜多《うきた》秀家《ひでいえ》陣と並び、南端には大谷吉継《おおたによしつぐ》陣があって、松尾山城の小早川秀秋陣に対峙した。

航空レーザ測量図の判読を進めると、よく知られた三成たち「秀頼様衆」の諸陣の西側二キロの位置にある標高三〇七メートルの城山に、これまでは関ヶ原合戦に結びつけて評価されてこなかった巨大な陣城《じんしろ》があると判明した。この城山の山頂にある城は玉城《たま》と呼ばれ、従来は一四世紀の南北朝時代の城と説明してきた。しかし玉城の本丸周囲には比高差二〇メートルの強力な切岸《きりぎし》をめぐらし、要所に堀切《ほりき》りや竪堀《たてぼり》を備えた。そして関ヶ原の決戦場に向けた東側には、多重の外枡形《そとますがた》を構えた。こうした玉城の構造の特徴は、関ヶ原合戦の時期に合致する。

さらに玉城の本丸の長辺は二五六メートルもあり、小早川秀秋が布陣した松尾山城本丸の規模、一辺五〇メートルとは桁《けた》違いの大きさだった。これほど巨大で厳重な陣は、豊臣秀頼・毛利輝元の本陣として三成たち「秀頼様衆」が整備した総大将の「御座所《ござどころ》」と評価すべきである。三成や吉継たち「秀頼様衆」の必勝の戦略が見えてきた。

古文書を網羅的に読み解いて考える研究と、関ヶ原の山々に刻まれた戦いの痕跡から考える研究を、総合することで、関ヶ原合戦研究をさらに深めていけるだろう。そして航空レーザ測量から合戦を考える研究は、日本中でできる。近未来の合戦研究が楽しみである。

（千田嘉博）

対談・11章　関ヶ原合戦と徳川の城

対談でめざしたこと――

関ヶ原合戦は、慶長五年（一六〇〇）、現在の岐阜県関ケ原町で東軍・徳川家康と西軍・毛利輝元《てるもと》が激突し、東軍が勝利した天下分け目の戦いであり、戦国の混乱から家康が覇権を握る決め手となった合戦とされてきた。

同年にはこの関ヶ原合戦だけでなく、各地で戦がいくつも勃発。東北地方では会津《あいづ》の上杉景勝《かげかつ》が家康の侵攻を恐れて領国の守りを固めるため城の普請をしたところ、家康は不審に思って上杉攻めを決意。東北地方の城の状況を確認する。

宇喜多秀家《うきたひでいえ》らの軍が家康の重臣、鳥居元忠《とりいもとただ》が守る伏見城を攻めた伏見城の戦いは、関ヶ原合戦の前哨戦《ぜんしょうせん》ともいわれ、各地での合戦の最終形が関ヶ原合戦となったのであり、昨今の研究では関ヶ原合戦だけを単体で考えるのではなく、総合的に捉える必要が出てきた。

戦いの現場となった伏見城跡周辺一帯は明治天皇桃山陵などに治定《じてい》され、立ち入りが禁じられている。最近、広範囲に航空レーザ測量が行われた結果、城の平面構造の解明が取り組まれているが、測量結果の地図から何が見えてくるのか。

主戦場の関ケ原では広範囲の航空レーザ測量によって、それぞれの軍の陣所が尾根のどこにどう展開していたかも解明され、どの軍がどこにいたか。また合戦の行方を決した小早川秀秋が当時、どこにいてどう進んだのか、手がかりもわかりつつある。その結果、関ヶ原合戦の全貌が大きく変わってきた。

関ヶ原合戦の全貌と徳川家康、毛利輝元の両軍の戦術などをレーザ航空測量などをもとに、徹底的に考える。

関ヶ原合戦の導火線、上杉攻めと神指城

平山　関ヶ原合戦（慶長五年、一六〇〇）は最近では、主戦場の関ケ原だけで済ませていいのかとの議論になっています。この年、「東北の関ヶ原」「九州の関ヶ原」「第二次上田合戦」など、全国で関係する戦が起こっており、「慶長五年戦役」と呼ぶべきだという人もいます。

そこで、ポイントをふたつに絞ってお話しします。まずひとつめは関ヶ原合戦の導火線ともなった上杉攻めです。

千田　確かに、上杉攻めは関ヶ原合戦の引き金になりました。

平山　ことの発端は、会津《あいづ》の上杉景勝《かげかつ》が城普請をやったり道普請をしたりして妙なことを計画していると、越後の堀秀治《ほりひではる》から家康が報告を受けたことでした。家康は景勝に上洛を要請したのですが、こじれて開戦となります。そこで、上杉景勝がつくったといわれる城についてお考えをお聞きします。米沢や会津の境にある城の多くは伊《だ》達《て》氏の城ですよね。

また、会津には蒲生《がもう》氏、伊達氏、そして上杉氏がつくったり、修築したりした城

慶長５年、各地での戦乱に関わる城（畿内から東日本）

が多くあり、また、いわゆる近世城郭や大規模城郭とされる城もあります。会津若松城（鶴ヶ城）は蒲生氏がつくったのですか。

千田　そのとおりです。蒲生氏郷《うじさと》によってつくられました。

平山　景勝はまた新たに神指《こうざし》城をつくり始めますよね。

千田　阿賀川《あががわ》の近くで、今も城跡があります。

平山　そこに城をつくる理由

は何なのでしょうか。

千田　これも謎のひとつです。会津若松城は会津盆地の中心の城として存在し続けています。新たに神指城をつくらなければならなかった必要性はあまり感じられません。当時すでにあった城下町、会津若松は時代が推移するなかで都合が悪くなったという立地でもありません。神指城の優位点を挙げれば、川沿いの立地であるため、河川での物流を直接把握できることです。神指城は絵図や、太平洋戦争終戦直後の空中写真、発掘調査の成果などを見ると、四角い本丸があり、その周囲に外郭がある、非常にシンプルな形の城で、のちの米沢城によく似ていると思います。会津若松城よりも一歩進んだ、単純化しつつ実質的には出入り口前の曲輪の区画が馬出《うまだ》しとして機能する設計でした。慶長期以降につくられた駿府《すんぷ》城や丹波の篠山《ささやま》城に近い城にするつもりだったとも思われます。しかし会津若松城と比べて劣っていることもないし、何か政治的なことがあったのか、地域を治める目的上のことか、前からの慣習を打破するような意味があったのかもしれません。

平山　神指城の規模はどのぐらいですか。

千田　非常に広大で、中心部の曲輪は会津若松城よりも大きくなったでしょう。

平山　石垣などは残っていますか。

千田　今は一部しか見ることができませんが、発掘調査では大きな石を使った石垣が検出されています。完成すれば、かなりの部分を石垣で固めた近世城郭になったことは間違いないです。

平山　天守の痕跡はありますか。

千田　天守を建てようとしたと考えられますが、細かなことはわかりません。天守をつくるという段階ではなく、土木工事さえ完成していない状況です。

平山　なるほど。次に、景勝は会津防衛のために国境にいくつか城をつくりました。それについて教えてください。

千田　景勝は会津に入ると改めて国境にいくつかの城を築いたといわれます。その多くが非常に技巧的です。景勝が、いよいよ家康が攻めてくると考えて、街道を封鎖する城をつくろうとした可能性があります。大土木工事をして領国の防衛を固めたことは間違いなさそうです。そうした工事も家康から謀反の嫌疑をかけられる理由になったのでしょう。先にもふれたように、当時、どの大名も国境に支城をたくさんつくっています。

平山　九州の黒田如水《じょすい》（孝高《よしたか》）・長政《ながまさ》父子などもそうですね。

千田　領国内の整備や支城をつくることで謀反を疑われるのは、ちょっと言いがかりのようにも思え、それに怒った直江兼続《なおえかねつぐ》の気持ちはわかるような気がします。

平山　上杉氏のつくった近世城郭の評価はどうでしょう。その点についてぜひお聞きしたいと思っていました。

千田　越後時代は石垣を使っていない城が多いようですが、きわめて技巧的です。馬出しなどを非常にうまく使っています。横堀の防衛ラインを設定して、ラインを幾重にも設ける当時の最先端の城は、新潟では景勝のころから顕著になります。会津では防衛上の工夫だけを取り上げれば、なぜそんな守備強固な城をつくっているんだ、誰が攻めてくると想定していたのだ、となったかもしれません。会津の阿賀川対岸に向羽黒山城《むかいはぐろやま》という蘆名《あしな》氏の本拠であった、山の全部が城という巨大な城がありま す。伊達氏と戦った蘆名氏の城はすごいという評価になるのですが、基本は蘆名氏のものとして、関ヶ原合戦時に景勝の手が入っている可能性があるか、今一度考える必要があると思います。

平山　景勝は家康が来ることを想定しています。相当防衛を固めていたでしょうから、それらの城の状況が明らかになると面白いですね。

戦端となった伏見城での発見

平山　さて、これを機に関ヶ原合戦に向かっていくのですが、最初の大きな戦いの場になった伏見城についてお聞かせください。伏見城があった地は明治天皇・昭憲《しょうけん》皇太后山陵（桃山御陵地）として今は公開されていません。周辺で当時の状況がわかるものは何か残っていますか。

千田　現在、陵墓中心部には何人も立ち入ることはできません。ただ近年、航空レーザ測量の方法で立ち入らずに上空から伏見城跡の地表面の詳しい高低差を図面に起こしたり、京都府の城館調査の立入調査が認められ、周辺部の発掘調査を行ったりして、状況の把握が可能となり、かなり実態がわかってきました。

実は明治天皇陵、皇后陵に治定され改変されているのは陵内のかなり限定的な場所です。しかも、広範囲が御陵として立ち入り禁止とされているために、城跡の遺構としては比較的よく残っています。

それでは関ヶ原合戦の当時の城跡そのままかというと、現在の地表面から見える姿は関ヶ原合戦の前哨戦《ぜんしょうせん》で落城したのち、家康が伏見城を再築し、新たに天守を建てた伏見城ということになります。とはいえ、豊臣時代の伏見城を継承しているのは間違いありません。南東部の秀吉時代の学問所を城外としたほかは、全体のプランはそれほど変わっていません。伏見城中心部西側の石田三成の屋敷・治部少丸《じぶしょうまる》があったあたりまでが陵墓の範囲になっていて、それより西の武家屋敷など、外郭部は近年、発掘調査を行い、石垣が残っていることがわかりました。ここは城の中心から離れていて、関ヶ原合戦時の火災痕跡もありませんでした。石垣を大規模に積み直している様子もないので、秀吉時代の石垣が残っていると見てよいと思います。

平山　秀吉のころの伏見城を窺えるものがあったのですね。

千田　切石を用いたり石材の大きさを整えて積んでいたりして、当時としては先進的な石垣を築いていています。外郭でここまでやっていたとすると、非常に堅固な城だったとわかります。実はその石垣のラインが治部少丸の西側をめぐっていた堀対岸側の石垣につながっています。外郭西側の堀が治部少丸を囲んで全部石垣になっていたことが確認でき、大きな発見でした。文献史学の研究者のなかには、伏見城は政治的な城だから大坂城に比べ軍事的には弱かったと考える人もいますが、縄張りからも発掘成果からも、大坂城に負けない強力な軍事機能をもっていたと捉えるべきです。

平山 朝鮮に出兵している大名以外をみんな動員して普請でつくっていますから相当なものでしょうね。

千田 大名たちにとって普請分担はかなり厳しい状況であったと思います。

平山 真田家では昌幸《まさゆき》と信之《のぶゆき》、信繁《のぶしげ》父子が動員されていますが、かなりきつかったと『長国寺殿御事蹟稿』により伝わります。

千田 伏見城の普請分担で信繁の石高が推測できる史料だと聞きましたけど？

平山 実はそれが難しいのです。信繁はいちおう、大名として扱われています。昌幸の後継者としての扱いです。信之は沼田城の城主で昌幸は上田城の城主。将来的に何もなければ、昌幸の後は信繁が継ぐと認識されていたと思います。

千田 信繁は途中、独立して秀吉の馬廻衆《うままわりしゅう》になっていましたけれど、昌幸の後は信繁と考えると納得できます。

天正一九年ごろ、石垣の工法が変化？

平山 秀吉の大坂城は天正一一年（一五八三）から築城が始まります。それを起点に、数多くの近世城郭を築くわけですが、当然、秀吉政権の初期のころと、最後の段階とでは石垣の技術も発達して違う工法になったのではないでしょうか。

千田　ご指摘のとおりです。二〇二五年には、豊臣大坂城の詰丸《つめのまる》の石垣が常時見られるようになります。詰丸とは天守や奥御殿を囲んでいた石垣で、発掘調査により地中からみごとな豊臣期の石垣が見つかりました。

大坂城の詰丸の石垣は基本的には野面積《のづらづ》みの石垣で、隅だけは加工したきれいな石を積んでいました。隅だけ加工石材を使っていたのかと驚いていたら、よく見れば、古代の難波宮《なにわのみや》の建物の礎石を割って角石に転用していたとわかりました。

平山　なるほど！

千田　大坂城も、聚楽第《じゅらくてい》も野面積みの石垣です。陵墓になっている伏見城は指月にあったものを大きな地震を経て木幡山《こはたやま》に新たにつくり直した石垣ですので、割石《わりいし》を主体とした当時最新の工法による石垣に変わっています。

平山　大坂城の惣構《そうがま》えに石垣はありますか。

千田　基本的にはありません。土づくりです。城下を巨大な堀と土手で囲んでいました。門には石垣を使ったかもしれません。

発掘された豊臣大坂城詰丸石垣（千田嘉博撮影）

平山　肥前名護屋《なごや》城の石垣と木幡山の伏見城の石垣を比較してみるとどうですか。

千田　よく似ています。肥前名護屋城では佐竹の家臣が割石を積んでいたのに驚いたのですが（「小田野備前守宛 平塚滝俊書状写」『小田野主水氏旧蔵文書』東京大学史料編纂所謄写本）、名護屋築城開始の天正一八年、一九年ごろから割石を積んで石垣とするようになりました。このころから石の使い方が変わっていくようです。その後の伏見城築城では、割石を整然と積んで断面を見せるという最新モード、工業標準化した石を全面的に使っていたようです。

平山　肥前名護屋城の普請は天正一九年からといわれていますが、出土した瓦には「天正十八年」と書いたものもあるそうです。たぶん、前の年から始まっているのではと思います。ほぼ同じ時期に甲府城で普請が始まっています。甲府城も野面積みが基本ですが、角石に割石を使っていませんか。

千田　たしかに使っていますね。

平山　天正一八年、一九年あたり、天下統一の時期に合わせて、石垣の技術も進み、きれいに見せようと意識に変化があったのでしょうか。

千田　きれいに見せるという意識はあったと思います。もうひとつ、石の形を整えることで効率的に計算して石垣がつくれるようになっていくのです。その変化だと思います。野面積みの石だと大小、形も違う石を石垣職人がパズルを組み合わせるようにして石垣をつくる。現場合わせになるから、石が何個必要かの計算が立たない。しかも、石がたくさんあったところで、石工がこの石の上に載せるいい形の石がないからダメだ、探してこいといったら、また探しに行かなきゃいけない。これは非効率です。

　しかし石を割って調達すればいいと変わっていくのです。石の形を四角く整えていく流れへと変わり、どの石を積んでも基本的に同じとなる、より効率化、合理化を図ったというのも変化の大きな理由ではないかと考えています。

平山　なるほど。伏見城の跡地の一般公開は厳しいかもしれませんが、もう少し情報がわかると面白いですけどね。

千田　天守台の跡もレーザ測量図を見ると石蔵があったことなど細部がよくわかります。このように限られた材料ですが、今後わかってくることはあると思います。

琵琶湖周辺の城の攻防

平山　関ヶ原合戦の前哨戦のひとつに大津城攻防があります。大津城を攻める西軍も、かなり有力な軍勢ぞろいですが、大津城の評価はいかがですか。

千田　大津城攻防戦では東軍方として京極高次《きょうごくたかつぐ》が籠城し、よく踏ん張り、西軍の毛利氏の大軍を足止めしました。大津城は関ヶ原合戦後に廃城、城は膳所《ぜぜ》城に移り、天守は彦根城に移築したので、当時の実像はわかりません。城の一方が琵琶湖で、そちら側からはなかなか攻めづらい。陸路の側は何重にも堀をめぐらせていて、防御態勢が整ったいい城です。陸地側には馬出しとして機能するようなしっかりとした形を整えており、大軍が押し寄せても簡単には落とせない城です。

平山　石垣などの痕跡はありませんか。

千田　大津城の石垣の痕跡とされるものがあります。近代以降に新しく積み直してオリジナルではありません。

平山　琵琶湖を控えて堀に囲まれているのでなかなか攻めづらかったといわれていますね。琵琶湖畔の城は大津城といい、坂本城といい、不明な部分が多い城ばかりで残念です。

千田　坂本城の本丸の場所はわかっています。最近、外曲輪の石垣が見つかり、それが保護されることも決まりました。

平山　次に佐和山《さわやま》城について教えてください。

千田　佐和山城は今では石田三成を感じられる、いわば聖地として人気の城です。関ヶ原合戦の決戦後の激しい戦いで落城し、のちに彦根城をつくった井伊家の城になりました。山頂部の本丸の平坦面は広いのですが、彦根城に移るときに破却してしまったので当時の本丸の遺構をそのまま見ることはできません。石垣などが一部残り、角石が二、三石ほど確認できます。かなり立派な石垣を積んでいたのは間違いないです。全山を使った非常に大きな城で、山の東側の山麓に上級武家の屋敷街などを囲い込んだ惣構えを備えていました。堀と土手、土塁のラインが残っている部分があり、今も見ることができます。近年バイパス道路の建設があって発掘で惣構え堀が見つかりました。ただし発掘した部分は道路になって、歴史的景観は大きく変わってしまいました。

佐和山城は戦国時代から浅井家、六角《ろっかく》氏、そして織田信長で取り合った北国街道あるいは中山道を押さえるという交通の要衝であったうえに、もともとは琵琶湖の内湖が佐和山城の麓まで広がっており、琵琶湖の水運を直接コントロールできるみごとな立地で、戦国期以来、重要視された城です。秀吉政権でも堀秀政《ひでまさ》、堀尾吉晴《ほりおよしはる》と豊臣家を代表する家臣が佐和山城を任され、最後に三成が入りました。最終的には籠城戦で関ヶ原合戦以降、東軍方に攻められて落城しますが、近年の研究によると最後に火はかけられてないようです。火災がまったくなかったかどうかはわかりませんが、中心部が全部焼けてしまう状況ではなかったと考えるのがよいようです。その後、井伊直政《なおまさ》が入って、彦根城築城に伴い、廃城となりました。

平山　三成の時代に非常に立派な城とみなされて、有名な言葉がありますね、「三成に過ぎたるものが二つあり　島の左近と佐和山の城」と。

佐和山城跡で見つかった惣構え堀（朝日新聞社撮影）

千田　八棟《やつむね》づくりの天守があったともされ、立派な城であったと伝えられます。ただし現地に残る遺構をどこまで三成の時代と考えるのか。井伊家が二年ほど在城していますので、その間、全然手を入れなかったと考えてよいか、そこの切り分けが難しいです。先にふれたように、最終的に井伊家が本丸を壊したのも、三成の居城だったからだと説明されてきましたが、直政が最期の城主なので、それが理由なのかどうか。彦根城や琵琶湖を一望、見おろすことができるので、あそこを取られてはまずいと本丸など高いところは石垣を壊して軍事的に無力化したと考えたほうがよいのではないかと考えています。

平山　佐和山城での発掘調査は行われているのですか。

千田　ごく一部ですが実施されています。山のほうの発掘調査もなされています。遺構の存在は確認されましたが、詳細は未詳です。内湖に近い城下のほうは平地なので開発などに応じて発掘調査が行われ、調査の成果からは街区を設定した城下町があり、都市整備が進んでいたのは間違いない、というところまでわかってきています。

平山 大きな街道筋にありますからね。城下町もしっかりとつくったことでしょう。

千田 現在は彦根に北国街道が通っていますが、当時はまだ彦根に城はありません。街道は佐和山城付近を通ってということだったでしょうから、繁栄していたでしょう。

関ケ原の実態がレーザ測量で浮かび上がる

平山 いよいよ、関ヶ原合戦の本戦に話を進めます。まずお尋ねしたいのは、関ケ原の東軍・西軍の陣所跡に史蹟の石碑が立っていますね。実際のところ、これらの場所において、陣城《じんしろ》などの痕跡は確認できるものなのでしょうか。

千田 関ケ原の陣城の痕跡は近年、研究が飛躍的に進んだことで解明できるようになってきました。飛行機で上空からレーザ光線を地上に発射します。跳ね返ってきた厖大《ぼうだい》な三次元のデータを回収し、その中から葉っぱや木などの高さのデータをフィルターでカットして、地表の高低、凹凸だけを赤色の彩度と明度を使って高低差のわかる図面をつくれるようになったのです。これによって、従来、科学的に把握することが難しかった関ケ原一帯の陣所や城跡の様子が細かく、正確にわかってきました。

まずひとつは関ヶ原合戦の陣跡は非常に短期間につくられ、利用されたものもありますが、それなりに痕跡が残っていることです。さらにその陣跡からもいろいろ検討することができます。

また、南宮山《なんぐうさん》山頂に毛利軍がいたといわれてきましたが、本当に正しいのか検討できるようになりました。山頂には非常に小さな砦《とりで》の跡しかなく、大軍が駐屯していたとはとても考えられない。その痕跡がまったく見あたらないのです。逆に、松尾山城のように、中世から続く城跡の情報も読み取れます。松尾山城から関ケ原の盆地に向けて延びた尾根の上に大軍が駐屯していた臨時の駐屯段の痕跡が図面からみごとに把握できます。

それらを考えると従来の説の見直しが必要になると思います。一方で、決戦の当日、前夜というのか、急遽《きゅうきょ》、布陣したといわれている石田三成や宇喜多秀家《うきたひでいえ》などの西軍方の主要な部隊がいた場所は、土木工事を伴った明瞭な陣の跡を見つけること

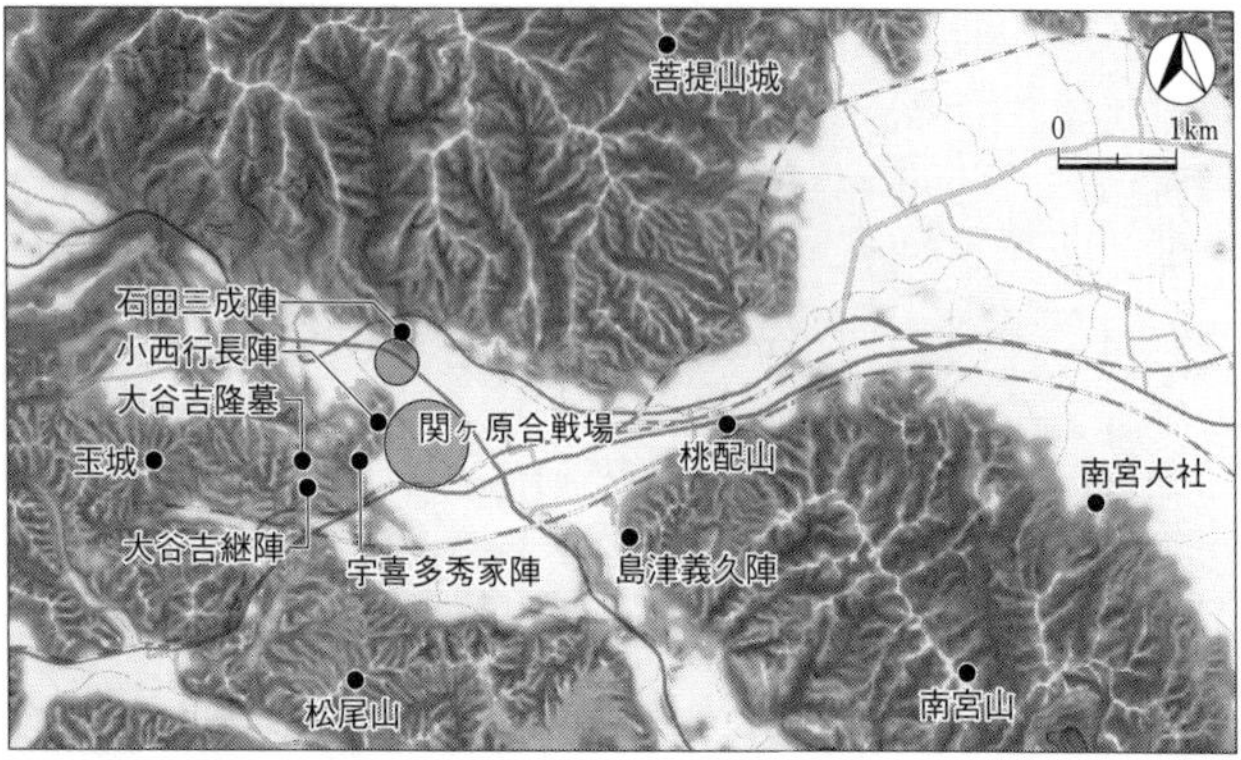

関ケ原合戦の布陣（国土地理院地図に赤色立体図を重ねて作成）

ができず、伝えられるとおり、関ケ原に来た直後の翌朝から戦うこととなった西軍方の三成の主力部隊は、本格的な陣をつくれなかったことが見えてきました。

平山　「関ヶ原合戦図屏風」を見ると、島津氏の陣所のあたりに柵が設けられていることがわかります。柵跡はほとんど発掘調査では見つからないですね。

千田　簡易な陣所であったことは間違いなさそうです。西軍方で唯一、堀か帯曲輪などの痕跡が読み取れるのは大谷吉継《おおたによしつぐ》陣です。松尾山と対峙している場所ですね。

平山　陣所を構えていたのは大谷吉継だけ、というのは文献からも理解できます。最終的に徳川方が大谷の陣に向かって移動し始める

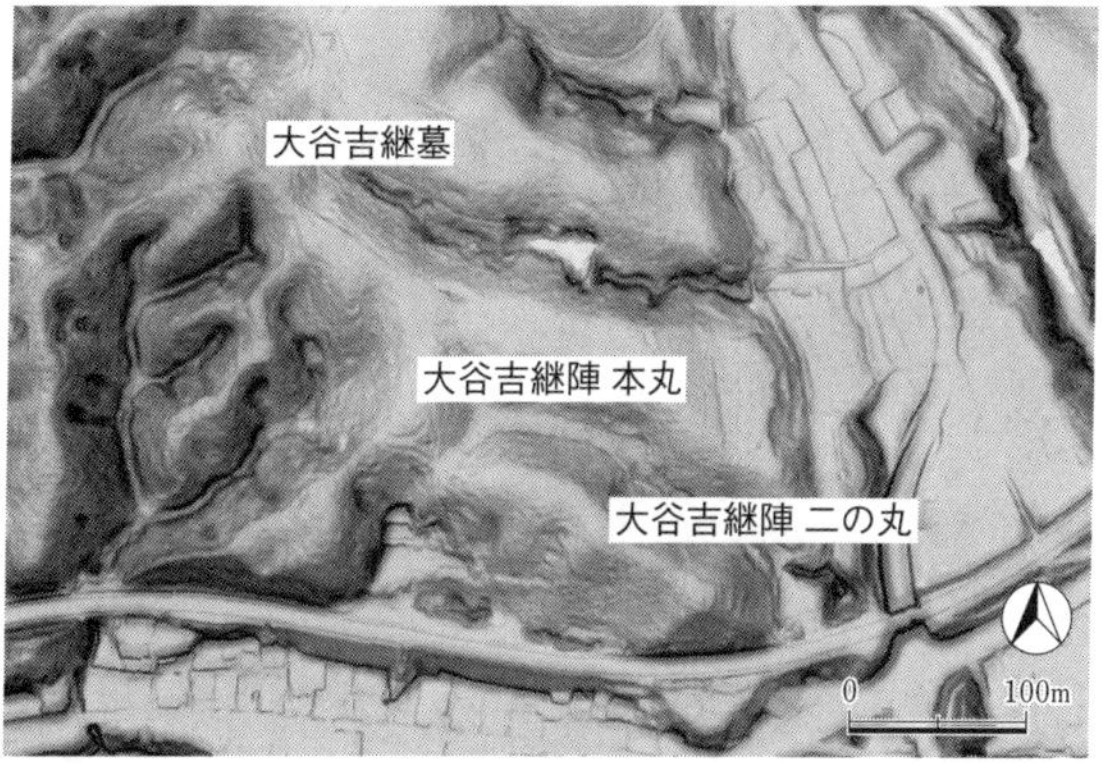

大谷吉継陣（岐阜県森林研究所による岐阜県立体CS地図と等高線図を重ね合わせて作成）

千田　ので後を追っていくということになるのですが、その痕跡はわかるのでしょうか。
西軍の諸部隊が布陣した地点の最南端はその南東、谷筋を挟んで松尾山と対峙しています。現在、大谷吉継の墓がその奥にあります。その手前側、「大谷吉隆陣所古趾」と石碑が建っている一帯が陣の跡と考えてよいようです。松尾山に向かって長く東西に尾根が延びていますが、その先端にも削平段や、土塁状のものをつくり、山の尾根筋に簡単には登れないようにしていたようです。石碑のあるところから西側に鞍部があり、もうひとつの山も陣所にしていたようで、そちらは堀を谷筋に向けて構えて、セットで帯曲輪をつくっていました。その様子は現地でも確認できます。

平山 なるほど、少しずつ解明されましたね。これまで大谷吉継の陣所はあまり話題にならなかったですよね。

千田 大谷吉継の陣は石碑がある周辺の東西の尾根上が、陣の中心だと考えられます。松尾山城に対して前面にあった尾根上だけを陣と認識してきて、いま述べた箇所はひとつ尾根をずれた場所なので、大谷吉継陣と考えてこなかったのです。

松尾山城へ小早川秀秋はどう入ったか

平山 次に松尾山城です。関ヶ原合戦のときに確実に手が入ったとわかるのは松尾山城ぐらいです。まず松尾山城の歴史について教えてください。

千田 中世以来、関ケ原周辺で最も重要なのが松尾山城です。信長も関係していますし、臨時の城ではありません。松尾山城の航空レーザ測量図ができたことで実態が非常によくわかってきました。

松尾山城へは関ヶ原合戦場跡の北側から登ってくることになります。本丸を土塁が囲み、関ケ原の盆地へ本丸からは出られません。南側にはみごとな枡形《ますがた》があり、

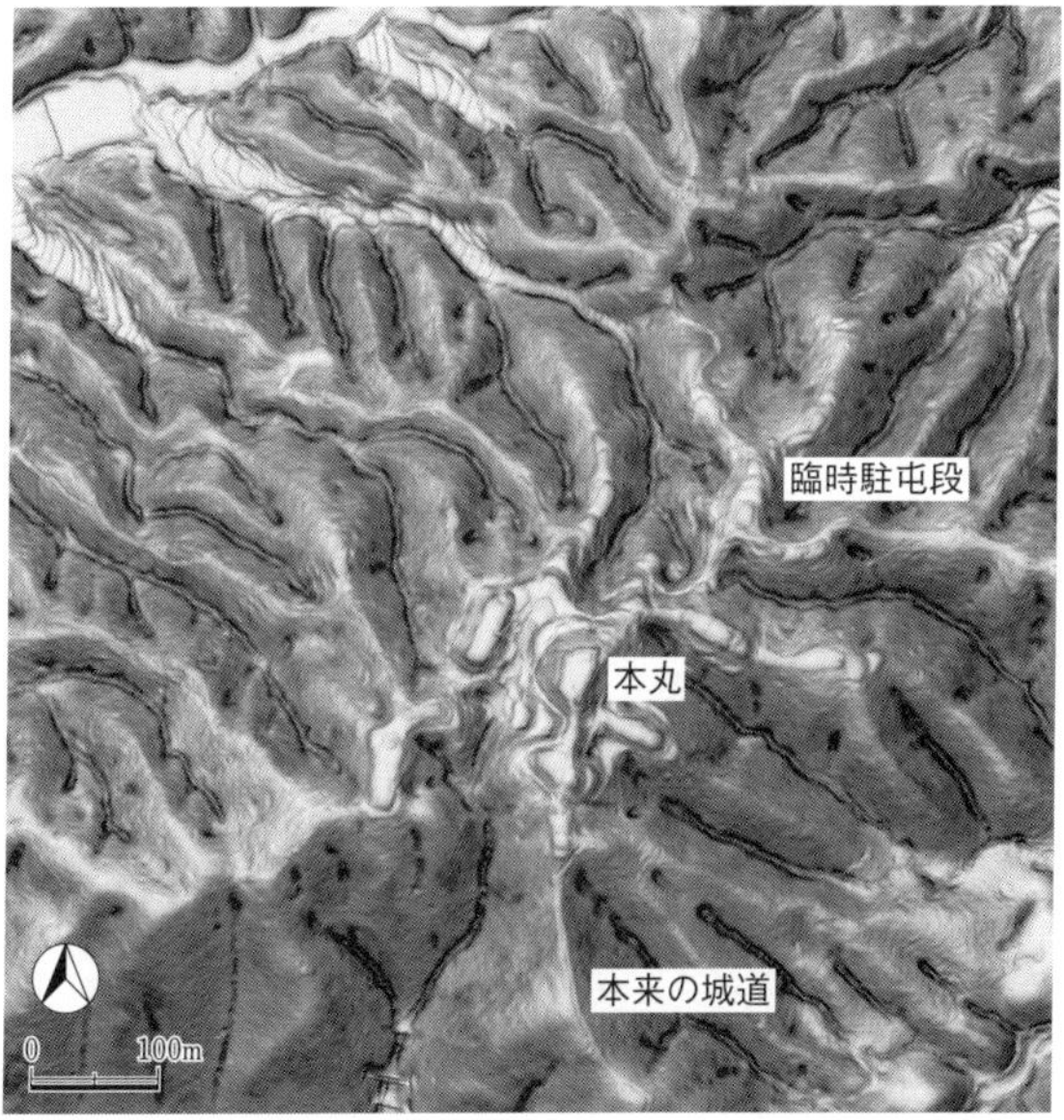

松尾山城（岐阜県森林研究所による岐阜県立体CS地図と等高線図を重ね合わせて作成）

関ヶ原合戦が行われた大きな谷側からではなく、南側の小さい谷のほうから登り降りする城なのです。城として使われていたのは中心の本丸とその周囲です。もともと道もなかった北側の尾根を少し降りたところには小規模な削平段が並んでいます。先に述べたように、大軍が布陣した軍勢の駐屯段です。そして決戦場になった側に道を確保しています。関ヶ原合戦では、本来の戦国期松尾山城の登城ルートとは全然違う使い方をしたことが見えてきたというわけです。

南宮山の使われ方

平山　南宮山にあまり痕跡がないのは意外でしたね。

千田　南宮山も山頂の一カ所が高いのではなく、山頂部に複雑に谷が入り込んで、小さなピークがいくつかあります。山頂部分の二つの高所に技巧的な砦がつくられています。関ヶ原合戦のときにつくったと評価できます。南北二つの砦のうち、南側がより技巧的です。東西に堀切《ほりき》りを入れて、西側に堀切りに沿って土塁で囲んだ空間があり、全体で枡形の役割を果たしていました。北東側は櫓台状のものを外側に張り出させて攻めてくる敵を脇に回り込ませ、死角に入る部分には外枡形系の入り口をつくっています。その脇を高い土塁を屈曲させてめぐらせています。回り込まないと城内に入ってこられません。さらに主郭から南東に延びる尾根筋にも堀切りを入れて柵をめぐらせています。堀切りの外側には八の字形の土塁線、細い犬走りがあります。これは「関ヶ原合戦図屏風」に描かれているような柵をつくっていた跡です。小さな帯曲輪をつくって、そこに柵を入れていたのでしょう。尾根筋はぎりぎ

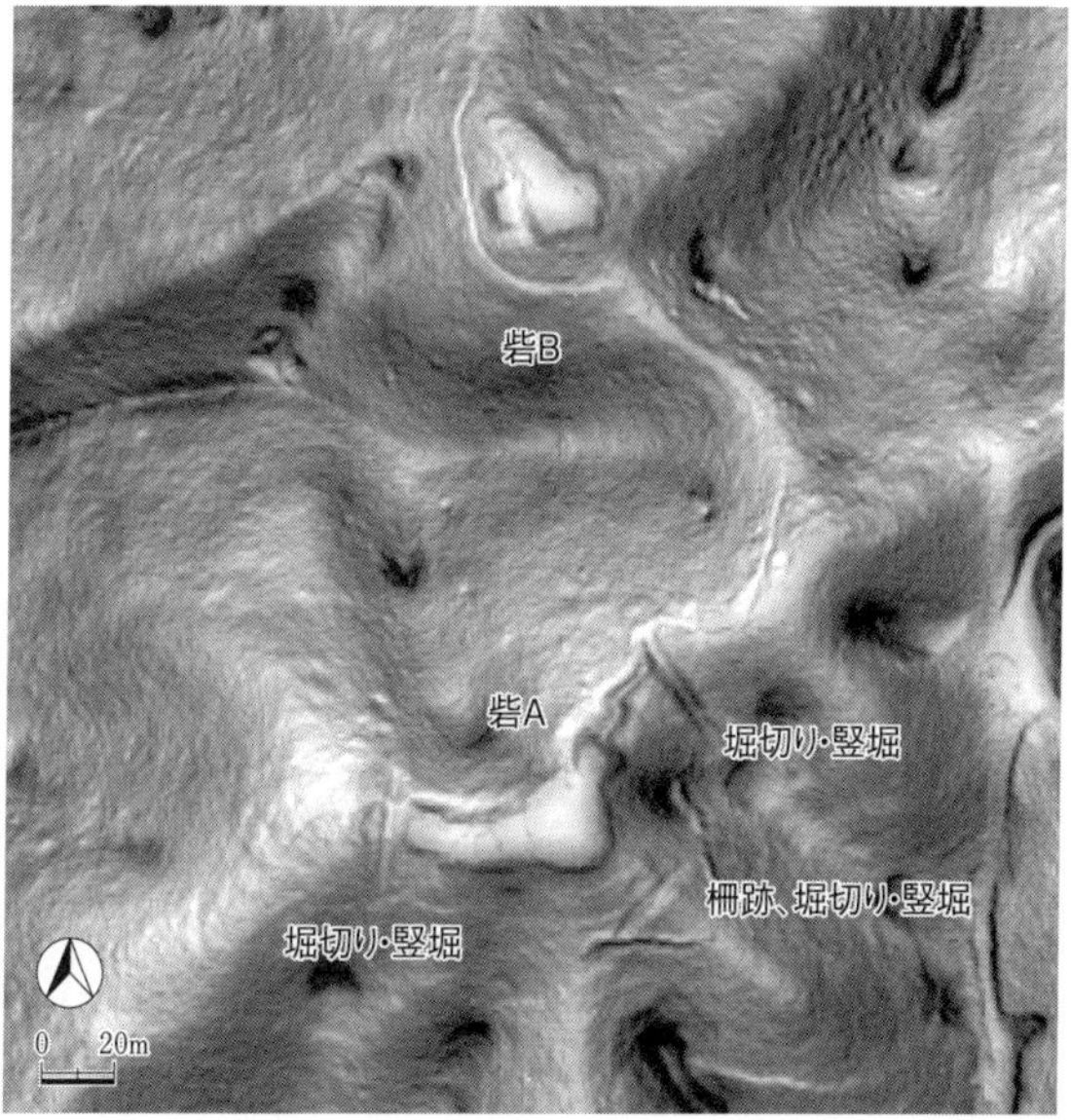

南宮山の毛利軍砦（岐阜県森林研究所による岐阜県立体CS地図と等高線図を重ね合わせて作成）

り、通れるようにしていたのでしょうが、簡単には近づかせないことが見て取れ、きわめて技巧的です。

もうひとつのピークにも、ほぼ同じような砦があります。南宮山は景色がよく濃尾平野を一望できるので、監視用のきわめて小さな二つの砦しかありません。しかも周囲にも軍勢が駐屯したような場所がなく、小さな砦があるだけです。ここに大軍が布陣したとは思えません。毛利秀元の軍勢の主力は南宮山の山頂にはいなかったのです。

平山　なるほど。いろいろ考え直すべき問題がたくさんありますね。

千田　今まで南宮山に毛利軍がいたとされてきたのですが、毛利本隊がここにいたかというと、その可能性はありません。

山の北側に南宮大社があり、駐屯するとすればそのあたりが都合がいいと思われます。家康が南宮山の北側を通って桃配山《ももくばりやま》のほうへ行きますが、毛利軍とかなり近接したところを決戦前に通っていたのではないかと新たに推測できます。

平山　あのあたりに浅野幸長《よしなが》がいたのは、毛利軍が山上ではなく南宮大社もしくは、その南のほうにいたとすると理解できます。

菩提山城・玉城の構造もわかってきた

千田　それと関ヶ原合戦との関係においてはあまり語られることがなかったのですが、竹中重門《しげかど》の菩《ぼ》提山《だいさん》城が関ケ原の東側の入り口近くにあります。外側に土塁をめぐらせ、馬出しも備えており、とても深い堀を入れています。そこから降りた先も馬出し状になっていて、左右に分かれて出撃した部隊が連携できる、よくできた城です。城の北東側に軍勢が駐屯していた痕跡があります。関ヶ原合戦のころに技巧を凝らした盆地への東の入り口を押さえた山城になっていたとわかります。

東軍は関ヶ原の東側へアプローチするにも、もともと西軍方だった菩提山城があっては安心して通ることができません。城主の竹中氏は織田信秀に仕えており、犬山城の防衛隊の一人で関ヶ原合戦開戦当初は西軍でしたが、犬山城が開城したときに家康に許されていました。しかし決戦時には東軍に組しているので、菩提山城の南を進軍しても北側から側面を突かれる心配はなく、家康は安心できたのではないかと思います。

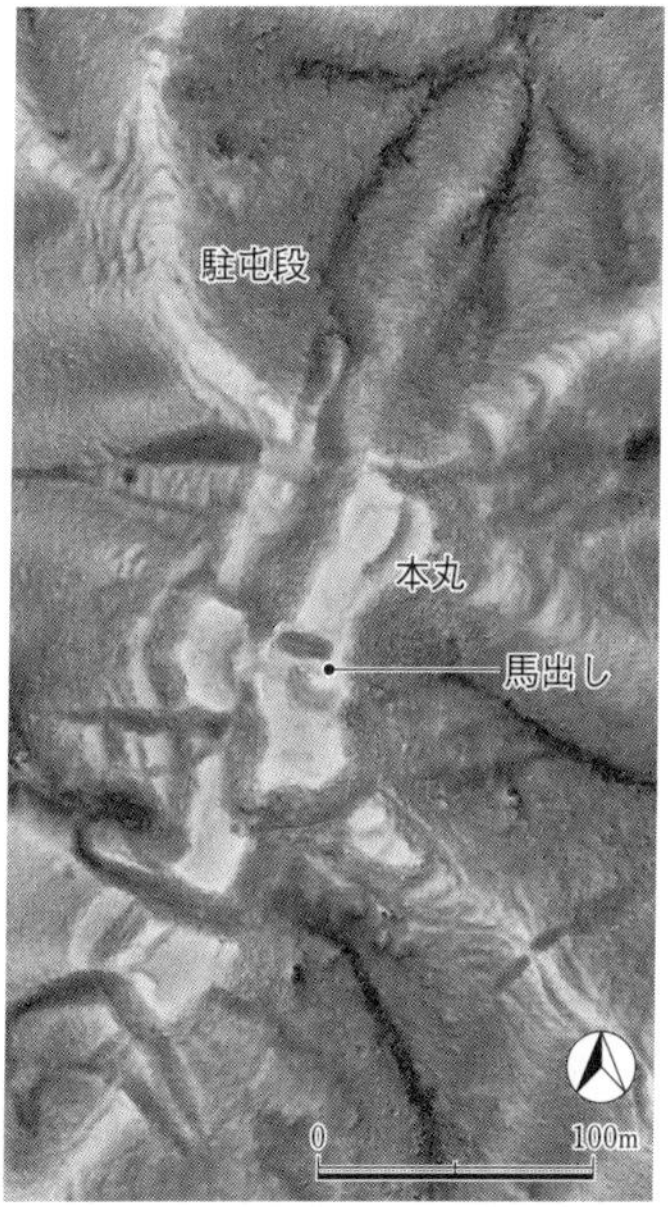

菩提山城跡赤色立体図(垂井町教育委員会蔵)

平山　菩提山城は関ヶ原合戦のときに手が入った可能性があるのですか。

千田　馬出しも認められて、

その可能性があります。非常に強力な城になっていて、石田三成にしてみれば、竹中氏も味方だと思っていたと思います。三成は、家康が菩提山城と南宮山北麓に布陣した毛利軍がいるので、関ケ原までは簡単には来られないと思っていたのです。菩提山城は今まで関ヶ原合戦に関わって語られたことがなかったのですが、もうひとつのポイントだと考えています。

平山　なかなか史料で裏付けが取れませんが、そうみると面白いですね。最後は玉城についてです。この城の理解については、かなり議論になっていますね。

千田　玉城ですが、南北朝時代からあった城です。松尾山城と比較すると、山の上の本丸が圧倒的に大きいのです。そして本丸南側の削平には自然地形をそのまま残す部分があります。こういう特徴は臨時の陣城としてはよくあることです。玉城の大きな本丸は通常の城として非常に不自然です。玉城の本丸は松尾山城の本丸の三倍以上もありました。城の形は単純に見えますが、堀のラインや帯曲輪のラインがしっかりと定まっていて、切岸も一五メートル程もありました。土木量が多量だったとわかります。

地元の武士がこれだけのものをつくったとするには、まわりの城とあまりにも違

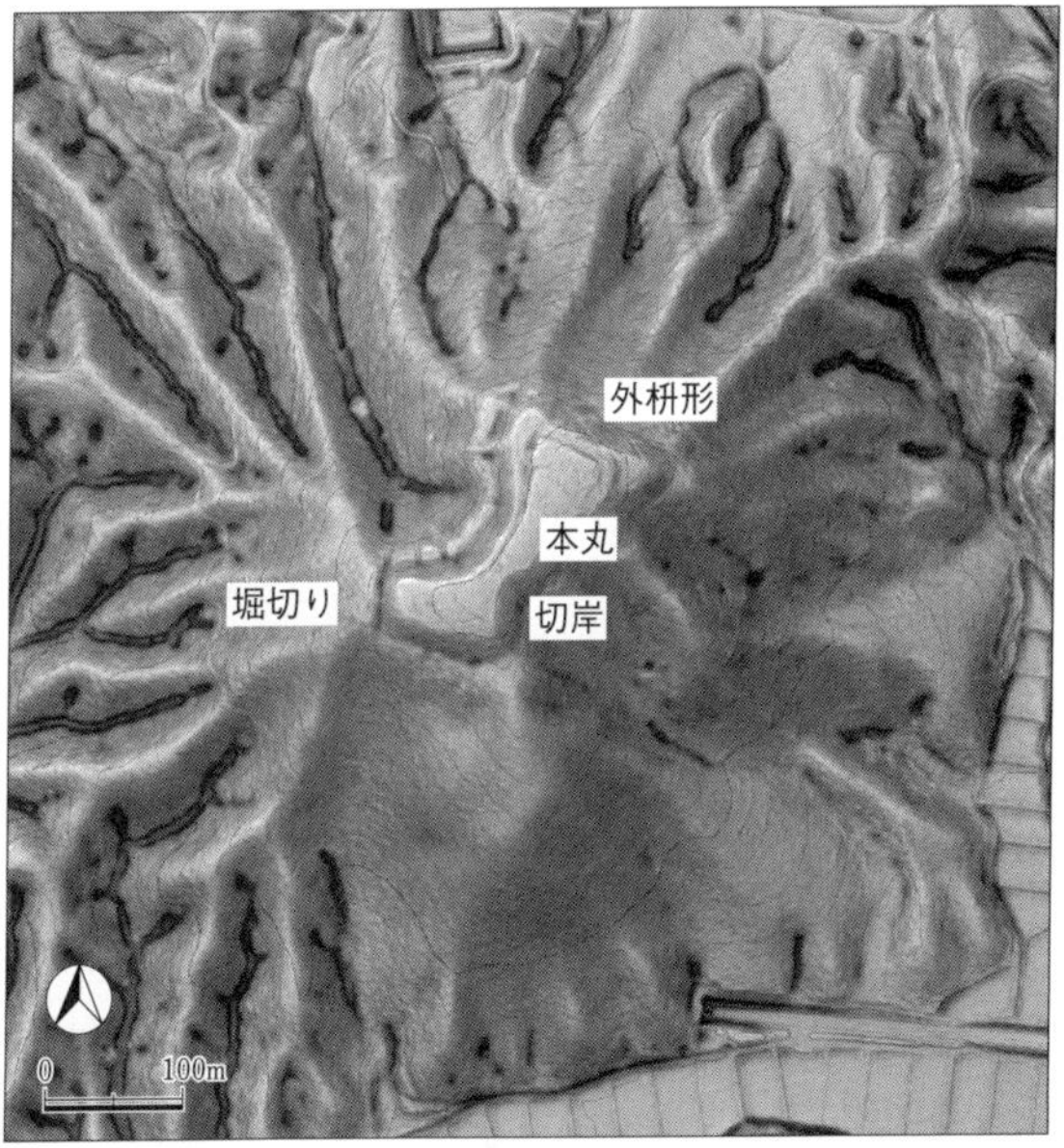

玉城（岐阜県森林研究所による岐阜県立体CS地図と等高線図を重ね合わせて作成）

いすぎます。現在は東海自然歩道の中に入っているので、もともとの連続外枡形を壊して本丸まで直線の道で通るようにしています。

平山 連続外枡形の存在は関ヶ原合戦の時期の陣城とみておかしくありません。近代の帝国陸軍に利用された痕跡はないのですか。

千田 第二次世界大戦の防空施設をつくっています

が、影響はごく一部です。

平山　関ヶ原合戦は検討し直す必要がたしかにありますね。明治以降に、たとえば黒田氏の陣所があったところなどに石碑が立てられたりしていますが、文献からもどのくらい確認できるか、検証が進み、読み替えが始まっています。まだこれからではありますが、航空レーザ図を見ながら検証していくことも大事だと実感しました。

千田　西軍は結果として大敗といっていいと思いますが、最初から負けると思ってはいないでしょうし、ではなぜ勝てると考えたのか。勝った側の論理だけではなく、敗者西軍の武将がどう考えていたかを含めて、見直しが進んでいけば、両方の視点でさらに真実に近づけると思います。

12章　大坂の陣と両軍の城

大坂の陣と両軍の城

戦国の終焉を告げた象徴的な合戦が、慶長一九年（一六一四）の大坂冬の陣と、翌慶長二〇年の大坂夏の陣だった。両度の戦いとそれに関わった真田丸をはじめとした城や陣城については、本文の平山優さんとの対談に譲るとして、ここではその対談でふれている、「大坂冬《おおさかふゆ》の陣図屏風《じんずびょうぶ》」デジタル想定復元をどう復元したかを記したい。

この「大坂冬の陣図屏風」デジタル想定復元は、東京国立博物館が所蔵する「大坂冬の陣図屏風」模本《もほん》をもとに、TOPPAN株式会社が、伝統と最新の技術を駆使し、千田もプロジェクトチームに加わって二〇一九年に彩色復元を行ったものである。もとになった「大坂冬の陣図屏風」模本は、江戸の木挽町狩野《こびきちょうかのう》家が明治一九年（一八八六）に帝室博物館に寄贈し、現在の東京国立博物館が収蔵して今日に至る。

資料が脆弱《ぜいじゃく》であることもあって、「大坂冬の陣図屏風」模本は、あまり展覧会に出陳されず、実物を熟覧する機会はなかなかない。しかし大坂冬の陣を描いた絵画資料としては白眉《はくび》であり、多くの書籍にこの屏風の写真はよく掲載されている。だから、あの屏風だとご存知の方も多いだろう。実物を熟覧すると赤色や緑色、水色など、何色かの彩色があるが、全体に色彩は淡く、全体に白が目立つ。実は、先ほどから模本と記しているが「大坂冬の陣図屛風」は完成した作品が失われ、模本のみが伝わる絵画資料である。

可能な限り「大坂冬の陣図屛風」模本の歴史をたどる。模本を帝室博物館に寄贈したのは木挽町狩野家一一代当主の狩野謙柄であった。木挽町狩野家は狩野探幽《たんゆう》の弟・尚信《なおのぶ》を祖にし、六代当主の栄川院典信《えいせんいんみちのぶ》の時代に木挽町に移転して以降、木挽町狩野家を名乗った。木挽町狩野家は江戸時代の狩野派の中で中心的な役割を担い、江戸幕府の将軍お抱え絵師を務めた。

絵師は、木挽町狩野家に限らず、様々な絵の注文に対応するため、模本や粉本《ふんぽん》と呼ぶ絵画作品の模写や下書きを大量に製作し、先例となる名画の絵画情報を集めた。つまり「大坂冬の陣図屛風」模本は、木挽町狩野家が元絵を模写してつくった模本のひとつだった。それでは、大坂冬の陣を描いた元絵はどのようにつくられ、伝えられていたのだろうか。

対談で触れているように「大坂冬の陣図屛風」模本は、きわめて正確に大坂城の構造を描いており、たとえば本丸の千畳敷御殿《せんじょうじきごてん》周辺の描写は、大工頭《だいくがしら》の中井正清《なかいまさきよ》の家に伝えられる「豊臣大坂城本丸図《とよとみおおさかじょうほんまるず》」の記載内容と鮮やかに一致する。オリジナルの屛風の製作時期が、大坂冬の陣から下らない時期であり、絵師自身が豊臣大坂城と冬の陣を実見していたか、製作時に施主からきわめて詳細な豊臣大坂城と合戦の情報を提供されたかの、いずれかと考えられる。

「大坂冬の陣図屛風」デジタル想定復元の製作で中心的役割を果たしたTOPPAN株式会社の木下悠さんが屛風の来歴を詳しくまとめている（木下 二〇二四）。それに従って「大坂冬の陣図屛風」の歴史的背景を検討する。古くは「大坂冬の陣図屛風」模本のオリジナルの屛風を描いた絵師を、狩野探幽の師であった狩野興以《こうい》と推測する説が有力だった。

実際に興以が元和二年（一六一六）四月に「大坂攻之図屛風」という屛風絵を描き、公家で古今伝授《こきんでんじゅ》を受けた歌人・中院通村《なかのいんみちむら》にその屛風を見せ、さらに通村がその屛風を御所に運んで、後水尾《ごみずのお》天皇が常御所《つねのごしょ》の庇《ひさし》で叡覧《えいらん》するに至った（『中院通村日記』）。ある時期に狩野興以が描いた大坂冬の陣の屛風絵の模本を狩野家が作成し、それを木挽町狩野家が伝えたと考えれば、伝来に矛盾はない。

ところが美術史の視点からは、「大坂冬の陣図屛風」模本の画面構成は、狩野派の技法と異なっていて、狩野興以の「大坂攻之図屛風」の模本が「大坂冬の陣図屛風」模本の元絵とは考えにくいという（薄田 二〇一九）。

その一方で、木挽町狩野家九代目当主の晴川院養信《せいせんいんおさのぶ》の『公用日記』の文政一一年（一八二八）の記述に、江戸幕府から借りていた「大坂御陣様子之拾枚折屏風下絵五枚続二指右長谷川宗也筆」を返却するよう指示を受けたのが読み取れる。これにより大坂冬の陣の屏風の下絵を江戸幕府が所持し、文政一一年に返却する前に木挽町狩野家が製作したのが、今日伝わる「大坂冬の陣図屏風」模本と、考えるのが現状では穏当である。

さらに「大坂冬の陣図屏風」模本には、付属文書が屏風の右隻《うせき》第一扇と左隻《させき》第六扇に貼り付けられていて、この文書は「屏風絵」と「絵本之下絵」の相違箇所を書き上げる。その記述内容から、この文書を書いた人物は、基本的に同じ描写だが、細部に違いがある大坂冬の陣の「屏風絵」と「絵本之下絵」を見比べたこと、「屏風絵」の成立が相対的に早く「絵本之下絵」は成立が遅れたとわかる。少なくとも二つの「大坂冬の陣図屏風」あるいは模本が、江戸時代には存在していて、そのひとつを模写したのが「大坂冬の陣図屏風」模本であった。

「大坂冬の陣図屏風」模本は、堀や石垣、天守や御殿の建物の輪郭は線で描いたのに対し、完成した屏風が本来もっていた彩色は、ほとんど塗っていない。だから現状の「大坂冬の陣図屏風」模本は全体に色がない部分が多く、白っぽい感じに見えていた。この状態では本来の屛風の彩色を復元できないと思うかもしれないが、彩色情報は文字化されて模本の中に濃密に書き込んでいた。

たとえば「キ」は黄色、「ウト」「ワウト」は黄土色、「白六」は白緑色というように、略称を解読することで、当時の色彩を復元できた。復元した屛風への彩色はデジタル方式で行い、金箔《きんぱく》、金砂子《きんすなご》、金泥《きんでい》、銀泥《ぎんでい》は、本物の金箔、金泥、銀泥を用いる伝統工法によった。また金雲は胡粉《ごふん》による盛り上げで縁取りした。

実際の作業では、ひとつひとつ、人物・建物の輪郭を示した絵の中や外におびただしい数の文字による色註記があり、武士の鎧兜《よろいかぶと》ひとつにも、細部まで指示した色註記の文字がある。これらの文字をそのままに彩色を進められないので、作業にあたっては色註記の文字だけをすべて消去する必要があった。そうした気が遠くなるような作業を重ねて、「大坂冬の陣図屛風」デジタル想定復元は完成した。

対談ページでは「大坂冬の陣図屛風」デジタル想定復元を、具体的にどのように復元したかは、ほとんど記していない。しかし緻密《ちみつ》な考証をもとに、伝統と最新の技術を組み合わせた膨大な作業を経てできたのを、ご理解いただけたと思う。

それにしても復元チームに加わって感心したのは、江戸時代の人が作成した模本の情報の豊かさである。模本はそもそも、先例を踏まえた絵画を発注主に届けるために、絵を描くにあたって必要な情報を、元絵から抽出したデータ集だった。今回は、その模本の、資料としての特性を活かして、模本のデータを読み解いて、失われた元絵を再現するという試みだった。そして模本からの絵画の再現は、みごとに成功したと思う。

完成品が失われ、模本だけが伝えられる絵画資料は少なくない。合戦図屏風を含む失われた絵画資料を、「大坂冬の陣図屏風」デジタル想定復元のような方法で復元していけば、歴史研究に大きく寄与し、美術史の研究にも重要な意味をもつ。こうした取り組みがさらに広がっていくのを期待したい。

（千田嘉博）

対談・12章　大坂の陣と両軍の城

対談でめざしたこと――

冬と夏、二度の大坂の陣によって豊臣政権は瓦解し、徳川家康は江戸に幕府を開くこととなった。戦いの舞台となった豊臣の大坂城はどんな姿だったのか。また、両軍はどのような陣を張っていたのか。

「大坂冬の陣図屏風」は豊臣大坂城の姿を最も忠実に描いたといわれるが、今に残る「大坂冬の陣図屏風」模本（東京国立博物館蔵）は全体に着色は少なく、着色の指示を記号化した文字で示した。この状況では屏風がもつ戦いや城の情報のすべてを考察するのは難しかった。だが近年、屏風を史料として読み解き、最新のデジタル技術で着色、彩色復元するプロジェクトを二〇一九年にＴＯＰＰＡＮ株式会社が実施した。それにより大坂城の構造や徳川方陣などをかなり写実的に描いていることがわかった。

さらに部分的ではあるが、近年、大坂城周辺の発掘調査によって、大坂城と城下の詳細が判明しつつある。絵図や地形の読み解きとともに豊臣大坂城、およびその惣構《そうがま》えに迫ることが現実になってきた。

真田丸《さなだまる》の所在地はどこか。夏の陣での豊臣方の布陣と作戦はいかなるものだったのか。戦国時代から近世への転換点となった史上最大の合戦の細部を城から解き明かす。

豊臣期大坂城の構造

平山　大坂の陣の舞台、大坂城を見ていきましょう。大阪城天守閣などが大阪城公園のシンボルとなっており、多くの観光客を集めていますが、現在見られる石垣、堀、大手門ほかの建造物はすべて江戸時代以後のものです。
　大坂の陣のころ、豊臣秀吉がつくらせた大坂城を知る手がかりとして、まず、大坂城の絵図がありますね。

千田　「大坂城本丸図」はいくつかあり、そのひとつに江戸幕府で大工頭をつとめた中井家に伝わったものがあります。それによれば本丸の上位空間として詰丸《つめのまる》があり、そこに天守が建っていました。詰丸には奥御殿があり、一方の本丸には対面や公式儀礼のための表御殿がありました。
　江戸幕府が再築した徳川の大坂城は全体がひとつの大きな本丸になっていたので、豊臣の大坂城とはずいぶん違っていたのです。これまで建築史を中心に豊臣大坂城の天守や御殿の読み解きを行ってきました。

平山　大坂城は発掘調査でいろいろなものが見つかっていますよね。

千田　豊臣大坂城の遺構からは金箔瓦《きんぱくがわら》が多数出土しています。11章でも紹介した、豊臣期の石垣が見つかった地点の地面は、現在の地表面から約七メートル下となります。つまり、二代将軍徳川秀忠《ひでただ》が大坂城を造営したときには、本丸部分で約七メートル盛り土をし、完全に豊臣氏の大坂城を見えなくした。地下に石垣を「埋蔵」してくれたためによく残っていて、発掘調査によって様々なことが明らかになりました。

また豊臣期大坂城の唯一確実な現存遺構は、滋賀県の竹生島《ちくぶしま》・宝厳寺《ほうごんじ》の国宝・唐門です。これが大坂城の山里丸北側の堀にかかっていた極楽橋《ごくらくばし》の移築であるのは、記録から間違いありません。オーストリア・エッゲンベルク城所蔵の「豊臣期大坂図屏風」にも極楽橋の様子を描いており、これを移築したのです。近年、全解体修理を行って、本来の美しい姿を取り戻しました。

平山　また、千田さんは「大坂冬の陣図屏風」の彩色復元プロジェクトに携わっておられましたね。これも大坂城を考える上で重要な史料だと思います。大きなお仕事でした。この図からわかったことを教えてください。

千田　東京国立博物館所蔵の「大坂冬の陣図屏風」は、狩野《かのう》派の絵師が同図を模写した粉本《ふんぽん》（後日制作の参考とするための下絵）で、彩色はごくわずかでした。しかし、どこ

「大坂冬の陣図屏風」デジタル想定復元より、左隻・大坂城千畳敷御殿の場面（「大坂冬の陣図屏風」デジタル想定復元　制作・所蔵：凸版印刷株式会社）
監修：千田嘉博（奈良大学文学部教授）、東京藝術大学、徳川美術館、佐多芳彦（立正大学文学部教授）
協力：大阪城天守閣、京都市立芸術大学芸術資料館、東京国立博物館
※JSPS科研費JP17102001（立正大学）の助成を受けた研究成果を活用しています。（以下、本書の同図からの引用同じ）

に何色を塗るべきかの膨大な色注記があり、この粉本の情報を読み解けば現代にあっても原本の色を復元できます。歴史や美術史の研究者と共同で復元に挑み、ＴＯＰＰＡＮが「大坂冬の陣図屏風」デジタル想定復元として完成させました。省略された表現になっている屏風の細部は同時代の絵画資料から補いました。右隻《うせき》には秀忠の本陣岡山《おかやま》砦《とりで》（御勝山《おかちやま》）、茶臼山《ちゃうすやま》の家康本陣、四天王寺《してんのうじ》の石鳥居《いしどりい》、真田《さなだ》丸《まる》、左《さ》隻《せき》は大坂城の中心部（山里《やまざと》丸、詰丸、本丸、天守、千畳敷《せんじょうじき》御殿）、

手前には堀と土塁などで城下を囲んだ惣構《そうがま》えが描かれています。大坂城本丸・詰丸の景観は中井家伝来の「大坂城図」など伝えられている絵図と極めてよく合致し、省略はあるにせよ、個々の建物の描写も的確です。確実なデータにもとづいて描かれたものとの印象を受けました。

平山　ほんとにすごい、美しい仕上がりですね。

そこで何かわかってきたことはありますか。たとえば、千畳敷懸造《かけづくり》説についてはどうでしょうか。大阪城天守閣に展示される豊臣期大坂城の模型は、奥の詰丸は三段、大石垣としてつくられています。天守は北東隅にあり、展示されている手前側には表御殿があり、その中に千畳敷御殿が石垣にはみ出す、懸造として表されています。巨大御殿の向かいには堀に橋を渡して能舞台まであったといわれています。これは徳川期の大坂城と大きく異なる点かと思われます。

この千畳敷、屏風絵ではどのように描かれていますか?

千田　実はこの屏風絵の千畳敷御殿は懸造ではないのです。中井家の「大坂城本丸図」を見ても懸造ではありません。

懸造であったとするのはジャン＝クラッセの『日本西教史』にもとづき一九七〇

年に桜井成広氏によって唱えられた説ですが、最近の研究では懸造説はクラッセの創作の記述を真実とした桜井氏の誤認とされています（中村泰朗　二〇一六）。私も中村さんの見解に賛成です。

それでは、中井家の図面とは何か。大坂冬の陣のとき、中井正清《まさきよ》は徳川家康に、駿府《すんぷ》で行う作戦会議のために大坂城の詳しい絵図を提出せよと命じられ、秀吉の晩年から秀頼への代替のときの絵図をもとに描いた図を提出し、今伝わる図はその控えであろうとしています（中村泰朗氏、同前）。大坂冬の陣直前の大坂城は「大坂城本丸図」そして「大坂冬の陣図屏風」が描いたような姿であったと考えてよいでしょう。

惣構えと堀

千田　「大坂冬の陣図屏風」が描いた大手門、千貫櫓《せんがんやぐら》の位置も現在とほぼ同じですが、大手門の先に門があり、堀と石垣の隅部を描き、門と隅部をつなぐと巨大な台形の空間があったことがわかります。これはちょうど馬出《うまだ》しの形であり、大手馬出しがあったことが判明します。大手門前にある大阪府警の建物の造替に際して発掘調査した

「大坂冬の陣図屏風」デジタル想定復元より、右隻・大手門前の馬出し

ところ、コの字形の大きな堀があったことがわかりました。「大坂冬の陣図屏風」が描いた大手馬出しの堀であったと考えられます。位置と規模は完全に合致します。

従来、徳川期の大坂城は豊臣期の大坂城をはるかに上回る規模でつくられたといわれてきましたが、大坂城の本丸、二の丸への入り口は、この大手口と、現在もある京橋《きょうばし》口、玉造《たまつくり》口で、あまり大きさが変わっていないことがわかってきました。

さらに大手前の馬出しの先には巨大な佐竹《さたけ》屋敷があったことも、大阪府の合同庁舎の建築の発掘調査でわかりました。豊臣政権が東国の名族大名を従えて全国政権であることを示したシンボルでした。

平山　真田丸についてもいろいろ議論がありますよね。

千田　従来は大坂城が三重の堀をもっていたといわれてきましたが、発掘成果と「大坂冬の陣図屏風」の読み解きから中堀はなく、惣構えを突破されると市街地に入って大坂城中心部まで敵が進めたと判明しました。そのため一層、惣構えが重要で、その外側に真田丸を設けたのです。「大坂冬の陣図屏風」では、惣構えの堀の橋を大部分撤去し、堀の内側に土塁がありました。堀に面した土塁の裾には乱杭と柵を布設して、徳川軍の突入を阻止しました。土塁の上には急ごしらえで不揃いの塀をめぐらしています。非常に強固な守備を敷いていたのです。

奇妙なことに、その塀はところどころ内側にV字形に折れているように描いています。このような例があるのかと調べたところ、二〇一七年の山形城二の丸の発掘で、内側に折れる屏風折《びょうぶお》れ土塀《どべい》の痕跡が検出されていたとわかりました。乱杭と柵で敵を近寄らせないようにしてさらに接近してきた敵に対して死角なく屏風折れ土塀の狭間から横矢を掛けて反撃したとわかります。

その惣構えですが、部分的に発掘調査もなされ、幅三〇メートル、深さもレーダー探査では一〇メートルに及ぶことが見えてきました。超強力な惣構えです。これは本丸を囲む堀に匹敵します。また惣構えのかつての姿をしのばせるのは、空堀商店街付近の土地の高低差です。

惣構えの南に突出してあった真田丸の所在地は諸説ありましたが、大阪明星学園のある場所で確定しました。旧地形を復元した地図で見ると、真田丸の北側に大きな谷が入っていたことがわかります。真田丸に関する信憑性《しんぴょうせい》の高い二つの絵図、「大坂真田丸加賀衆挿《おしい》ル様子」

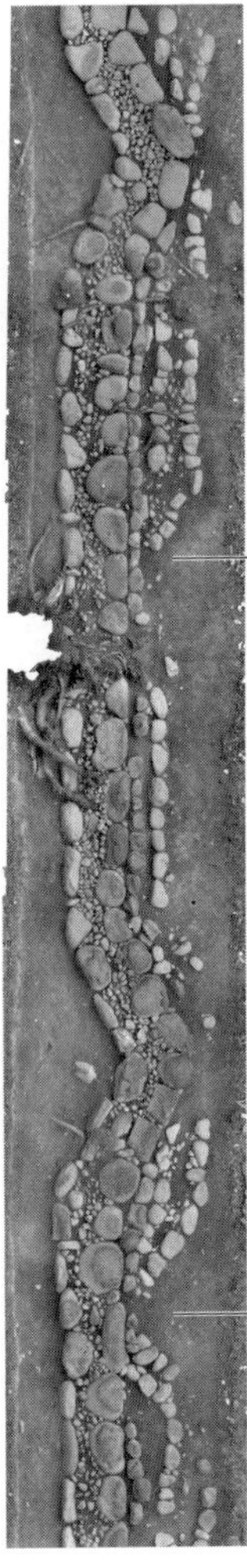

山形城の屏風折れ土塀　下層土塀が内折れ。上層土塀は外折れに変わっている（山形市教育委員会、平成29年９月９日「史跡山形城跡二ノ丸土塁〈北東部〉発掘調査現地説明会資料」より）

「大坂冬の陣図屏風」デジタル想定復元より、左隻・屏風折れ土塀と乱杭

（永青文庫蔵）「大坂御陣真田丸之図」（前田育徳会蔵）でも、途中から堀に水が入っている様子が描かれています。両図の注記から、市街地につくられたこともわかります。江戸時代の元禄四年（一六九一）刊「大坂大絵図」にも大阪明星学園の位置に「真田曲輪」と書き込んでいます。従来、真田丸があったのは三光《さんこう》神社付近といわれていましたが、この江戸時代の地図から見ても真田丸の本体ではありません。また味原池《あじはらいけ》が真田丸の南側の堀だとする説もありました

が、そうすると江戸時代の町絵図が記した前田家の陣の「加賀築山」が真田丸内になってしまい、理論的に成り立ちません。

平山　「冬の陣図屛風」で非常に面白いのは、徳川軍の攻め方の描き方です。櫓、塀、土塁、乱杭、柵、堀といった大坂城の防御に対し、竹束で鉄砲の弾を防ぎ、塹壕《ざんごう》を掘って移動し、安全を確保した後方に陣小屋を建てて、まるで塹壕を用いた近代戦を先取りした戦い方でした。

千田　「大坂冬の陣図屛風」が豊臣大坂城を正確に描いていることがよくわかりました。ただ絵図では金雲で隠されて不明なところもあります。それを埋めるのが黒田本「大坂夏の陣図屛風」（大阪城天守閣蔵）でしょうね。組み合わせて、どう読み解くかが大きな課題だと思います。

平山　真田丸に関して平山さんはいろいろご意見があるでしょう。

千田　ええ（笑）。大阪明星学園のところというのは同じです。現状の地形はかなり破壊されているように思います。千田さんは浅野文庫の『諸国古城之図』（広島市立図書館蔵）をもとに奥に小さな曲輪があるとお考えですね。

千田　ええ、そうです。

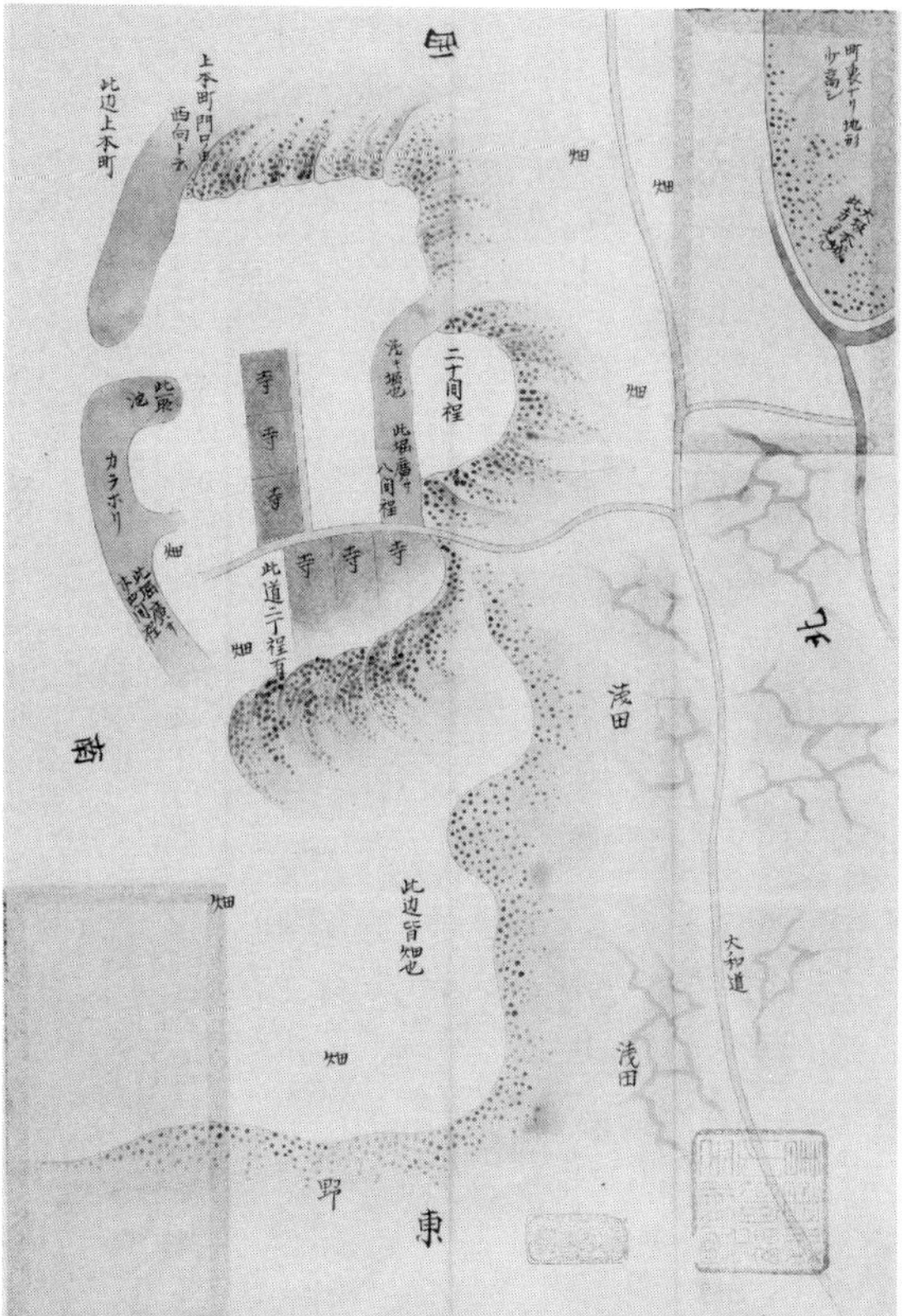

「摂津　真田丸」『諸国古城之図』（広島市立図書館浅野文庫）

平山　その曲輪は攻撃方からは見えないのです。だから前田家の家臣が描いたといわれる「大坂真田丸加賀衆挿ル様子」にも描かれていない。形は丸馬出しに近い形だったと考えていますが、現状の地形は矩形《くけい》になっています。

千田　そうですね。真田丸があった地は江戸時代の図では真田山と呼ばれ、小高い山でした。大阪明星学園のグラウンド造成のときに全体をならしてしまったのです。その結果、山の雰囲気がなくなってしまいました。しかし、実際に堀跡などは窪地になっています。レーダー探査の結果とも一致します。それをつなげていくと、描かれているほど、まん丸ではありませんが、楕円《だえん》のような形だったのではないかと思います。

平山　なるほど。かなりわかってきましたね。二〇一六年にNHK大河ドラマ「真田丸」の放映を機に様々に調査研究がなされて、真田丸のイメージが変わりました。内部の構造もかなり推測できるようになりました。

千田　今まで思っていた以上に、大坂城の北側、西側、東側には低湿な地形が広がっていたようで、大軍が展開するのは難しかったでしょう。だからこそ、南からの攻撃に備えるわけで、台地が続くところに真田丸がつくられた。なぜあの地にあるのかの理由も鮮明になってきたように感じます。

平山　大坂冬の陣の直前、惣構えを守るために福島砦や穢多崎《えたがさき》砦などずいぶん砦をつくっています。穢多崎砦や福島砦などの発掘調査はなされていますか。

千田　まだよくわかっていません。およそこのあたりというところまではわかりましたが、地形が変わったり、河川が改修されたりと、遺構は不明です。

平山　すると江戸時代に城の絵図をつくろうとした当時、砦の跡がそれなりにわかっていたのは真田丸しかないということですね。

千田　はい。真田丸の跡地はずいぶん後まで名所になっていましたね。

平山　そうです。二〇一五年に『真田信繁』を書いたときに、一所懸命、地図や絵図を集めましたが、あのまわりに千田さんの話にあった加賀の築山のほかに越前の築山もありました。越前の築山は大坂町奉行が就任前に訪ねるという慣習があったようです。

千田　越前築山の跡は残ってないですね。

徳川方の陣所

平山　では徳川方の岡山（勝山《かつやま》）の陣所について教えてください。

「大坂冬の陣図屏風」デジタル想定復元より、右隻・岡山秀忠本陣

千田 前方後円墳を使った陣所です。市街地化していますが、今も古墳として残っています。大坂城へと続く上町《うえまち》台地の半島状に突き出した先端が岡山で、徳川秀忠の本陣を置きました。最も攻撃によい場所を押さえているのが現地を訪ねるとよくわかります。「大坂冬の陣図屏風」によればしっかりとした本陣を設けたのは間違いないです。

平山 一帯の発掘調査はなされましたか?

千田 秀忠本陣を意識した発掘はしていません。

平山 その古墳の段丘を切った跡などはありますか?

千田 高まりがまさに古墳と感じさせる以外はよくわかっていません。古墳南側の御勝

山南公園も秀忠本陣の敷地だったでしょう。「大坂冬の陣図屏風」は本陣の周囲に堀を描いています。絵図は細かな描写を行っており、本陣で秀忠が首実検をしている様子も描いています。左手の馬屋では馬ごとに飼葉桶《かいばおけ》が違っていますが、馬はデリケートな生きもので、ふだんと異なる飼葉桶だと嫌がって食べないことがあるのだと詳しい方に教わりました。それぞれの馬専用の飼葉桶を人馬の移動とともに移送するのだそうです。

平山　家康の本陣の茶臼山も描かれていますが、半分見えませんよね。

千田　屏風が傷《いた》んだのかもしれませんが、それにしては不自然です。かつては茶臼山も

「大坂冬の陣図屏風」デジタル想定復元より、右隻・茶臼山家康本陣

古墳だったとの説がありましたが、発掘調査で否定されています。

本陣には物見《ものみ》の二階部分があります。これら徳川方の建物は、プレハブのような、現地で一瞬にして組み立てる建物で、当時、大工頭の中井正清がたいへんな勢いで建てていました。本陣のまわりには外郭と堀があり、秀忠の本陣とも同じ、二重の堀をめぐらせたつくりで、金雲の間に隠れてはいますが、陣小屋が多くあって、家康の親衛隊が集結している様子もよくわかります。

平山　茶臼山は発掘調査が行われましたよね？　たしか、家康本陣の屋敷跡が出てきたようでしたが……。

千田　台所部分も検出されており、当時の遺物も出土しています。

屏風絵がこれほどリアルな描き方ではあるものの、発掘調査の方は小面積で全体像をつかむまでには至りません。

描かれなかったものからわかること

平山　文献では、ありていにいうと、徳川方が惣構えに対して、大砲をガンガン打ち込んで櫓をボコボコにしたと書かれています。一部は壊れて堀に落下したと。この屏風絵はそういったことは描かれていないので、豊臣方の人間が注文したと想定する人もいます。

千田 大砲をひとつも描いていません。意図して描いてないと考えています。

平山 豊臣方を顕彰し、豊臣大坂城のきれいで素晴らしい姿を後世に残す意図かと思います。

千田 鎮魂の思いがあるように感じます。

平山 家康の西の丸の天守が描かれていませんね。

千田 そこも描いてよいのに雲で隠して描いていないです。発注者が強い意志をもって描かせなかったと考えています。

平山 また極楽橋も描かれていません。中井家の絵図にも描かれていないのは撤去して寄進した後だということですね。

千田 極楽橋は、最初、京都の豊国《とよくに》神社へ寄進され、さらに家康の命で竹生島の宝厳寺に再移築しましたが、いずれにしても、合戦時はすでに大坂城から撤去されていました。

平山 そういう意味ではリアルということですね。

千田 単に豊臣期の大坂城の美しさを示すのであれば、様々な時期のいいものを組み合わせて描けばいいのですが、「冬の陣図屛風」はそうしていません。

平山 かなりリアルに描かれている印象があります。

千田 合戦の研究は文字史料を中心とするのがいわば王道ですが、近年は絵画史料、発掘調査成果を使って考えていくことが盛んになってきました。

平山さんはなんといっても、史料を読むだけではなく、現地を丁寧に歩いて、文献に記された場所に立って、何が見えるかを丹念に検証して、合戦を読み解き直していますよね。

平山 特に戦国期以降は検出された遺構の解明や出土した遺物の科学分析が進められて発表されています。文献の人間といえども考古学の成果への目配りが必要になっています。特に織豊期を専門にする研究者は今、もっと発掘調査報告書などへの目配りが要求されていると、自戒の意味もこめて、思います。

千田 長篠《ながしの》合戦の章で平山さんに鉄砲の弾のことをご紹介いただいたのが典型例ですが、それぞれの分野、地方では常識とされることを、別な視点で読み直していくと、一歩先がより見えてくることもありますね。

平山 大坂城でいえば、千田さんから教えていただいたことですが、大手門馬出しの堀の

千田　底には格子状に切って渡りにくくする障子堀《しょうじぼり》がありました。障子堀を大坂城で取り入れたのは、秀吉が小田原攻めの際に印象的だったからでしょうね。

静岡県三島市の山中城は障子堀を備えていたことで非常に有名ですが、まさに秀吉が東海道を進んでいき、山中城を無理矢理に力攻めで落としました。そのとき、あの障子堀を見て驚いたのではないでしょうか。

現在、山中城で野外展示している障子堀は、もし見学者が落ちても大変なことにならないように障子の中の窪みをずいぶん浅くしていますし、本来は刃のように切り立つ障子の土手を土で保護するために分厚くしていますから上を歩けてしまいます。当時はもっと障子の土手は細く狭くて、蟻地獄《ありじごく》のような深い堀になっていて、一度落ちたら関東ローム層のヌルヌル、ツルツルで、どうやっても上がれなかったでしょう。

大坂城の一部は土の城だった

千田　さて、「大坂冬の陣図屛風」では大手前馬出しは四角いのですが、隅には石垣が見えています。しかし、発掘調査でわかったのは、急いでいたため、土嚢《どのう》で城壁を急造しながら基礎を築く工法を取っていたことです。現在の台風で崩れた川の堤防を仮補修するのと同じやり方です。発掘現場には石垣を崩した痕跡はなく、土づくりのままで障子堀と組み合わせていたことから考えると、豊臣大坂城は築城当初から馬出しを備えていたというより、のちに追加で馬出しをつくり、しかも石垣をつくる時間がなかったと読むべきなのでしょう。そうすると、大手口、京橋口、玉造口の主要な入り口の外に馬出しを設けたのはいつなのかを考える必要があると思っています。

平山 もし徳川との戦いに備えてつくったとすると、慶長一九年(一六一四)、徳川と豊臣の関係が急激に悪化したころでしょうかね。

千田 その可能性があります。聚楽第《じゅらくてい》でも馬出しを使っているので、馬出しを知らなかったのではありません。なぜ大坂城大手前の馬出しに石垣がないのは、豊臣家が合戦に向けてどう意志を固めていったのかを考える大きな手がかりです。

平山 その後、秀吉の大坂城は冬の陣の和睦で堀を埋められてしまいますが、堀を埋めた痕跡も発掘調査で検出されていますね。

千田 それはもう、すごいです。なんでもかんでも突っ込んでいます。討ち取った武将の首、猫は何匹も投げ込まれていましたし、菰《こも》に巻かれた老婆も埋められていました。これはひどい、手当たり次第です。豊臣方が大坂城の大手前の馬出しをゆっくりゆっくり埋めていたというよりは、とにかく埋めてしまえと、建築材なども放り込んでいたリアルな状景です。

平山　そこは文献と合致します。二の丸の堀は大きすぎて簡単に埋められないので、大野治長《はるなが》、治房《はるふさ》の屋敷をぶっ壊して屋敷の材木ごと叩き込んで埋めたとあります。

千田　ああ、発掘調査で検出された状況、そのままですね。そこまでいろんなものを投げ込んでいるのは、普通の城の堀が埋まる状況とはかなり違います。

平山　先ほどの惣構えが発見された場所では惣構えはどんな埋められ方をしていたのですか？

千田　その箇所はまだ上部しか掘れていないのでよくわかっていませんが、惣構えは窪地として長く残っていたようなのです。それを江戸時代に徐々に埋めているのです。調査地点では冬の陣の堀底まで発掘が到達していません。あまりに惣構え堀が大きく深いからです。惣構えの堀は埋めるには埋めて、施設としての軍事力を低下させてはいますが、帯状の窪地としては以後もそれなりに残ったという状況でした。

平山　徳川方も自分の布陣している目の前の惣構えを埋めることになっていましたが、十日ぐらいで埋めてしまいます。ものすごく早いんです。ですが中は埋まらないので、豊臣方と一緒になって埋めています。惣構えの土塁を手前に潰して埋めているのではないかという気がしています。

千田　ずいぶんと早いですね。平山さんの推測どおりだと思います。堀の底まで掘ることができたら、いろんなものが埋まっていることがわかって面白いんだろうなと思います。あまりにも大きすぎて、また堀は鋭角で深く掘っていくので、安全性の面から、発掘自体が難しいです。堀を掘るために豊臣時代には考えていなかった安全な地山掘削の法規を今は守らないといけないのです。惣構え堀がそこにあるとわかっていても、完全に発掘できないのは残念です。

夏の陣、大阪平野に展開

平山　さて、いよいよ大坂夏の陣についてです。夏の陣といえば千田説です。大阪平野に点在する百舌鳥《もず》・古市《ふるいち》古墳群が城や砦として利用されていたとするものですが、それについてもう少し解説していただければと思います。

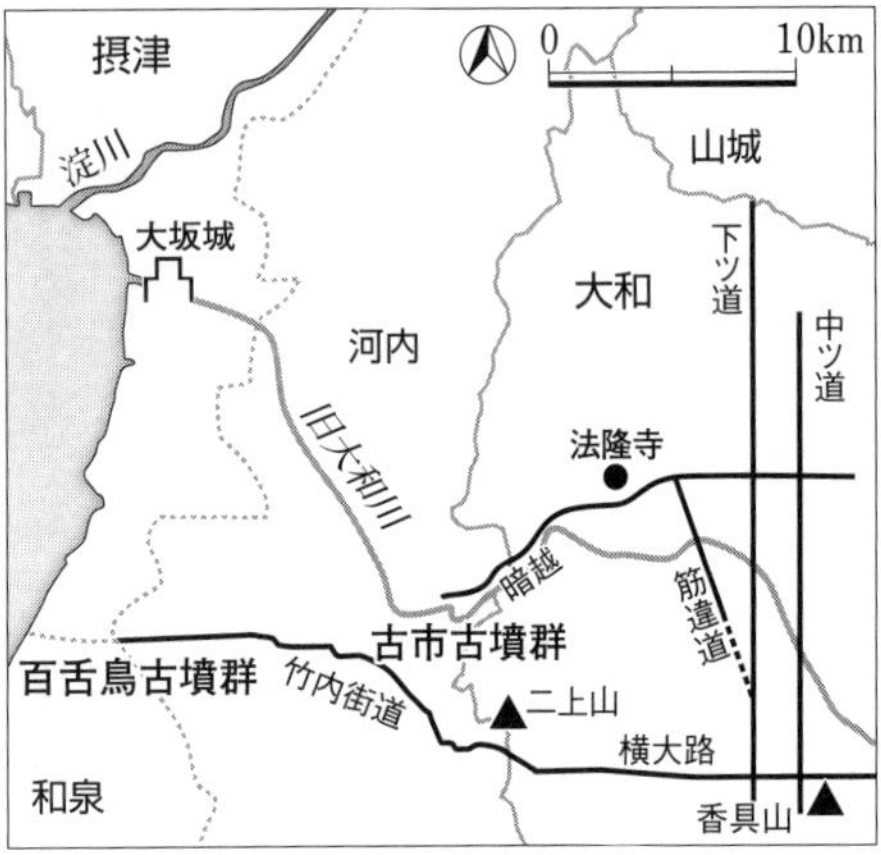

大坂夏の陣の合戦地だった古墳群位置関係図

千田 夏の陣は、大坂城北東での戦いと、大坂南東、大和へ通じる街道沿いの古市での合戦とのふたつがあります。戦いと古墳のかかわりがよくわかるのは古市のほうです。

後藤又兵衛《またべえ》が単独で行ってしまって古市で徳川軍と戦うのですが、壊滅状態になり、そこに遅れてやってきた真田信繁たちが改めて戦って、伊達隊にかなり大きな被害を与えたのですが、北のほうでの戦いが敗れたというので、信繁たちは粛々と撤退します。徳川軍が追撃してこないので「関東勢百万も候《そうら》へ、男は一人もいなく候」（関東の兵はたくさんいるが、男と呼べるほどの人物は一人もいない）と

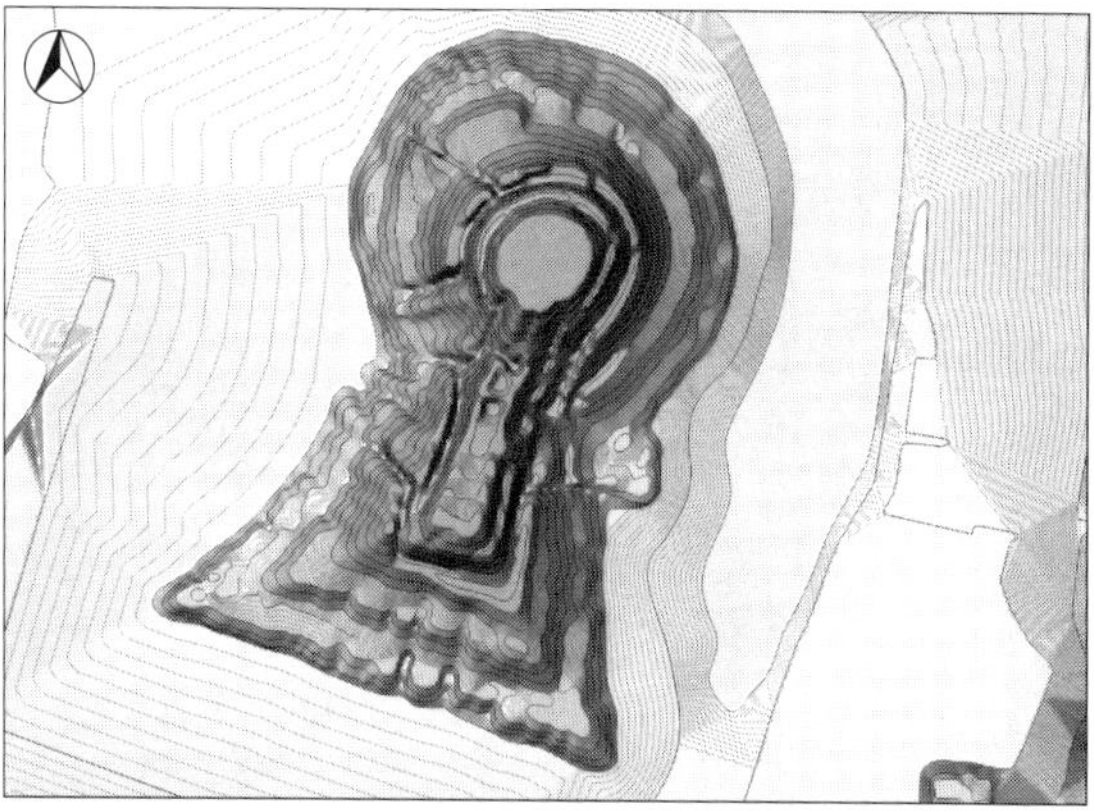

前方後円墳全体が、横堀を巡らす強固な城になった岡ミサンザイ古墳（千田嘉博作成）

いったとされています。

古墳群のどこで戦ったかを地図上で見ていくと、まさに古市古墳群の岡ミサンザイ古墳（大阪府藤井寺市）周辺で戦っています。この古墳は伝仲哀天皇陵なので立ち入ることができません。測量のデータで古墳を立体的に見ると、実は城郭化されていました。巨大な土塁をつくり、前方後円墳の中に横堀をつくるなど大規模工事をしていたのがわかりました。あの場所で大きな工事をする契機はいつかと考えると、戦国期ではそれに該当するものが見あたらず、関ヶ原合戦ののちの大坂の陣、あの場所で戦った夏の陣に際して古墳を巨大な城に仕立てた可能性が一番高いと思っています。真田信繁たちは単純に大和街道を降りてきた徳川軍を野戦で迎え撃つのではなく、本来は古墳を臨時の城として利用し、数の多い徳川軍を撃退しようとしたのだと考えています。

平山 戦国期の細川氏や三好《みよし》氏の戦いと古墳の関連はいかがですか？

千田 その可能性もありますね。ただし、横堀の発達度や、規模の大きさから、現在の姿になったのは、大坂夏の陣のときだと考えられます。

平山 先ほど家康の本陣だった茶臼山は古墳ではなかったとのことでしたが、茶臼山の陣は夏の陣のときに、豊臣方によって改造されているんですよね。

千田 夏の陣ではここが真田信繁の陣になりますね。松江松平家の『極秘諸国城図』（松江歴史館蔵）が収録した岡山の本陣と茶臼山の本陣の図によれば岡山と茶臼山のそれぞれに馬出しを描いています。ただし大坂城へ出撃する向きではなく、さらに南側、つまり夏の陣で徳川軍が布陣した方向へ出撃する設計になっていました。冬の陣のときの秀忠・家康の本陣で馬出しをつくったとすると大坂城に行けないので説明がつきません。夏の陣に際して豊臣方が増築、改造したものと考えるしかないのです。

平山 豊臣方の最後の戦いの場所は茶臼山と四天王寺となります。今のあべのハルカスがあるあたりです。上町台地をまっすぐ横切る形で大きな溝があって、延暦年間（七八二―八〇六）に和気清麻呂《わけのきよまろ》が河内川《かわち》の水害を除くために掘ったものだとされています。それを挟んで両軍が対峙していた。その主戦場となった、茶臼山に増設されたのは丸馬出しなんですよね。

千田　そうなんですよ。絵図では茶臼山の北東に天王寺があり、西側に出るように丸馬出しがある。天王寺を挟んで北側の岡山のほうにも東側に馬出しがあります。

平山　上町台地の西端が茶臼山で東端が岡山で、その前面に和気清麻呂が掘った溝があった。

千田　いわば大きな堀ですよね。

平山　ちょうど阿倍野《あべの》街道が堀底を通ってあがってきた左側に茶臼山がある。

千田　ですから、夏の陣も単純な野戦で最後を戦ったというよりは、やはり、徳川方がつくった本陣を改造して、西の拠点、東の拠点とし、その間の和気清麻呂の堀を利用して中央の岸を長城に見立てて戦おうとしたのが豊臣方の作戦だったとみてよいと思います。そうするとこれまでの合戦の通説と見方が変わってきますよね。

平山　本多忠朝《ほんだただとも》たちが功を焦って前へ出ちゃう、そこを豊臣方に反撃されて崩れたところを豊臣方が堀を越えて突破して出てくる、作戦としては有効だったと思います。

千田　それぞれ戦線の西と東の端に馬出しを設けて、正面を手堅く守って、中央の古代以来の溝を「長城」として徳川の軍勢を集め、側面を突いて家康本陣を襲いに行こうという作戦だったでしょう。

平山　明石全登《あかしてるずみ》を船場に待機させておいて、上町台地の下、紀州街道を進ませて背後に回り込ませて家康の本陣を突くという作戦でしたが、それがうまくいかなかったとありますね。

千田　豊臣方は最後まであきらめていないし、なんとかしようという思いが実によくわかります。

平山　かつて敵の陣地だったところを改造して、和気清麻呂のつくった堀を最後の盾とする大坂方の作戦がよく見えてきます。

千田　このあたりは、従来注目されておらず、こういう読み解きはされていませんでした。最後は負けるのだから破れかぶれのように説明されがちでしたが、決してそうではなかったというのがわかってきて、真田信繁たちの本当の思いは今までの通説とは違うと判明しました。

平山　冬と夏を通して大坂の陣の話をしてきたわけですけど、特に冬の陣に関して今後注目していきたいと思っているのは、寄せ手の徳川方が塹壕を掘っていることです。この塹壕が果たして考古学的に今後わかってくるのかどうかが、ひとつあります。

千田　どこかには残っていると思うんですよ。

平山　発掘調査をしていると単なる溝かと思われるところは結構あると思います。その溝の意味が理解されないとわからないでしょうけど。これまで実施された大阪市街地の小規模な発掘の積み重ねの中で、果たして溝があるのかどうか精査してみたい気持ちがあります。

　また、夏の陣の豊臣方の茶臼山、岡山の陣城《じんしろ》の改造の痕跡が果たして今後出てくるかどうか。夏の陣の時、徳川方は無理押しをするだけだったのか。陣城のようなものをつくったのかどうか。いろんな可能性を考える必要があると思います。

千田　徳川軍は何万人どころか何十万人といるので、具体的にどう移動し、物資はどう運んだのか。豊臣方は、家康は二回目も南の大和口から来るだろうと考え、主力部隊を派遣したら淀川《よどがわ》沿いから来て裏をかかれました。当時の諜報戦の実態はどうだったのか。

平山　そういうことも含めて、まだまだ検討しなければならないことがたくさんあります。

千田　大坂城の東側は広々とした平野になっていますが、太古の時代は湖で、大坂冬の陣、夏の陣のときも川が乱流して、大軍が移動しにくいところなんですよね。そういうリアルな当時の地形と合わせて、なぜ家康はこう動いたか、豊臣方はどう守ったか、地図の上だけではなく、古い川や地形を復元しないと見えてこないし、わからない。

平山　まだまだ研究は課題が山積していますね。私たちもがんばらなければなりませんが、若い人たちに、ぜひ取り組んでいただきたいと思います。一二回にわたり、いろいろとご教示くださりありがとうございました。

千田　ありがとうございました。楽しかったですね。

おわりに——新しい戦国時代を生きる私たちへ

日本中で武将と城の人気が高い。武将や城を核にしたまちづくりも各地で盛んである。愛知県名古屋市の「名古屋まつり」は、江戸時代の東照宮《とうしょうぐう》祭礼の由緒を受け継ぎ、一九五五年（昭和三〇）から始めて、二〇二四年に第七〇回を迎えた。祭りの最大イベントは、織田信長・豊臣秀吉・徳川家康が、濃姫・ねね・千姫とともに六五〇人もの従者を従えて行進する「郷土英傑行列」である。

山梨県甲府市では武田信玄を偲《しの》ぶ「信玄公祭り」が、二〇二四年に第五〇回を迎えた。祭りでは信玄が甲府駅前によみがえる。神輿渡御、甲州軍団出陣・騎馬隊行進・風林火山演舞などを行い、期間中は甲府駅前や周辺の会場は大いににぎわう。

幕末期に激戦の舞台になった福島県会津若松市では、戊辰《ぼしん》戦争で散った先人への鎮魂と感謝、会津藩の復権祝いと喜びの精神を根幹に、一九五三年（昭和二八）から開催して二〇二四年に第七二回を迎えた「会津まつり」を開催している。祭りのメインイベントは

「会津藩公行列」で、蒲生氏郷《がもううじさと》をはじめとした歴代城主や白虎隊、新撰組の数百名が城下を練り歩く。NHK大河ドラマ『八重の桜』で主演した綾瀬はるかさんが特別ゲストとして参加し続けているのは、よく知られている。

地域の歴史において、武士の時代以外にも、様々な時代があった。しかし江戸時代のように身分が固定されて組織が社会の前に出ると、個人は見えなくなる。それに対して戦国時代は、従来の権威が衰え、過去の成功パターンも通用しなくなって、個人の発想と行動によって、新しい社会を生み出すことが求められた変革の時代だった。その結果、日本の歴史の中で戦国時代は、幕末期とともに、個人の発想と行動が輝いた例外的な時代になった。信長も秀吉も家康も、家柄からいえば、とても天下人になれるような立場ではなかった。しかし、四〇〇年後の私たちの心をゆさぶる活躍を遂げて、次の時代をつくる大きな足跡を残した。

考えれば私たちが生きる現在も、戦国時代に似ているのではないか。高度経済成長を達成し、Japan as Number Oneといわれた時代は、はるか昔である。少子高齢化、人口減少、気候変動をはじめ、現代の日本が直面する課題は、過去の成功パターンでは乗り越えられない。実際に城跡調査で日本各地を訪ねているが、地方都市の中心市街地の衰退は恐ろしいほどである。

世界に名をとどろかせた有名な日本企業は海外企業に買収され、入社すれば一生安泰、勝ち組と信じた日本屈指の会社でリストラが相次いでいる。過去の権威の崩壊は、戦国時代のことではなく目の前のことである。私たちは、甲冑を着て誰かを攻めたり攻められたりしていないだけで、文字通り新しい戦国時代を生きている。

新しい産業の創出、働き方改革、ジェンダー平等、SDGsをはじめとして、進むべき道は示されている。ところが、その扉をどう開いて実現していくか、突破口はなかなか見つけられない。戦国時代には荘園制が機能せず、朝廷は困窮し、武家を束ねた室町幕府は崩壊し、古代以来の宗教的権威であった大寺院は焼き討ちされた。絶望的な社会の仕組みの凋落である。

しかし、この混沌の中から人びとは、江戸時代に向かっていく、新しい社会のあり方を力強く生み出した。その新しい社会を生み出していく過程に、本書で論じた合戦と城があった。一つひとつの合戦や城は、混沌とした時代を止揚《しよう》して新たな社会をつくろうともがいた、戦国の人びとの決断と行動そのものだった。

情報をどのように把握・分析して行動するか、ひとつの決断や行為が、どのように波及して状況を変えていくか、合戦と城を詳しく読み解くことは、時空を超えていつの時代にも通じる、考え・決断する手がかりになる。だから本書を手に取ってくださったみなさんには、四〇〇年前の合戦と城を最新研究から知っていただくだけでなく、次の新しい時代をどう生み出していくのか、発想と行動と勇気を見つけてほしいと願っている。

本書の刊行が叶ったのは、粘り強くていねいに編集を進めてくださった朝日新書編集部の奈良ゆみ子さんのお力があったからである。お名前を記して感謝申し上げたい。そして平山優さんと千田の長時間の濃密な対談を、的確にまとめて、すっきりと筋の通った構成に整えてくださった鮎川哲也さんのご尽力に、心から御礼申し上げたい。おふたりのお力がなければ、本書はかたちにならなかった。

ひとりで本を生み出すのも、うれしく楽しいことである。さらに、尊敬する友とともに一書をまとめることは、それに勝る幸せである。本書が戦国史と城に関心をもつ多くの方に届いて、戦国の合戦と城の謎の解明がさらに進むのを願っている。

二〇二四年九月

千田嘉博

本書で紹介した文献

（作成・鮎川哲也）

磐田市史編さん委員会　一九九二『磐田市史―石川正西聞見集』史料編Ⅰ、五一七号　磐田市。
薄田大輔　二〇一九「『大坂冬の陣図』の制作背景」『合戦図―もののふたちの勇姿を描く』展覧会図録、徳川美術館。
木下悠　二〇二四『失われた絵画を再生する』中央公論美術出版。
静岡市教育委員会　二〇二二『駿府城本丸・天守台跡』。
ジアン＝クラッセ　一九一四　太政官翻訳係訳『日本西教史』時事彙存社。
千田嘉博　一九八七「織豊系城郭の構造」『史林』第七〇巻第二号、史学研究会（のち、千田嘉博二〇〇〇『織豊系城郭の形成』東京大学出版会に収録）。
千田嘉博　一九八九「小牧城下町の復元的考察」『ヒストリア』第一二三号、大阪歴史学会。
千田嘉博　二〇〇〇『織豊系城郭の形成』東京大学出版会。
千田嘉博　二〇一三『信長の城』岩波新書。
千田嘉博　二〇一三『信長の城』岩波新書。
千田嘉博　二〇一五『真田丸の謎戦国時代を「城」で読み解く』NHK出版新書。
千田嘉博　二〇二一「関ケ原の戦い」『新説戦乱の日本史』SB新書。
千田嘉博　二〇二三『歴史を読み解く城歩き』朝日新書。
千田嘉博　二〇二四「城郭考古学の現在」設楽博已編『日本史の現在　一　考古』山川出版社。
千田嘉博　二〇二四「城郭から見た関ヶ原の戦い」『うと学研究』第四五号、宇土市教育委員会。

高柳光壽　一九五八『三方原の戦』戦国戦記Ⅰ、春秋社。
竹内理三編　一九八一『増補續史料大成　家忠日記』臨川書店。
寺島隆史　二〇〇八「上田築城の開始をめぐる真田・徳川・上杉の動静」『信濃』第六〇巻第一二号信濃史学会。
東京大学史料編纂所編　二〇一七・二〇二一『大日本史料』第十編二九、三十、東京大学出版会。
中村泰朗　二〇一六「『中井家蔵大坂城本丸指図』に関する考察」『史学研究』二九三号、広島史学研究会。
服部英雄　二〇二一「桶狭間合戦考」『名古屋城調査研究センター研究紀要』第二号、名古屋城調査研究センター。
浜松市博物館　二〇二〇『浜松城―築城から現代へ』展覧会図録。
平山優　一九九三「甲府城の史的位置」『研究紀要』九、山梨県立考古博物館・山梨県埋蔵文化財センター。
平山優　二〇一一『武田遺領をめぐる動乱と秀吉の野望―天正壬午の乱から小田原合戦まで』戎光祥出版。
平山優　二〇一五『天正壬午の乱　増補改訂版』戎光祥出版（初版は二〇一一年）。
平山優　二〇一五『真田信繁　幸村と呼ばれた男の真実』角川選書。
平山優　二〇一七『武田氏滅亡』角川選書。
平山優　二〇二二『新説　家康と三方原合戦―生涯唯一の大敗を読み解く』ＮＨＫ出版新書。
平山優　二〇二二『徳川家康と武田信玄』角川選書。
平山優　二〇二三『徳川家康と武田勝頼』幻冬舎新書。
藤田達生　二〇〇〇「実像の大坂包囲網」『歴史読本』四五巻一五号、新人物往来社。
藤田達生　二〇一四『天下統一』中公新書。
藤田達生　二〇二一『天下統一論』塙書房。
藤田達生　二〇二二『戦国日本の軍事革命』中公新書。
藤田達生　二〇二三『近世武家政権成立史の研究』塙書房。

藤本正行　一九九七『信長の戦国軍事学』洋泉社。
藤本正行　二〇一〇『桶狭間の戦い』洋泉社。
松江歴史館編　二〇一八『松江歴史館蔵極秘諸国城図図版集』。
丸山彭　一九九七『丸山彭遺稿集』私家版。
宮本雅明　一九八六「櫓屋敷考（下）」『日本建築学会計画系論文報告集』No.360、日本建築学会。
村田修三　一九八〇「城跡調査と戦国史研究」『日本史研究』第二一一号、日本史研究会。

本書内に登場するおもな遺跡の発掘調査報告書

（作成・鮎川哲也）

1章

名古屋市教育委員会生涯学習部文化財保護室　二〇二四『国史跡 大高城跡 附 丸根砦跡 鷲津砦跡』埋蔵文化財調査報告書一〇〇、名古屋市教育委員会

名古屋市教育委員会　一九九一『鳴海城跡・城遺跡発掘調査の概要』名古屋市見晴台考古資料館

2章

大東町教育委員会社会教育課社会教育係　二〇〇四『史跡高天神城跡』

大東町教育委員会　一九八八『埋蔵文化財調査報告書』

掛川市教育委員会　二〇〇一『掛川城址発掘調査概要報告書』

掛川市教育委員会　二〇〇一『掛川古城跡』掛川市教育委員会

大東町教育委員会　一九九六『史跡高天神城跡保存管理計画策定報告書』

掛川市教育委員会　二〇〇二『東名掛川I・C周辺土地区画整理事業に伴う埋蔵文化財発掘調査報告書1』

浜松市教育委員会他　二〇〇九『北神宮寺遺跡』浜松市文化振興財団

3章

磐田市埋蔵文化財センター　一九九三『見付端城遺跡発掘調査報告書』磐田市教育委員会

磐田市教育委員会　二〇一五『静岡県磐田市市内遺跡確認調査報告書』磐田市埋蔵文化財センター

浜松市市民部文化財課　一九九六〜二〇二三『浜松城跡』浜松市教育委員会
浜松市市民部文化財課　二〇二〇『史跡二俣城跡及び鳥羽山城跡保存活用計画』浜松市
浜松市文化財課　二〇一七『二俣城跡・鳥羽山城跡総合調査報告書』浜松市教育委員会
岡崎市教育委員会社会教育課文化財班　二〇一一〜一五『岡崎城跡』
岡崎市教育委員会　二〇〇三『岡崎城跡菅生曲輪発掘調査概報』
滋賀県教育委員会　一九七二『大津市・宇佐山城跡調査概要』滋賀県文化財調査概要九
上田市教育委員会　一九九七〜二〇一五『史跡上田城跡』上田市文化財調査報告書

4章

新城市教育委員会　二〇〇七『史跡長篠城』新城市埋蔵文化財調査報告書
鳳来町教育委員会　二〇〇四『長篠城址試掘調査報告書』

5章

愛知県埋蔵文化財センター　二〇〇五『城山城跡』愛知県埋蔵文化財センター調査報告書一二二、愛知県教育サービスセンター
愛知県新城市教育委員会　二〇二〇『史跡長篠城跡保存活用計画』
金谷町教育委員会　一九八四『遠江諏訪原城大手曲輪跡発掘調査報告』
島田市教育委員会（島田市博物館）　二〇一〇『史跡諏訪原城跡』静岡県島田市埋蔵文化財報告四一
豊橋市教育委員会　二〇一九『市内遺跡発掘調査』豊橋市埋蔵文化財調査報告書一四九
愛知県教育・スポーツ振興財団　愛知県埋蔵文化財センター　二〇一五『中山砦跡』愛知県埋蔵文化財センター調査

報告書一九三

6章

韮崎市教育委員会　一九八八〜二〇〇一『史跡新府城跡』

韮崎市教育委員会他　一九九八『能見城跡』

韮崎市遺跡調査会他　二〇一一『能見城跡第3地点』山梨県韮崎市発掘調査報告書

山梨県教育委員会　一九八六『山梨県の中世城館跡』

山梨県中北農務事務所他　二〇一一『隠岐殿遺跡』山梨県韮崎市発掘調査報告書

大泉村教育委員会　一九九九『史跡谷戸城跡』大泉村埋蔵文化財調査報告一一

岩殿山総合学術調査会　一九九八『岩殿山の総合研究』岩殿山総合学術調査報告書

甲府市教育委員会　一九八六『史跡武田氏館跡』甲府市文化財調査報告五

7章

小牧市教育委員会　二〇〇〇『史跡小牧山整備計画策定試掘調査概要報告書』

小牧市教育委員会　二〇一六『史跡小牧山主郭地区第七次発掘調査概要報告書』

大口町教育委員会　二〇一二『小口城跡範囲確認発掘調査報告書』大口町埋蔵文化財調査報告書

大垣市教育委員会　二〇一三『大垣市埋蔵文化財調査概要』大垣市文化財調査報告書五〇

8章

静岡市教育委員会　二〇一五『駿府城跡』静岡市埋蔵文化財調査報告

静岡県教育委員会　一九八三『駿府城跡内埋蔵文化財発掘調査報告』静岡県文化財調査報告書二七
静岡県埋蔵文化財調査研究所　二〇〇九『駿府城内遺跡』静岡県埋蔵文化財調査研究所調査報告二〇三、財団法人静岡県埋蔵文化財調査研究所
静岡県教育委員会　二〇一二『駿府城本丸・天守台跡』駿府城公園再整備に伴う発掘調査報告書
篠山市教育委員会　二〇〇〇『史跡篠山城跡』

9章

東京都スポーツ文化事業団東京都埋蔵文化財センター　二〇〇九『江戸城跡』東京都埋蔵文化財センター調査報告二三四
東京都スポーツ文化事業団東京都埋蔵文化財センター　二〇一五『江戸城跡三の丸地区』東京都埋蔵文化財センター調査報告三〇二
東京都千代田区教育委員会　二〇〇一『江戸城の考古学』千代田区文化財調査報告書一二
小田原市教育委員会　二〇〇一『小田原城総構』小田原市文化財調査報告書八九

10章

篠山市教育委員会　二〇〇〇『史跡篠山城跡』篠山市文化財資料二
姫路市教育委員会　二〇〇二『特別史跡姫路城跡』
滋賀県教育委員会他　二〇一三『佐和山城跡』中山間地域総合整備関係遺跡発掘調査報告書三―三
滋賀県教育委員会文化部文化財保護課他　一九八七『特別史跡彦根城』
名古屋市教育委員会　二〇一六『特別史跡名古屋城跡発掘調査報告書』

名古屋市観光文化交流局・名古屋城総合事務所・名古屋城調査研究センター　二〇二三『特別史跡名古屋城跡本丸内堀発掘調査報告書』名古屋城調査研究報告五・埋蔵文化財調査報告書四
愛知県教育・スポーツ振興財団愛知県埋蔵文化財センター　二〇一三『清洲城下町遺跡』愛知県埋蔵文化財センター調査報告書一八三、公益財団法人愛知県教育・スポーツ振興財団　愛知県埋蔵文化財センター
山梨県埋蔵文化財センター　二〇二〇『甲府城跡』山梨県埋蔵文化財センター調査報告書三二六、山梨県教育委員会他

11章
会津若松市教育委員会文化課　二〇一〇『神指城跡』会津若松市文化財調査報告書一二〇、福島県会津若松建設事務所他
会津若松市教育委員会文化課　一九九五～二〇一六『史跡若松城跡』会津若松市文化財調査報告書一四八
会津美里町教育委員会　二〇〇三～〇七『向羽黒山城跡』会津美里町文化財調査報告書四
京都市埋蔵文化財研究所　二〇〇二～一一『伏見城跡』京都市埋蔵文化財研究所発掘調査概報二〇〇二―一一、公益財団法人京都市埋蔵文化財研究所
関ケ原町　二〇二一『史跡関ケ原古戦場平成二七～令和二年度整備事業報告書』関ケ原町文化財報告書第三集

12章
大津市教育委員会　一九八一～二〇一三『大津城跡発掘調査報告書』大津市埋蔵文化財調査報告書一
大津市教育委員会　二〇〇八『坂本城跡発掘調査報告書』大津市埋蔵文化財調査報告書四三
佐賀県立名護屋城博物館　二〇〇二『名護屋城跡　埋蔵文化財発掘調査（基礎調査）総括報告書』佐賀県立名護屋城

博物館調査報告書一九
佐賀県立名護屋城博物館　一九九八『特別史跡名護屋城跡』佐賀県立名護屋城博物館調査報告一
大阪市教育委員会　二〇二一『大阪市内埋蔵文化財包蔵地発掘調査報告書（二〇一九）』
大阪市教育委員会　二〇二二『大阪市内埋蔵文化財包蔵地発掘調査報告書（二〇二〇）』

千田嘉博　せんだ・よしひろ

1963年生まれ。城郭考古学者。奈良大学卒業。文部省在学研究員としてドイツ考古学研究所・ヨーク大学に留学。大阪大学博士（文学）。名古屋市見晴台考古資料館学芸員、国立歴史民俗博物館考古研究部助手・助教授、奈良大学助教授・教授、テュービンゲン大学客員教授を経て、2014年から16年に奈良大学学長。現在、名古屋市立大学高等教育院教授、奈良大学特別教授。2015年に濱田青陵賞を受賞。『織豊系城郭の形成』（東京大学出版会）、『戦国の城を歩く』（ちくま学芸文庫）、『信長の城』（岩波新書）、『城郭考古学の冒険』（幻冬舎新書）、『歴史を読み解く城歩き』（朝日新書）のほか著書多数。

平山　優　ひらやま・ゆう

1964年生まれ。歴史学者。専門は日本中世史・近世史（織豊期）。立教大学大学院文学研究科博士前期課程史学専攻（日本史）修了。山梨県埋蔵文化財センター、山梨県史編纂室、山梨県立博物館、山梨県立中央高等学校を経て、山梨大学、放送大学非常勤講師を歴任。現在、健康科学大学特任教授、甲州市文化財審議委員、南アルプス市文化財審議委員。2000年、『戦国大名領国の基礎構造』（校倉書房）で第24回野口賞受賞。『武田氏滅亡』『徳川家康と武田信玄』（角川選書）、『戦国の忍び』（角川新書）、『新説・家康と三方原合戦』（NHK出版新書）、『武田三代 信虎・信玄・勝頼の史実に迫る』（PHP新書）のほか著書多数。

［構成］**鮎川哲也**　あゆかわ・てつや

1963年生まれ。編集者、ライター。元『週刊朝日』記者。『新発見！日本の歴史』シリーズ、『週刊朝日ムック 武将の末裔』（いずれも朝日新聞出版）などの編集・執筆を手がける。

図版　鳥元真生

DTP　小幡実樹子、皆藤かよ子、白田明世、吉澤宏至

朝日新書
974

戦国時代《せんごくじだい》を変《か》えた合戦《かっせん》と城《しろ》

桶狭間合戦から大坂の陣まで

2024年10月30日 第1刷発行

著　者　千田嘉博
　　　　平山　優

発行者　宇都宮健太朗
カバーデザイン　アンスガー・フォルマー　田嶋佳子
印刷所　TOPPANクロレ株式会社
発行所　朝日新聞出版
〒104-8011　東京都中央区築地 5-3-2
電話　03-5541-8832（編集）
　　　03-5540-7793（販売）

Published in Japan by Asahi Shimbun Publications Inc.
ISBN 978-4-02-295276-9
定価はカバーに表示してあります。

落丁・乱丁の場合は弊社業務部(電話03-5540-7800)へご連絡ください。
送料弊社負担にてお取り替えいたします。